JOHN C. MAXWELL

OS 5 NÍVEIS DA LIDERANÇA

PASSOS COMPROVADOS PARA MAXIMIZAR SEU POTENCIAL

Traduzido por Luís Aron de Macedo

1ª edição

CPAD
Rio de Janeiro
2012

Título do original em inglês: *The 5 Levels of Leadership*
B&H Publishing Group, Nashville, Tennessee
Primeira edição em inglês: 2011
Tradução: Luís Aron de Macedo

Preparação dos originais: Verônica Araujo
Adaptação de Capa: Wagner de Almeida
Adaptação de Projeto gráfico e editoração: Elisangela Santos

CDD: 253 - Liderança.
ISBN: 85-263-0357-0

As citações bíblicas foram extraídas da versão Almeida Revista e Corrigida, edição de 1995, da Sociedade Bíblica do Brasil, salvo indicação em contrário.

Para maiores informações sobre livros, revistas, periódicos e os últimos lançamentos da CPAD, visite nosso site: http://www.cpad.com.br.

SAC — Serviço de Atendimento ao Cliente: 0800-021-7373

Casa Publicadora das Assembleias de Deus
Av. Brasil, 34.401, Bangu, Rio de Janeiro – RJ
CEP 21.852-002

1ª edição: Setembro/2012
Tiragem: 5.000

Este livro é dedicado à EQUIP (www.iequip.org) e a todas as pessoas que fazem parte desta organização de liderança. A Regra 5 da EQUIP é: Todos os dias temos de...

1. Pensar globalmente.
2. Avaliar nossa estratégia de liderança.
3. Criar recursos.
4. Desenvolver instrutores associados, parceiros e doadores.
5. Treinar líderes para treinar líderes.

Milhões de líderes estão sendo treinados por causa de seus esforços. Obrigado!

WILLIAM!

VOCÊ É BENÇÃO DE DEUS.

TODAS AS VIRTUDES QUE TEMOS, PODEM E DEVEM SER MELHORADAS. VOCÊ É UM LIDER DESDE SEMPRE E CERTAMENTE VAI SUBIR OUTROS PATAMARES APÓS ESTA LEITURA.

MUITA HONRA FAZER PARTE DO SEU TIME DE AMIGOS, TU ES UMA BENÇÃO.

A OBRA DE DEUS TEM NECESSIDADE DE LIDERES COMO VOCÊ, ESTEJA DISPONÍVEL PARA O SENHOR, QUE ELE VAI TE ENCHER AINDA MAIS; VOCÊ CRÊ?

UM FORTE ABRAÇO

ZUZA

03/SET/2017

AGRADECIMENTOS

Obrigado a:
Charlie Wetzel, meu redator;
Stephanie Wetzel, minha administradora de mídias sociais;
Linda Eggers, minha assistente executiva.

Sumário

Você Pode Ter uma Estratégia de Liderança para sua Vida

Liderança é uma das minhas paixões. Por isso, ensino. Já dediquei mais de trinta anos de minha vida a ajudar os outros a aprender o que sei sobre liderar. Na verdade, gasto cerca de oitenta dias por ano ensinando liderança. Nos últimos anos tenho ensinado esse tema em seis continentes. O assunto é inesgotável. Por quê? Porque tudo sobe e desce na liderança. Se você quiser causar um impacto positivo no mundo, aprender a liderar melhor o ajudará a atingir esse objetivo.

Em todos os anos que venho ensinando sobre liderança, há um tema de palestra que mais me pedem para dar, desde West Point a Microsoft, e em vários países do mundo. Essa palestra explica como funciona a liderança e fornece uma estratégia para aprender a tornar-se líder. São "Os 5 Níveis da Liderança".

Minha convicção de que tudo sobe e desce na liderança solidificou-se em 1976, e me pôs em uma jornada de liderança na qual até hoje me encontro. Comecei a jornada fazendo muitas perguntas. *Qual sua definição de liderança? O que é um líder? Como funciona a liderança?* Infelizmente, as respostas habituais a essas perguntas não são muito úteis. Há pessoas que identificam a liderança com a obtenção de uma posição de liderança. Mas já encontrei maus líderes em boas posições e bons líderes sem nenhuma posição. Você não? Outras pessoas, falando sobre liderança, dizem: "Não consigo descrever o que é liderança, mas a reconheço quando a vejo". Embora seja verdade, não ajuda ninguém a aprender a liderar.

A conclusão a que cheguei desde o início é que liderança é influência. Se as pessoas podem aumentar sua influência em outras pessoas, podem liderar mais eficazmente. Ao refletir sobre isso, um conceito de como funciona a liderança começou a tomar forma em minha mente. Este conceito foram os 5 níveis da liderança, que me custaram cerca de cinco anos para desenvolver. Desde então, tenho ensinado esse conceito. E sempre que o apresento, uma das perguntas que as pessoas sempre fazem é: "Quando você vai escrever um livro sobre isso?" Como vê, estou respondendo a pergunta.

Você Pode Aprender Ferramentas Práticas de Liderança

Há uma variedade de livros sobre liderança enchendo a estante das pessoas. Por que ler mais este? Porque funciona. Os 5 níveis têm sido usados para treinar líderes em empresas de todo tamanho e configuração, desde pequenas empresas até empresas que recebem índice 100 da revista *Fortune*. Têm sido usados para ajudar as organizações sem fins lucrativos a entender como liderar voluntários. E têm sido ensinados em mais de cento e vinte países ao redor do mundo. Toda vez que falo a respeito, as pessoas fazem perguntas e observações. São coisas como essas que ajudam os 5 níveis da liderança a ficar mais forte e a ganhar maior profundidade. O conceito foi testado e comprovado. Além disso, oferece outros benefícios.

Os 5 Níveis da Liderança Fornecem Clara Imagem da Liderança

Como as pessoas podem compreender o básico em termos de liderança? Para quem não é líder naturalmente talentoso, a liderança é um mistério. Para essas pessoas, liderar é como andar em um corredor escuro. Há um senso de onde querem ir, mas não veem à frente e não sabem onde estão os problemas e as armadilhas. Para muitos do mundo acadêmico, a liderança é um exercício teórico, uma equação cujas variáveis são merecedoras de pesquisa, estudo e rigoroso debate. Em contrapartida, os 5 níveis da liderança são visualmente simples. Qualquer pessoa pode aprender.

Os 5 Níveis da Liderança Definem *Liderar* como um Verbo, não como um Substantivo

Liderança é um processo, não uma posição. Houve um tempo em que as pessoas usavam os termos *liderança* e *gestão* alternadamente. Penso que hoje a maioria das pessoas reconhece que há significativa diferença entre os dois. A gestão está em seu melhor momento quando as coisas permanecem as mesmas.

> LIDERANÇA É UM PROCESSO, NÃO UMA POSIÇÃO

Liderança lida com pessoas e suas dinâmicas, as quais estão em constante mudança. Nunca são estáticas. O desafio da liderança é criar mudança e facilitar o crescimento. Isso exige movimento, que, como logo você verá, é inerente na subida de um nível de liderança ao outro.

Os 5 Níveis da Liderança Dividem a Liderança em Etapas Compreensíveis

O tema da liderança pode ser devastador e confuso. Onde começa a liderança? O que devemos fazer primeiro? Que processos devemos usar? Como ganhar influência sobre os outros? Como desenvolver uma equipe produtiva? Como ajudar os seguidores a tornarem-se líderes por si mesmos? Os 5 níveis da liderança dão respostas a essas perguntas usando etapas compreensíveis.

Os 5 Níveis da Liderança Fornecem uma Estratégia Clara para o Desenvolvimento da Liderança

Quando as pessoas pensam na sua jornada de liderança, é frequente visualizarem um plano de carreira. O que deveriam estar pensando é no seu próprio desenvolvimento de liderança! A boa liderança não tem a ver com fazer você avançar. Tem a ver com fazer sua equipe avançar. Os 5 níveis da liderança fornecem passos claros para o crescimento da liderança. Lidere bem as pessoas e ajude os membros de sua equipe a tornarem-se líderes eficazes, e um plano de carreira de sucesso está quase garantido.

Os 5 Níveis da Liderança Alinham as Práticas, os Princípios e os Valores da Liderança

Quando desenvolvi os 5 níveis, concebi cada nível como uma prática que pudesse ser usada para liderar mais eficazmente. Com o passar do tempo e o uso e ensino dos níveis, percebi que eram na verdade princípios. Aqui está a diferença: uma prática é uma ação que pode funcionar em uma situação, mas não necessariamente em outra. Um princípio é uma verdade externa que é tão confiável quanto uma lei da física. Por exemplo, quando Salomão disse: "A resposta branda desvia o furor, mas a palavra dura suscita a ira", ele declarou um princípio que é universal e atemporal. Princípios são importantes, porque funcionam como um mapa, permitindo-nos tomar decisões sábias. Se adotarmos um princípio e o interiorizarmos, torna-se parte de nossos valores. Os 5 níveis influenciam minhas atividades de liderança todos os dias.

Visão Geral dos 5 Níveis da Liderança

5 **Pináculo**

— RESPEITO —

As pessoas o seguem por causa de quem você é e do que representa.

4 **Desenvolvimento de pessoas**

— REPRODUÇÃO —

As pessoas o seguem por causa do que você faz para elas pessoalmente.

3 **Produção**

— RESULTADOS —

As pessoas o seguem por causa do que você faz para a empresa.

2 **Permissão**

— RELAÇÕES —

As pessoas o seguem porque querem.

1 **Posição**

— DIREITOS —

As pessoas o seguem porque são obrigadas.

Cada uma das seções subsequentes deste livro é dedicada a um dos 5 níveis. Nelas, você aprenderá as vantagens, as desvantagens, os melhores comportamentos para determinado nível, as crenças que ajudam o líder a subir para o nível seguinte e como o nível se relaciona com as leis da liderança. Se você já conhece as leis da liderança, sua compreensão será reforçada ao ver como elas se ajustam aos 5 níveis. Mas mesmo que as leis sejam um assunto novo para você, você entenderá o conceito básico por trás de cada uma e como ela se aplica. Há também um guia para crescer em cada nível. No entanto, antes de nos aprofundarmos nos níveis, desejo lhe dar uma visão geral de cada um e como eles se encaixam, bem como compartilhar algumas constatações sobre os níveis.

Nível 1 — Posição

A posição é o nível de liderança mais baixo; é nível de entrada. A única influência que o líder posicional tem é a que vem com o título do cargo de trabalho. As pessoas seguem porque têm de seguir. A liderança posicional baseia-se nos *direitos* ganhos pela posição e título. Não há nada de errado em ter uma posição de liderança. Mas tudo está errado em usar a posição para fazer as pessoas seguirem você. A posição é substituta ineficiente para a influência.

Pessoas que chegam apenas ao nível 1 podem ser chefes, mas nunca são líderes. Têm subordinados, não membros de equipe. Contam com regras, regulamentos, políticas e organogramas para controlar seus subordinados. As pessoas o seguem apenas dentro dos limites declarados da autoridade. E as pessoas farão apenas o que lhes é exigido. Quando os líderes posicionais pedem um esforço ou tempo extra, raramente são atendidos.

Líderes posicionais geralmente têm dificuldade em trabalhar com voluntários, pessoas mais jovens e pessoas de alto nível de escolaridade. Por quê? Porque líderes posicionais não têm influência, e esse tipo de pessoa tende a ser mais independente.

A posição é o único nível que não requer habilidade e esforço para alcançar. Qualquer pessoa pode ser nomeada para uma posição.

Nível 2 — Permissão

O nível 2 baseia-se inteiramente em *relações*. No nível da permissão, as pessoas seguem porque querem. Quando você gosta das pessoas e as trata como indivíduos que têm valor, você começa a desenvolver influência sobre elas. Você desenvolve confiança. O ambiente torna-se muito mais positivo, quer seja em casa, no trabalho, no lazer ou no voluntariado.

A pauta para os líderes no nível 2 não é manter a posição. É conhecer as pessoas e imaginar como dar-se bem com elas. Líderes descobrem quem é sua gente. Seguidores descobrem quem são seus líderes. As pessoas constroem relações sólidas e duradouras.

Você pode gostar das pessoas sem liderá-las, mas não pode liderar pessoas sem gostar delas.

Você pode gostar das pessoas sem liderá-las, mas não pode liderar pessoas sem gostar delas. É do que trata o nível 2.

Nível 3 — Produção

Um dos perigos de chegar ao nível da permissão é que o líder pode ser tentado a parar por aí. Mas bons líderes não apenas criam um ambiente agradável de trabalho. Fazem as coisas acontecerem! É por isso que devem subir para o nível 3, o qual está baseado em *resultados*. No nível da produção, os líderes ganham influência e credibilidade, e as pessoas passam a segui-los por causa do que eles fazem para a empresa.

Muitas coisas positivas começam a acontecer quando os líderes chegam ao nível 3. O trabalho é feito, a moral melhora, o lucro sobe, a rotatividade de pessoal diminui e os objetivos são alcançados. É também no nível 3 que o impulso entra em operação.

Liderar e influenciar pessoas torna-se divertido neste nível. Sabemos que o sucesso e produtividade resolvem muitos problemas. Como disse Joe Namath, o lendário zagueiro de futebol americano: "Quando você está ganhando, nada dói".

No nível 3, os líderes tornam-se agentes de mudança. Podem resolver problemas difíceis e enfrentar questões espinhosas. Podem tomar as decisões difíceis que farão a diferença. Podem levar seus liderados a outro nível de eficácia.

Nível 4 — Desenvolvimento de Pessoas

Líderes tornam-se grandes, não por causa do poder, mas por causa da habilidade em capacitar as pessoas. É o que os líderes de nível 4 fazem. Usam a posição, relações e produtividade para investir em seus seguidores e desenvolvê-los até que esses seguidores se tornem líderes por conta própria. O resultado é *reprodução*. Líderes de nível 4 reproduzem-se.

A produção pode vencer jogos, mas o desenvolvimento de pessoas vence campeonatos. Duas coisas sempre acontecem no nível 4. Em primeiro lugar, o trabalho em equipe atinge um nível muito alto. Por quê? Porque o alto investimento em pessoas aprofunda as relações, ajuda as pessoas a conhecerem-se melhor e reforça a lealdade. Em segundo lugar, o desempenho aumenta. Por quê? Porque existem mais líderes na equipe, e eles ajudam a melhorar o desempenho de todos.

Líderes tornam-se grandes, não por causa do poder, mas por causa da habilidade em capacitar as pessoas.

Líderes de nível 4 mudam a vida das pessoas que eles lideram. Por conseguinte, os liderados os seguem por causa do que os seus líderes fazem para eles pessoalmente. E suas relações são muitas vezes duradouras.

Nível 5 — Pináculo

O nível de liderança mais alto e mais difícil é o pináculo. Ainda que a maioria das pessoas aprenda a subir os níveis 1 ao 4, o nível 5 exige não só esforço, habilidade e intencionalidade, mas também elevado nível de talento. Apenas os líderes naturalmente talentosos chegam a esse nível mais elevado. O que fazem os líderes de nível 5? Desenvolvem pessoas para tornarem-se líderes de nível 4.

Se as pessoas são respeitosas, agradáveis e produtivas, podem estabelecer um grau de influência sobre os outros e ganhar seguidores com relativa facilidade. Desenvolver seguidores para liderarem por conta própria é difícil. Muitos líderes não conseguem, porque exige muito mais trabalho do que meramente liderar seguidores. No entanto, desenvolver líderes ao ponto em que possam e queiram desenvolver outros líderes é a tarefa de liderança mais difícil para a maioria. Mas estes são os benefícios: líderes de nível 5 desenvolvem empresas de nível 5. Criam oportunidades que outros líderes não criam. Geram legados no que fazem. As pessoas os seguem por causa de quem são e do que representam. Em outras palavras, essa liderança ganha uma *reputação* positiva. Por conseguinte, líderes de nível 5 muitas vezes transcendem sua posição, sua empresa e, por vezes, seu ramo de atividades.

Insights sobre os 5 Níveis da Liderança

Agora que você está familiarizado com os níveis, quero compartilhar algumas ideias que o ajudarão a compreender como os níveis se relacionam entre si.

1. Você Pode Subir de Nível, mas nunca Deixa o Anterior para Trás

Agora que você já viu os níveis e aprendeu as noções básicas sobre eles, pode supor que o líder os escala, deixando um para chegar ao próximo, semelhante ao modo em que subimos uma escada. Mas a verdade é que você nunca deixa um nível para trás depois que o tiver atingido. Em vez disso, você constrói sobre ele. Se você pensar por um momento, concordará que faz sentido. Se você começa com uma posição de liderança e constrói relações com as pessoas que você administra, você renuncia sua posição para fazer isso? Não. Você não deixa sua posição para avançar. Mas se ganhar o nível 2 corretamente, você nunca precisará valer-se de sua posição novamente.

Assim que construir relações com as pessoas e passar para um nível de produtividade mais elevado, você abandona ou negligencia essas relações? Acho melhor que não! Se o fizer, você se encontrará de volta ao nível 1.

Líderes não trocam um nível por outro. Adicionam um nível ao anterior. É um processo de construção.

2. Você não Está no Mesmo Nível com cada Pessoa

Liderança é dinâmica, e muda de relação em relação. O mesmo é verdadeiro quanto aos 5 níveis da liderança. Posso estar em um nível diferente dos 5 níveis com cada uma das cinco pessoas do meu trabalho. Alguém no primeiro dia de trabalho reconhecerá somente minha posição, ao passo que alguém em quem tenho investido e que já treinei para liderar irá colocar-me no nível 4. Se tenho sido um bom pai em casa, posso estar no nível 4 com meus filhos. Se tenho sido um pai ausente, posso estar no nível 1. Com meu vizinho, talvez eu esteja no nível 2.

Você já apresentou uma visão à sua equipe e recebeu diversas reações para a mesma comunicação? A que você atribui essa reação? Diferentes origens dos ouvintes? Diferentes níveis de inteligência? Diferentes níveis de treinamento ou experiência? Diferentes personalidades? Creio que todos esses fatores entram em jogo, mas muitas vezes o fator mais impactante é o nível de liderança que você tem com cada pessoa. As pessoas reagirão a você baseadas no nível de liderança que você estiver com elas. E isso está sujeito a mudanças.

> AS PESSOAS REAGIRÃO A VOCÊ BASEADAS NO NÍVEL DE LIDERANÇA QUE VOCÊ ESTIVER COM ELAS.

Atingir um nível de liderança não é como colar grau. Tampouco é marcar um recorde como atleta. Você não o atinge e o deixa. É mais como ter de fazer uma corrida todos os dias para provar sua capacidade. A única exceção é o pináculo. Líderes que alcançam o nível 5 são reconhecidos por estar nesse nível por causa da reputação em vez de apenas por causa da interação pessoal. Mas é importante notar que, em qualquer nível, o líder não permanece sempre automaticamente nesse nível. Você tem de ganhar seu nível de liderança com cada pessoa e esse nível pode subir ou descer a qualquer momento.

3. Quanto mais Alto Você Sobe, mais Fácil É Liderar

Estas são boas notícias. Ao trabalhar para subir os níveis da liderança, você descobrirá que fica mais fácil liderar as pessoas. Cada avanço permite que você seja mais eficaz em liderar os outros, porque sua influência aumenta à medida que você passa para um nível superior. Conforme sua influência aumenta, mais pessoas o seguirão mais prontamente. Influência limitada, liderança limitada. Maior influência, maior eficácia. Trata-se de bom sendo. Contudo, também há uma má notícia: não é fácil subir os níveis de liderança! Se fosse, todos seriam líder de nível 5.

4. Quanto mais Alto Você For, mais Tempo e Empenho Serão Necessários para Subir de Nível

O que é mais difícil? Receber uma posição de liderança (nível 1) ou receber a permissão das pessoas para liderá-las (nível 2)? A resposta é bastante óbvia. Requer tempo, esforço e empenho para desenvolver relações positivas com as pessoas. E quanto a passar do nível 2 para o nível 3? Acredito que é mais difícil tornar-se consistentemente produtivo do que é fazer amigos. É ainda mais difícil e exige muito mais tempo ir para o nível 4, onde você desenvolve as pessoas para tornarem-se bons líderes. E pode levar uma vida inteira para tornar-se líder de nível 5, que desenvolve líderes que, por sua vez, desenvolvem outros líderes.

Anos atrás, lembro-me de ter visto uma tirinha do *Ziggy*, de Tom Wilson, no qual o herói da tirinha estava na estrada para o sucesso e, bem à frente, viu uma placa que dizia: "Prepare-se para parar nos pedágios". Este seria bom conselho para quem quiser subir os 5 níveis da liderança. Não é fácil chegar ao topo. E toda vez que você sobe, você paga. Você tem de ter mais empenho, tem de dar mais, tem de usar mais energia toda vez que você quiser subir de nível. E o mesmo diz respeito aos seus liderados. Ninguém consegue nada grande, dando o mínimo. Não há time que vença campeonatos sem fazer sacrifícios e dar o melhor.

5. Subir de Nível Ocorre lentamente, mas Descer Pode Ocorrer rapidamente

Como já dissemos, leva tempo para subir os níveis de liderança. As pessoas me perguntam: "Quanto tempo levou para você tornar-se líder de nível 5?".

"Muito mais do que você pensa", é a minha resposta. Construir sempre leva muito mais tempo do que destruir. Muitas coisas têm de estar certas para você subir de nível, mas às vezes basta que uma coisa aconteça de errado para fazer com que você caia. Por exemplo, pense quanto tempo leva para construir um excelente relacionamento com uma pessoa. Mas se você fizer algo que venha a perder a confiança dessa pessoa, o relacionamento pode romper-se permanentemente em um piscar de olhos.

> MUITAS COISAS TÊM DE ESTAR CERTAS PARA VOCÊ SUBIR DE NÍVEL, MAS ÀS VEZES BASTA QUE UMA COISA ACONTEÇA DE ERRADO PARA FAZER COM QUE VOCÊ CAIA.

Ainda que seja inquietante pensar em como pode ser rápida a queda de um nível de liderança, espero que você se console com isso: assim que você tiver subido a níveis mais elevados, os níveis debaixo funcionam como uma rede de segurança. Portanto, quanto mais alto subir de nível, mais segura será a liderança. Por exemplo, se você tomar más decisões no nível 3 a ponto de arruinar a sua produtividade ou a da equipe, as relações que você desenvolveu podem poupá-lo de ser despedido. O único nível sem uma rede de segurança é o mais baixo: posição. Você não tem muito espaço para cometer erros nesse nível. Esta é outra boa razão para subir por esforço próprio os níveis de liderança.

6. Quanto mais Alto Você Subir, Maior Será o Retorno

Você dá mais para subir a níveis mais elevados de liderança, mas também recebe mais. Como líder, o retorno sobre o investimento aumenta a cada nível. No nível 2, você ganha confiança e o direito de liderar. No nível 3, você contribui para a produtividade da empresa. No nível 4, você multiplica essa produtividade, porque sempre que você agrega outro líder à empresa, você agrega toda a potência da equipe desse líder. No nível 5, o crescimento e a produtividade tornam-se exponenciais à medida que você agrega líderes à empresa que não só lideram outros, mas também criam gerações de desenvolvimento de liderança que se mantêm produzindo.

Quanto melhores forem os líderes na empresa, melhores ficam todos na empresa. Quando a produtividade é alta, a química é boa, a moral é alta e o impulso é forte, então os retornos aumentam.

7. Subir sempre Exige mais Crescimento

Toda vez que o líder sobe de nível de liderança, mais habilidade é necessária. Por esse motivo, toda etapa de crescimento requer mais desenvolvimento por parte do líder. Mas esta é a boa notícia. Cada nível de liderança atingida funciona como uma plataforma a partir da qual o líder cresce para a próxima.

Veja como funciona. Para crescer para outro nível, os líderes assumem riscos. Nos níveis mais baixos, os riscos são menores e mais facilmente vencidos. Por exemplo, para subir do nível 1 para o nível 2, os líderes arriscam iniciar relações. Quando os líderes chegam a níveis mais altos, os riscos ficam maiores. Por exemplo, no nível 3, os líderes reúnem a equipe para atingir um objetivo elevado e acabam fracassando. Isso custa a credibilidade do líder, interrompe o impulso e desmotiva os membros da equipe. Mas aqui está a boa notícia: todo risco em níveis superiores é uma extensão natural das habilidades que os líderes já desenvolveram. Os observadores externos olham para o líder e dizem: "Uau, ele se expôs e assumiu grandes riscos". Mas os observadores não veem o crescimento que ocorreu no líder. Na época em que o próximo risco for assumido, o líder já cresceu.

> "Liderança é acolher as pessoas onde elas estão para levá-las para algum lugar."
> — *C. W. Perry*

Crescer como líder requer uma combinação de crescimento intencional e experiência de liderança. Se as pessoas confiarem apenas na experiência sem intencionalmente aprender e preparar-se para o próximo nível, não progredirão como líderes. Por outro lado, se apenas se prepararem mentalmente, mas sem ganharem experiência por meio de risco e recompensa, e tentativa e erro, também não progredirão. É necessário as duas coisas, além de certa quantidade de talento. Mas você não tem controle sobre quanto talento possui. Você controla apenas o que faz com o talento.

Vemos esta dinâmica quando os jogadores tentam passar da fileira dos amadores para a ala dos profissionais. Todos têm certo grau de talento. O que ajuda os que têm sucesso são o crescimento *e* a experiência intencionais. Os atletas que confiam apenas na experiência em campo não são muitas vezes bem-sucedidos. E os que se preparam mental e fisicamente, mas nunca têm a experiência de estar em campo têm muitas vezes o mesmo resultado negativo. É preciso de ambos para que haja sucesso.

Se você possui o talento natural para liderar, tem a paixão para o crescimento. Você gosta de ver as coisas sendo construídas. É parte do seu caráter. Faz sentido. Se o seu talento é dos mais modestos, não perca a esperança. Você pode compensar grandemente essa baixa quantidade, tornando-se estudante de liderança altamente intencional e, assim, tirando o máximo de cada oportunidade. Seja como for, lembre-se de que o sucesso em qualquer nível ajuda você a ser bem-sucedido em todos os níveis. Portanto, trabalhe duro para ganhar o nível no qual você está. Ele o preparará para o futuro.

8. Não Subir de Nível Limita Você e os seus Liderados

A lei do limite em *As 21 Irrefutáveis Leis da Liderança* declara: "A capacidade de liderança determina o grau de eficácia da pessoa". Em suma, sua eficácia em fazer as coisas e sua capacidade de trabalhar através dos outros sempre são limitadas pela sua liderança. Se sua liderança é um 4 de 10, então sua eficácia não será maior que 4.

Além disso, a lei do respeito diz: "As pessoas, naturalmente, seguem líderes mais fortes que elas". Isso significa que se você permanecer no 4, então você nunca atrairá e manterá líderes melhores do que 3![1]

Um dos encargos da liderança é que, na velocidade em que formos, assim irão as pessoas que lideramos. Alcançar nosso potencial define um ambiente para os outros alcançarem o deles. Quando os líderes param de subir, duas perguntas precisam ser feitas: "Eles podem melhorar?" e "Eles querem melhorar?". Alguns não podem, pois alcançaram seu limite. Outros não querem. Capacidade não é o problema; escolha e atitude são. Se as pessoas estão dispostas a escolher melhorar e mudar de atitude, o céu é o limite.

> Um dos encargos da liderança é que, na velocidade em que formos, assim irão as pessoas que lideramos.

Sua capacidade de liderança hoje é o que é. Você não pode mudar o passado. No entanto, pode mudar o futuro. De hoje em diante, você tem a escolha no que tange à capacidade de liderança. Se você aprender a subir os níveis de liderança, sua capacidade de liderança melhorará. E isso terá impacto positivo na capacidade de liderança global. Entretanto, se optar por não crescer como líder, é melhor se acostumar a estar onde quer que esteja no momento, porque sua situação não é suscetível de melhorar.

9. Quando Você Muda de Cargo ou de Empresa, raramente Permanece no Mesmo Nível

O que acontece quando os líderes mudam de emprego e começam a liderar outro grupo de pessoas? Se presumiu que estão no mesmo nível de liderança, está enganado. Toda vez que você lidera pessoas diferentes, você inicia o processo novamente. As pessoas não o reconhecerão como desenvolvedor de pessoas de nível 4, enquanto você não tiver trabalhado com elas. Você tem de conquistar isso. O mesmo vale para os níveis 3 e 2. Você recomeça no nível 1. No entanto, há o lado bom. Se você alcançou o nível 4 com outro grupo de pessoas, você já sabe como chegar.

E pelo fato de já ter feito isso antes, você sobe de nível com muito mais facilidade do que da vez anterior.

Cada vez que você passa pelo processo com novo grupo de pessoas, você se torna mais habilidoso. E depois de tê-lo feito muitas vezes, você não ficará desanimado pela perspectiva de ter de repeti-lo com outras pessoas. Por exemplo, por vinte e cinco anos liderei no mundo religioso. Durante esse tempo, trabalhei em quatro organizações e em cada uma tive de subir os níveis de liderança com as pessoas de lá. Felizmente, nesse mundo atingi o nível 4 com muitas pessoas, até mesmo com muitas que estavam fora dessas organizações. No entanto, quando comecei a ensinar liderança no mundo dos negócios, tudo mudou. Comecei de volta ao nível 1 com muitas pessoas. Não deixei que isso me intimidasse ou desestimulasse. Sentia-me disposto a me provar e abrir caminho por próprio esforço para subir os níveis de novo. Hoje, quinze anos mais tarde, desfruto da credibilidade que ganhei desenvolvendo relações, sendo produtivo nesse mundo e desenvolvendo líderes.

Líderes posicionais são relutantes em ter de recomeçar. Pelo fato de pensarem na liderança como um destino e não como um processo — um substantivo em vez de um verbo —, querem agarrar-se ao que já têm. Sua esperança é fazer isso uma vez e pronto. Bons líderes estão dispostos a refazer seu caminho de volta à liderança, porque entendem que as atividades de liderança quase sempre os obrigarão a reiniciar na parte inferior mais de uma vez.

10. Você não Pode Subir os Níveis Sozinho

Um dos meus dizeres prediletos é: "Se você acha que está liderando, mas ninguém o está seguindo, então você está dando apenas um passeio a pé". Esse pensamento capta a verdadeira natureza da liderança e também expressa o *insight* mais importante sobre os 5 níveis da liderança. Para ter sucesso como líder, você tem de ajudar os liderados a subir os níveis. Se não estão seguindo você, você não está subindo do nível 1 para os níveis 2 e 3. Se outras pessoas seguindo você na subida de níveis não estão se tornando líderes por conta própria, então você ainda não alcançou o nível 4. E se as pessoas que você está desenvolvendo não estão no nível 4 desenvolvendo gerações de líderes, então você não vai conseguir chegar ao nível 5. O processo todo inclui outras pessoas e concentra-se em ajudá-las. Como disse C. W. Perry, líder quacre: "Liderança é acolher as pessoas onde elas estão para levá-las para algum lugar". É disso que trata os 5 níveis da liderança!

> "Liderança é acolher as pessoas onde elas estão para levá-las para algum lugar."
> — *C. W. Perry*

É Hora de Ir para o Próximo Nível

Espero que a esta altura você tenha uma compreensão básica dos 5 níveis da liderança e como funcionam. Mas suponho que agora você esteja se perguntando: *Em que nível estou com a maioria dos meus liderados?* Faço esta afirmação, porque toda vez que ensino os 5 níveis, esta é a pergunta que as pessoas querem que seja respondida.

Vou ajudá-lo a obter essa informação em um momento, mas primeiro deixe-me dizer isto: entender os 5 níveis da liderança e saber em que nível você está com cada pessoa determinará como liderá-las. Bons líderes não lideram todos da mesma maneira. Por quê? Porque cada pessoa é diferente, e você não está no mesmo nível de liderança com toda pessoa. Líderes eficazes interagirem com os seguidores com base em:

- Onde eles estão com aquele seguidor específico,
- Onde o seguidor percebe que o líder está e
- Onde os seguidores estão em seu próprio desenvolvimento de liderança.

Cada um desses fatores entra em ação quando você avalia sua liderança e trabalha para desenvolvê-la.

Acredito que toda pessoa tem a capacidade de melhorar a liderança. Tornar-se líder não é um assunto místico. Pode ser abordado de maneira muito prática, e todos têm o potencial de subir para um nível de liderança mais elevado.

Qual é o seu potencial? Você tem a capacidade e o desejo de tornar-se líder de nível 3, 4 ou 5? Há apenas uma maneira de descobrir. Aceite o desafio da liderança, esforce-se totalmente no crescimento e mergulhe de cabeça na liderança. Se estiver disposto a receber críticas, você nunca se arrependerá, porque não há melhor maneira de aumentar seu impacto positivo no mundo e agregar valor aos outros do que aumentar sua capacidade de liderança.

Acredito que este livro, com os guias para crescer em cada nível, o ajudarão a navegar pelo processo e ajudar você subir. Então, boa leitura, bom crescimento e como diz meu amigo Zig Ziglar: "Vejo você no topo".

Avaliação de Liderança

Como Medir seu Nível de Liderança Atual

Este é um questionário de quatro partes para ajudá-lo a entender onde você está na jornada de liderança relacionada aos 5 níveis. Não pule esta parte do livro, mas faça a avaliação imediatamente para determinar o seu nível atual. As partes 1 e 2 não exigem grande investimento de tempo. A parte 3 pode levar um pouco mais, visto que envolve outras pessoas, mas não deixe de fazer. O principal objetivo é verificar se seus instintos e autopercepção estão corretos na parte 2. A parte 4 lhe dará uma visão de onde você está em geral com a sua equipe e deve ser feito depois de concluídas as partes 1, 2 e 3.

Se fizer estas tarefas preparatórias, você estará em posição muito melhor para crescer na liderança quando ler e aplicar o restante do livro.

Parte 1: Características dos Níveis de Liderança

Esta primeira seção aplica-se à sua liderança em geral. Leia os dez enunciados. Coloque uma marca de verificação ao lado de cada uma que esteja condizente com sua realidade. Responda usando o seu primeiro instinto. Não ignore perguntas e não volte para alterar as respostas.

Nível 1

[_] Não preciso lembrar as pessoas que trabalham para mim que eu sou o líder.

[_] Penso em cada pessoa que trabalha para mim como uma pessoa individual, não apenas em termos da função ou papel que ela desempenha.

[_] Quase todos os dias estou ansioso para ir trabalhar.

[_] Reconheço que a posição que recebi é uma oportunidade para aprender e não um território a ser defendido.

[_] As pessoas que trabalham para mim estão dispostas a trabalhar fora de suas descrições de cargo.

[_] Sei que lidar com os problemas das pessoas faz parte da liderança e aceito como parte do trabalho.

[_] Tenho o desejo de aprender mais sobre liderança e tornar-me um líder melhor.

[_] Penso em meu trabalho em termos de trabalho a ser feito e dou muito pouca atenção a plano de carreira e posições que desejo alcançar ao longo do caminho.

[_] Um dos meus principais objetivos é ajudar as pessoas que trabalham para mim.

[_] A maioria das pessoas acha fácil trabalhar comigo.

Se você marcou oito ou mais das declarações acima por serem condizentes com a sua realidade, então você já se estabeleceu como líder de nível 1 e está se movendo para os níveis superiores. Passe para a próxima seção do teste. No entanto, se você marcou menos de oito, então você ainda não dominou o nível 1, e é onde começará seu trabalho no desenvolvimento de liderança pessoal. Por quê? Porque você é tão bom quanto o nível mais baixo que já domina.

Nível 2

[_] As pessoas fora do meu departamento ou área de responsabilidade respeitam minhas opiniões e me procuram para ouvir meus conselhos.

[_] Conheço os meus pontos fortes e fracos e raramente sou pego de surpresa no meu trabalho.

[_] Gosto realmente da maioria das pessoas e desejo ajudá-la.

[_] Sou muito consistente e calmo em minha interação com as pessoas que trabalham para mim.

[_] Quando digo algo para as pessoas da minha equipe, sempre sabem que podem confiar, porque sou confiável.

[_] Desenvolvo relações sólidas com todas as pessoas que trabalham para mim.

[_] As pessoas que trabalham comigo me acham afável e agradável quase 100% do tempo.

[_] Quando preciso ter uma conversa franca com os membros da equipe para corrigir erros ou tratar de problemas, corrijo ou trato conclusivamente e não deixo que se gaste muito tempo com isso.

[_] Acredito que os funcionários desejam mais do que apenas o pagamento diário por um dia de trabalho; querem ser incentivados e os incentivo.

[_] Desenvolvo relações com todos os que trabalham para mim.

Se você marcou oito ou mais das declarações acima por serem condizentes com a sua realidade, passe para a próxima seção. Caso contrário, talvez você queira deixar para mais tarde o restante da parte 1 do teste, porque as respostas indicam que você ainda não dominou o nível 2 e ainda não pensa como líder de nível 2. Se decidir continuar e concluir a parte 1 agora, lembre-se de que, mesmo que você marque oito ou mais declarações verdadeiras nas seções subsequentes, você não está nos níveis superiores de liderança, porque ainda não conquistou o nível 2. Isso também se aplica às respostas às perguntas que você der nos níveis subsequentes.

Nível 3

[_] Atinjo consistentemente as metas e objetivos do meu trabalho.

[_] As pessoas boas sempre querem trabalhar comigo e na minha equipe.

[_] As pessoas me veem como especialista em meu campo de atividade e me procuram para aprender comigo.

[_] Estou constantemente definindo e alcançando objetivos

mais elevados, mesmo quando meus superiores não os estabeleceram para mim.

[_] Meu desempenho no trabalho muitas vezes leva a equipe a um nível superior.

[_] Empenho-me ao extremo em tudo o que faço.

[_] Sinto-me à vontade com a ideia de que os outros estão vendo como trabalho e seguindo o meu exemplo.

[_] Sou conhecido como solucionador de problemas, e é habitual receber tarefas difíceis.

[_] Meu trabalho é muito consistente no dia a dia.

[_] Tenho sistemas e rotinas que me ajudam a trabalhar em nível muito elevado.

Se você marcou oito ou mais das declarações acima por serem condizentes com a sua realidade, passe para a próxima seção. Caso contrário, as respostas indicam que você ainda não dominou o nível 3 e ainda não pensa como líder de nível 3.

Nível 4

[_] Agendo e dou todo o treinamento e desenvolvimento para todos os membros da minha equipe de forma regular e consistente.

[_] Quando o prazo final se aproxima ou o trabalho torna-se urgente, nunca cancelo nossas sessões de treinamento e desenvolvimento.

[_] Constantemente assumo riscos, dando às pessoas responsabilidades e autoridade que as leva ao limite.

[_] Dispenso uma quantidade significativa de tempo por mês atuando como mentor de líderes promissores.

[_] Conheço muito bem os pontos fortes e fracos de todas as pessoas que lidero.

[_] Particularizo a maneira de treinar, desenvolver e mentorear meus liderados.

[_] Passo o tempo mais estratégico e significativo em que atuo como mentor com pessoas que têm a mais alta capacidade, talento e potencial.

[_] Tenho o histórico de mudar as pessoas de posição em posição para ajudá-las a encontrar sua adaptabilidade.

[_] Estou continuamente dando *feedback* às pessoas, não apenas durante as revisões formais.

[_] Minha equipe ou departamento é considerado o mais bem treinado (ou um dos melhores) da empresa.

Se você marcou oito ou mais das declarações acima por serem condizentes com a sua realidade, passe para a próxima seção. Caso contrário, as respostas indicam que você ainda não dominou o nível 4 e ainda não pensa como líder de nível 4.

Nível 5

[_] Posso citar várias pessoas específicas a quem incentivo a me falar verdades duras sobre mim, e elas o fazem regularmente.

[_] Uso minha influência para incutir valores em minha empresa.

[_] O curso da minha empresa é definido por mim ou por uma equipe da qual faço parte.

[_] Tenho desenvolvido muitos líderes que são desenvolvedores de líderes.

[_] Gosto da interação e amizade de um pequeno círculo de líderes com quem estou fazendo esta jornada de liderança.

[_] Ainda estou no topo do meu ramo de atividades, e o impacto positivo que faço é forte.

[_] Posso citar pelo menos uma pessoa que estaria disposta a apresentar-se para assumir meu lugar, se eu decidisse deixar minha posição atual.

[_] Tenho influência fora da minha empresa.

[_] Pessoas de fora do meu ramo específico de atividades procuram-me para obter conselhos de liderança.

[_] Uso minha influência e recursos para causas maiores do que eu ou da minha empresa.

Na liderança, você é apenas tão bom quanto o nível mais baixo que você domina. Portanto, quero lembrar que mesmo que você tenha obtido alta pontuação em um dos níveis mais altos, se sua pontuação foi ruim em um nível inferior, na verdade a sua liderança está nesse nível mais baixo. É onde você precisará dar sua atenção ao trabalhar com as pessoas a fim de melhorar sua capacidade de liderança.

Parte 2: Avalição Individual dos Membros da Equipe — O Ponto de Vista do Líder

Para cada pessoa que você supervisiona diretamente (reporta-se a você), responda *sim* ou *não* às perguntas da planilha a seguir. (Certifique-se de completar a parte 2 antes de passar para a parte 3.)

AVALIAÇÃO INDIVIDUAL DOS MEMBROS DA EQUIPE

Nome do Membro da Equipe:

____

Data:

____

Nível 1

Sim Não Esta pessoa reconhece você como seu líder.

Sim Não Esta pessoa concorda que você é adequado para a posição de liderança que você detém.

Sim Não Esta pessoa reconhece que você vê sua posição como oportunidade para ganhar seu lugar à mesa de liderança e não como privilégio para ser usado para promoção pessoal.

Nível 2

Sim Não Você sabe de coisas sobre a família e a vida particular desta pessoa fora do trabalho.

Sim Não Você conhece os pontos fortes e fracos desta pessoa.

Sim Não Você sabe dos sonhos e esperanças desta pessoa.

Sim Não Você está empenhado em ajudar esta pessoa a ter sucesso no trabalho.

Sim Não Esta pessoa confia em você e você confia nela.

Nível 3

Sim Não Esta pessoa respeita a capacidade e qualidades profissionais que você tem.

Sim Não Esta pessoa pede seus conselhos e opinião.

AVALIAÇÃO INDIVIDUAL DOS MEMBROS DA EQUIPE ***(continuação)***

Sim Não Esta pessoa tornou-se mais produtiva por causa de sua influência.

Sim Não Esta pessoa reconhece que a equipe é mais produtiva por causa de sua liderança.

Sim Não Esta pessoa concorda que a equipe contribui para a visão e o propósito da empresa.

Nível 4

Sim Não Você dá treinamento específico para esta pessoa que a ajuda a ter melhor desempenho no trabalho.

Sim Não Você mentoreia esta pessoa ou a coloca em um processo de desenvolvimento que a ajuda a tornar-se melhor líder.

Sim Não Hoje esta pessoa lidera outras, porque você lhe dá oportunidade e treinamento para liderar.

Sim Não Esta pessoa é sistematicamente leal e apoiadora, e sempre lhe dá o benefício da dúvida.

Nível 5

Sim Não Esta pessoa não só lidera outras pessoas, mas treina os seus liderados para desenvolverem-se líderes graças ao seu estímulo.

Sim Não Esta pessoa pode assumir seu lugar com probabilidade muito alta de sucesso, caso você se demitisse.

Sim Não Esta pessoa é seu defensor e fala bem de você na presença de outros líderes, de forma que você ganha o respeito dos outros antes mesmo de conhecê-los.

ESTIMATIVA

Há duas coisas que você aprende com esta avaliação. Primeiro, você entende em qual dos 5 níveis de liderança que você está com cada pessoa baseando-se nas respostas que deu. Se você respondeu *não* mais vezes do que *sim* em uma seção, então você não atingiu esse nível com essa pessoa. (Em vez disso, você está no nível imediatamente abaixo.)

A segunda coisa que você aprende é onde precisa trabalhar para melhorar. A resposta *não,* a qualquer declaração, indica onde você precisa fazer algum trabalho.

Parte 3: Avaliação de Liderança

O Ponto de Vista do Membro da Equipe

Peça para cada pessoa que se reporta diretamente a você para preencher a seguinte planilha. Podem responder anonimamente, se desejarem. Use os mesmos critérios para analisar esta avaliação que você utilizou para analisar a da parte 2.

Observe que mesmo que você seja um líder muito bom, você pode ter um funcionário ou voluntário que se recusa a colocá-lo em qualquer lugar que não seja no nível 1. Você pode tentar conquistar essa pessoa no nível 2 e, em seguida, progredir. Mas não há garantia de que a pessoa irá permitir ser conquistada.

AVALIAÇÃO DE LIDERANÇA

Nome do Líder:

____

Data:

____

Leia a declaração e responda *sim* ou *não* em referência ao líder cujo nome está escrito acima. Não existem respostas certas ou erradas. Esta avaliação destina-se apenas a descrever sua interação com a pessoa. (Se desejar, pode responder esta avaliação anonimamente.)

Nível 1

Sim Não Você reconhece esta pessoa como seu líder.

Sim Não Esta pessoa é adequada para a posição de liderança que ela detém.

Sim Não Esta pessoa trata a posição de liderança como oportunidade para ganhar um lugar à mesa de liderança e não como privilégio a ser usado para promoção pessoal.

Nível 2

Sim Não Este líder se preocupa com sua família e vida pessoal fora do trabalho e regularmente lhe pergunta sobre eles.

Sim Não Este líder conhece os pontos fortes e fracos que você tem.

Sim Não Este líder sabe e respeita as esperanças e sonhos que você tem.

Sim Não Este líder está empenhado em ajudar você a ter sucesso no trabalho.

Sim Não Você confia neste líder e ele confia em você.

AVALIAÇÃO DE LIDERANÇA *(continuação)*

Nível 3

Sim Não Você respeita a capacidade e qualidades profissionais deste líder.

Sim Não Você confia nos conselhos e opinião deste líder.

Sim Não Você se tornou mais produtivo devido à influência deste líder.

Sim Não A equipe da qual você faz parte é mais produtiva por causa da liderança deste líder.

Sim Não Você e a equipe da qual você faz parte contribuem para a visão e o propósito da empresa.

Nível 4

Sim Não Você recebe treinamento específico deste líder que ajuda você a trabalhar melhor.

Sim Não Este líder mentoreia ou desenvolve você para ajudá-lo a tornar-se um líder melhor.

Sim Não Atualmente você lidera outras pessoas como resultado de oportunidade e treinamento que recebeu deste líder.

Sim Não Você acredita neste líder e automaticamente lhe dá o benefício da dúvida.

Nível 5

Sim Não Você treina e desenvolve outros líderes graças ao incentivo e influência deste líder.

Sim Não Você pode assumir o lugar do seu líder com probabilidade muito alta de sucesso, porque ele o ajuda a preparar-se para isso.

AVALIAÇÃO DE LIDERANÇA *(continuação)*

Sim Não Este líder mudou sua vida, e você é seu defensor e fala bem dele na presença de outros líderes.

Assim que terminar a avaliação, devolva este documento ao líder cujo nome está no topo da página.

Parte 4: Avaliação do Nível de Liderança Atual

	Parte 1 Número Verdadeiro	Parte 2 Número em Cada Nível	Parte 3 Número em Cada Nível	Nível Predominante
Nível 1				
Nível 2				
Nível 3				
Nível 4				
Nível 5				

Você pode ter um "instantâneo" de sua liderança fazendo o seguinte:

1. Na coluna intitulada Parte 1, anote o número de declarações com as quais você concordou serem verdadeiras em cada seção da avaliação.
2. Na coluna intitulada Parte 2, anote o número de membros de sua equipe que estão em cada nível com você de acordo com a avaliação que você fez deles.
3. Na coluna intitulada Parte 3, anote o número de pessoas que colocam você em cada nível de acordo com as respostas que deram às declarações.
4. Agora some as linhas horizontalmente. Qual nível de liderança tem o número maior? Muito provavelmente, aquele com

o número mais alto indica o seu nível de liderança atual com as pessoas de sua equipe. (Não quer dizer que o número seja cientificamente válido. É apenas uma ferramenta para fornecer informações sobre você mesmo).

Mantenha esta avaliação em mente enquanto percorre as páginas deste livro. O Guia para Crescer ao final de cada seção do livro ajudará você a melhorar suas habilidades de liderança e a subir para os níveis superiores de liderança com os seus liderados.

NÍVEL 1: POSIÇÃO

É um Excelente Lugar para Visitar, mas não para Ficar

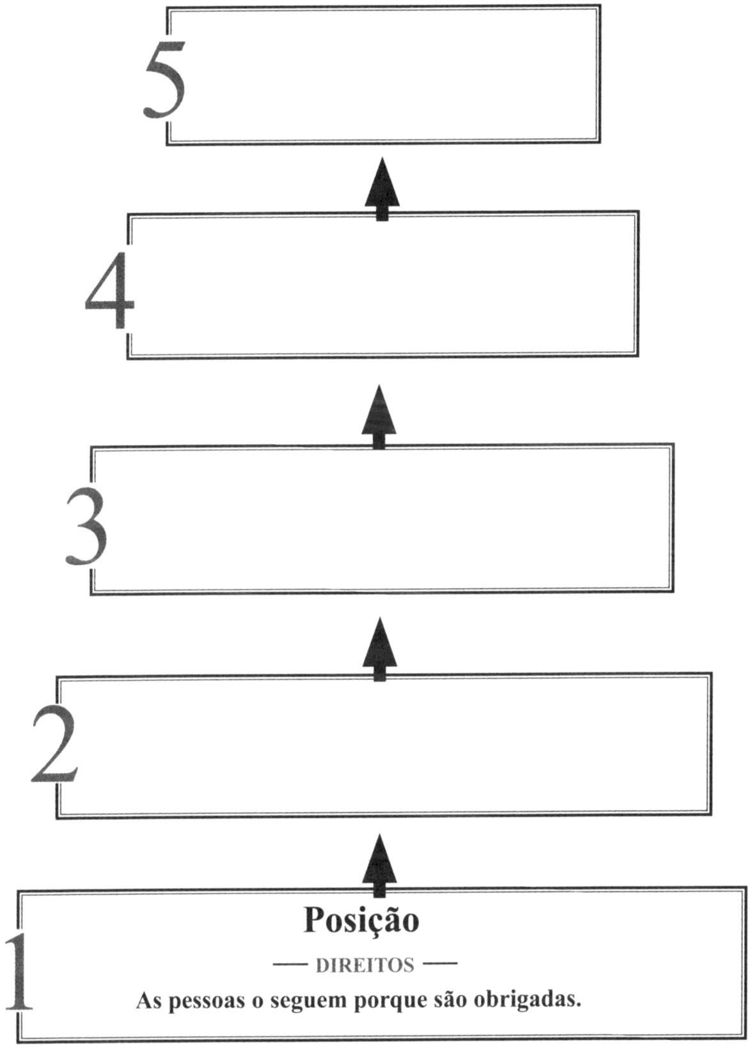

Liderança começa tradicionalmente com posição. A pessoa alista-se no exército e torna-se recruta, trabalhando para ganhar a patente de soldado raso. O indivíduo consegue um emprego e, com isso, recebe um título ou descrição de cargo: operário, vendedor, garçom, balconista, contador, gerente. Posição é o ponto de partida para todo nível de liderança. É o piso inferior e o fundamento sobre o qual a liderança é construída. A verdadeira influência deve ser desenvolvida sobre esse fundamento.

Houve um tempo em que as pessoas apoiavam-se fortemente na posição para liderar, o que não é surpreendente se levarmos em conta que, outrora, posições de liderança hereditárias eram transmitidas de pai para filho (e filha, às vezes) dentro das famílias. Príncipes tornavam-se reis e suas decisões eram lei — para o bem ou para o mal. Na maioria dos países industrializados, esses dias são passado. É verdade que ainda existem nações com reis e rainhas, mas mesmo em muitas dessas nações, como a Inglaterra, os monarcas reinam com a permissão do povo, e os verdadeiros líderes são eleitos. A posição dá uma chance, mas traz consigo muito pouco poder real, exceto em sistemas onde as penas por não obedecer são terríveis.

Não há nada de errado em ter uma *posição* de liderança. Quando a pessoa recebe uma posição de liderança, é porque alguém em autoridade viu o talento e o potencial dessa pessoa. E com o título e a posição vêm certos direitos e grau de autoridade para liderar os outros.

A posição é um bom ponto de partida. E como todo nível de liderança tem vantagens e desvantagens. Comecemos examinando as coisas boas sobre o nível posicional da liderança.

As Vantagens da Posição

Você Foi Convidado à Mesa da Liderança

Assim como há aspectos positivos e negativos em cada período da vida, há aspectos positivos e negativos em cada nível de liderança. Se você nunca liderou e recebe uma posição de liderança, então há coisas a comemorar. Vou lhe falar sobre quatro delas.

1. A Liderança Posicional É Dada às Pessoas porque elas Têm o Potencial de Liderança

Na maioria das vezes, quando as pessoas assumem uma posição de liderança, assumem porque a receberam ou foram nomeadas por outra pessoa em autoridade. Isso é óbvio. Mas pense nas implicações: significa que a pessoa em autoridade acredita que o novo líder tem certo grau de potencial para liderar. Isso é muito bom. Se você nunca liderou e foi convidado a liderar algo, comemore o fato de alguém em autoridade acreditar em você.

Lembro-me da primeira vez que recebi uma posição de liderança. Fui nomeado pelo meu técnico de basquete do colegial para ser o capitão do time. Que momento emocionante! Quando fecho os olhos, ainda revivo o que senti ao saber que o técnico Neff tinha confiança em mim.

Depois que fez o anúncio, falou aos jogadores que eu era exemplo de atitude positiva e trabalho duro. Mas depois levou-me à parte e explicou que o título de capitão apenas me daria uma plataforma para mostrar minhas habilidades de liderança. Não era garantia de que os jogadores iriam seguir-me. Disse-me que fazer com que isso acontecesse seria minha responsabilidade.

Os melhores líderes promovem pessoas à liderança com base no potencial de liderança e não em política, tempo de serviço, credenciais ou conveniência. John Wooden, o lendário técnico de basquete da Universidade da Califórnia em Los Angeles (UCLA), disse-me que designava o capitão do time somente depois de alguns jogos temporada adentro. Ele esperava, porque queria ver qual jogador se destacaria e mereceria a honra. É muitas vezes citado por dizer ao time: "Não me diga o que você vai fazer, mostre-me o que você vai fazer!".

> **Os melhores líderes promovem pessoas à liderança com base no potencial de liderança e não em política, tempo de serviço, credenciais ou conveniência.**

Se você recebeu nova posição de liderança, permita-me dizer bem-vindo ao primeiro passo em sua jornada de liderança. Você tem um lugar à mesa e foi convidado a fazer parte do "jogo da liderança". Você terá oportunidades para expressar sua opinião e tomar decisões. Seu objetivo inicial é mostrar ao seu líder e à sua equipe que você merece a posição que recebeu.

2. A Liderança Posicional Significa Autoridade Reconhecida

Quando a pessoa recebe uma posição e título, certo nível de autoridade ou poder vem junto. No início, esse poder é muito limitado. Mas é assim mesmo, porque a maioria dos líderes precisa ser provado com pouco antes de receber mais.

Voltando à minha primeira posição oficial de liderança — capitão do time de basquete —, recebi certos privilégios. Antes do início da partida, tinha de me reunir no meio da quadra com os árbitros e o capitão do outro time para discutir o jogo a ser jogado. Podia pedir tempo durante o jogo e o técnico me solicitava informações quando nos reuníamos à beira da quadra. Falava também ao time no vestiário antes e depois de cada jogo. Meu título me deu reconhecimento e autoridade. No entanto, também constatei as limitações desse reconhecimento e autoridade. Como diz o *Infantryman's Journal* (1954 [Revista do Soldado de Infantaria]): "Ninguém é líder até que sua nomeação seja ratificada na mente e no coração dos liderados".

Como líder pela primeira vez, você tem de usar sabiamente a autoridade recebida para fazer a equipe avançar e ajudar as pessoas que você lidera. Faça isso e os liderados passarão a lhe dar mais autoridade. Quando isso acontecer, você ganhará a liderança e não apenas uma posição.

3. A Liderança Posicional É um Convite para Crescer como Líder

Sempre há uma relação entre receber uma posição de liderança e cumprir os requisitos exigidos. Um dos principais requisitos é o crescimento pessoal. Aprendi isso cedo na vida com meu pai, que gostava de citar: "Daquele a quem muito é dado, muito se lhe requererá". Ele acreditava que cada um de nós tinha recebido muito na vida, e tínhamos a responsabilidade de aprender e crescer para que pudéssemos tirar o máximo da vida.

A jornada pelos 5 níveis de liderança só será bem-sucedida se você se dedicar ao desenvolvimento contínuo. Se você acredita que a posição faz o líder, terá sérias dificuldades para tornar-se um bom líder. Você será tentado a parar e "pastar", ou seja, ficar onde está e aproveitar as vantagens da posição, em vez de lutar para crescer e tornar-se o melhor líder que puder.

Sempre faço esta pergunta quando estou diante de um grupo: "Qual é a *única* coisa que você gostaria de mudar para melhorar a eficácia da sua empresa?". Em geral, as pessoas citam coisas que podem ser encontradas nesta lista de Ps: produtos, promoções, políticas, processos, procedimentos, preços e pessoas. Raramente alguém dá a mais importante e impactante resposta de todas: "EU! Eu gostaria de mudar a mim mesmo para melhorar a nossa empresa". Esta resposta raramente ouvida é a chave para o sucesso. Se você quer liderar, precisa crescer. A única maneira de melhorar uma empresa é crescer e melhorar os líderes. Se deseja causar um impacto, comece com você mesmo.

Os líderes que mais causam danos a uma empresa são os que pensam que chegaram ao apogeu. Assim que recebem o título ou a posição que desejam, param de crescer. Param de inovar. Param de melhorar. Sentam-se nos direitos que têm e atravancam tudo. Aproveite ao máximo esta oportunidade de liderança, tornando o crescimento o seu objetivo. E esforce-se para continuar crescendo. Bons líderes sempre são bons aprendizes. Para ser líder eficaz, você precisa acreditar que a posição de liderança que você recebe é apenas um convite para crescer. Se fizer assim e tornar-se um aprendiz pelo resto da vida, você aumentará continuamente sua influência ao longo do tempo. E tirará o máximo do seu potencial de liderança, pouco importando se é grande ou pequeno.

4. A Liderança Posicional Permite que Líderes Potenciais Modelem e Definam sua Liderança

O maior potencial vantajoso para as pessoas convidadas a assumir uma posição de liderança é que lhes dá a oportunidade de decidir que tipo de líder querem ser. A posição que recebem pode ser definida, elas não.

Quando você se torna líder pela primeira vez, sua página de liderança está em branco e você pode preenchê-la da maneira que quiser! Que tipo de líder você quer ser? Não basta ser reativo e desenvolver um estilo por padrão. Pense bem. Você quer ser um tirano ou um construtor de equipe? Quer repreender as pessoas ou incentivá-las? Quer dar ordens ou fazer perguntas? Você pode desenvolver o estilo que quiser, contanto que seja consistente com o que você é.

> Liderança diz respeito muito menos ao que você *faz* e muito mais a quem você *é*.
> — *Frances Hesselbein*

Frances Hesselbein, fundadora presidente e presidente da junta de governadores do Instituto de Líder para Líder, observa: "Liderança diz respeito muito menos ao que você *faz* e muito mais a quem você *é*. Se você vê a liderança como um saco de truques manipulativos ou comportamentos carismáticos para promover interesses pessoais próprios, então as pessoas têm todo o direito de serem cínicas. Mas se sua liderança flui principalmente do caráter e integridade de ambição, então você tem razão em pedir às pessoas que se disponham à sua empresa e à missão a que ela se propõe".

Se você está liderando pela primeira vez ou ocupa uma posição de liderança especial, este é o momento perfeito para pensar no estilo de liderança que você deseja desenvolver. (Se é líder experiente, pode naturalmente reavaliar a maneira de liderar e fazer alterações. Entretanto, você estará trabalhando contra as experiências passadas dos seus liderados e terá de vencer essas expectativas.) Enquanto avança, o que você deve levar em consideração? Três coisas.

Quem sou eu?

A boa liderança começa com líderes sabendo quem são. No livro *Este Barco Também É Seu*, o capitão Mike Abrashoff declara:

> Em poucas palavras, a dura experiência me ensinou que a verdadeira liderança diz respeito a primeiro entender a si mesmo, e depois usar esse entendimento para criar uma organização excelente. Os líderes devem liberar seus subordinados para que desempenhem seus talentos ao máximo. No entanto, muitos obstáculos que limitam o potencial dos liderados são ativados pelo líder e estão enraizados em seus próprios medos, necessidades do ego e hábitos improdutivos. Quando os líderes exploram profundamente seus pensamentos e sentimentos a fim de compreenderem a si mesmos, uma transformação toma forma[1].

Líderes bem-sucedidos trabalham duro para se conhecerem. Conhecem seus pontos fortes e fracos. Entendem o seu temperamento. Sabem qual experiência pessoal lhes serve melhor. Conhecem seus hábitos de trabalho, seus ritmos diários, mensais e sazonais. Sabem com que tipo de pessoa trabalham bem e com que tipo têm de esforçar-se mais para compreender. Têm um senso de onde estão indo e como querem chegar lá. Por conseguinte, sabem do que são capazes de fazer e a liderança é constante.

Conhecer a si mesmo em um nível muito profundo não é fácil ou rápido. É um processo longo e complicado. Alguns desses processos não são nada divertidos. Mas são necessários, se você quiser tornar-se um líder melhor. O autoconhecimento é fundamental para o líder eficaz.

Quais são os meus valores?

Em um discurso sobre o valor da honestidade, Mark Twain contou esta história: "Quando eu era menino, andava pela rua e topei com uma carroça cheia de melancias. Eu gostava de melancia. Então, esgueirei-me calmamente em direção à carroça e furtei uma. Depois corri para um beco nas proximidades e finquei os dentes na melancia. Assim que fiz isso, um sentimento estranho tomou conta de mim. Sem hesitar, tomei uma decisão. Voltei à carroça, recoloquei a melancia e peguei uma madura".

Com todos os problemas que vemos no setor bancário, a implosão da Enron e os fracassos dos líderes políticos, creio que entendemos o que acontece quando as pessoas tratam seus valores como melancias em uma carroça, trocando uma por outra. Quando os líderes não têm e mantêm fortes valores fundamentais, suas ações afetam muitas mais pessoas do que apenas eles mesmos.

> Seus valores são a alma da sua liderança e dirigem seu comportamento.

Seus valores são a alma da sua liderança e dirigem seu comportamento. Antes de você crescer e amadurecer como líder, você tem de ter uma compreensão clara de seus valores e comprometer-se a viver consistentemente com eles, visto que irão moldar seu comportamento e influenciar sua liderança.

Quando refletir sobre seus valores, acredito que você deve determinar em que você acredita em três áreas-chave:

- **Valores éticos:** O que significa fazer a coisa certa pela razão certa?

- **Valores relacionais:** Como você constrói um ambiente de confiança e respeito com as pessoas?
- **Valores de sucesso:** Que valores valem a pena gastar a vida?

Se você responder estas perguntas e comprometer-se a viver seus valores nessas três áreas, você estará muito bem em seu caminho para desenvolver a integridade que o torna atraente para os membros da equipe e faz com que queiram seguir sua liderança.

Não faz muito tempo, deparei-me com uma pesquisa da Opinion Research Corporation (Empresa de Pesquisa de Opinião Pública) feita para as Finanças Ajilon que confirma o que acabei de dizer. Pediram a trabalhadores americanos que escolhessem a característica que para eles era a mais importante em um líder. Ainda que importante para alguns, a maioria dos respondentes não identifica a perícia, a competência ou mesmo a justeza como a mais importante. Aqui estão os resultados da pesquisa:

CLASSIFICAÇÃO	CARACTERÍSTICA	PORCENTAGEM
1	Liderança pelo Exemplo	26%
2	Ética ou Moral Forte	19%
3	Conhecimento do Negócio	17%
4	Justeza	14%
5	Inteligência e Competência Geral	13%
6	Reconhecimento dos Empregados	10%[2]

Está claro que se os líderes têm forte conjunto de valores éticos e vivem por eles, então as pessoas irão respeitar a eles e não apenas a sua posição.

Líderes imaturos tentam usar a posição para impulsionar alto desempenho. Líderes maduros com autoconhecimento percebem que, consistentemente, a alta performance de seus liderados não é solicitada por posição, poder ou regras. É incentivada por valores que são verdadeiros e genuínos.

Que práticas de liderança quero colocar em ação?

Herb Kelleher, ex-presidente e CEO da Southwest Airlines, começou a carreira como advogado. Naqueles primeiros anos, aprendeu algumas lições importantes sobre liderança. Diz ele:

Minha melhor lição sobre liderança ocorreu durante os meus primeiros dias como advogado. Querendo aprender com os melhores, fui ver dois dos mais renomados litigantes em tribunal de júri de San Antonio. Um ficava sentado e nunca se opunha a nada, mas era muito gentil com as testemunhas e estabelecia uma relação com o júri. O outro era intempestivo, agressivo e troante. Ambos pareciam ganhar todos os casos. Foi quando percebi que existem muitos caminhos diferentes e não um caminho certo. O mesmo é verdade na liderança. Pessoas com diferentes personalidades, diferentes abordagens, diferentes valores são bem-sucedidas não porque um conjunto de valores ou práticas é superior, mas porque os seus valores e práticas são *genuínos*.

Se você deseja se tornar um líder melhor, deve não apenas conhecer a si mesmo e definir seus valores. Você tem também de vivenciá-los.

Quando você pensar na forma como definir sua liderança, leve em consideração que tipo de hábitos e sistemas você praticará consistentemente. O que você fará para organizar-se? O que você fará todos os dias quando chegar ao trabalho? Que práticas espirituais você manterá para continuar no caminho certo? Como você tratará as pessoas? Qual será a sua ética de trabalho? Que tipo de exemplo você estabelecerá? Tudo está à sua disposição. Cabe a você definir as coisas. E quanto mais cedo você estiver na jornada de liderança, maior o potencial para ganhar, se você começar agora a desenvolver bons hábitos.[3]

O ponto principal é que o convite para liderar pessoas é um convite para fazer a diferença. A boa liderança muda a vida das pessoas. Forma equipes. Cria organizações. Impacta comunidades. Tem o potencial de impactar o mundo. Mas nunca se esqueça de que a posição é apenas o ponto de partida.

As Desvantagens da Posição

A Verdadeira Liderança não Diz Respeito à Posição

Como tudo na vida, o nível posicional de liderança tem aspectos positivos e negativos. Cada um dos níveis de liderança possui vantagens e desvantagens. Você notará ao subir os níveis que as vantagens aumentam e as desvantagens diminuem. Tendo em vista que a posição é o nível de liderança mais baixo, tem muitos pontos negativos. No nível 1, vejo oito desvantagens importantes.

1. Ter uma Liderança Posicional É Enganoso

A maneira mais fácil de definir liderança é pela posição. Assim que você receber uma posição ou cargo, as pessoas identificarão você com isso. No entanto, posições ou cargos são muito enganosos. A posição sempre promete mais do que pode oferecer.

Aprendi esta lição sobre o nível 1 quando recebi minha primeira posição de liderança na primeira igreja que pastoreei. Equivocadamente pensei que ser nomeado pastor significava que eu era o líder. Como eu estava enganado, conforme descobri na primeira reunião do conselho administrativo. Assim que abri oficialmente a reunião como líder designado, o *verdadeiro* líder assumiu. Seu nome era Claude. Morava no vale rural onde se localizava a igreja, e todo mundo o amava. Sua influência era óbvia, quando os outros membros do conselho buscavam sua orientação e faziam-lhe perguntas sobre cada assunto. Eu poderia ter saído da reunião e ninguém teria notado!

Fiquei chocado. Nessa primeira reunião e em todas as subsequentes, os olhos e a atenção de todos concentravam-se em Claude, o *verdadeiro* líder. Os membros do conselho não estavam me seguindo, ainda que eu tivesse o cargo, a chamada, o diploma, o escritório, o salário. Enfim, todas as coisas relacionadas à posição. Claude não tinha nada disso mas, mesmo assim, eles ouviam tudo o que ele dizia.

Meu erro foi pensar que eu havia me tornado líder por causa de minha posição, em vez de reconhecê-la como oportunidade para tornar-me líder. Não entendi que eu recebera a liderança, mas ainda não a ganhara. Eu era como o motorista desta tirinha:[4]

LAUGH PARADE®

Bunny Hoest e John Reiner

"Isso não significa que você *esteja* liderando, querido."

Naquela época, minha definição de *liderar* era um substantivo (por exemplo, quem eu era) e não um verbo (por exemplo, o que eu estava fazendo). Liderança é ação, não posição. Quando cheguei àquela igreja, Claude tinha ganhado sua influência de liderança por meio de muitas ações positivas ao longo de muitos anos. E conseguintemente, as pessoas o seguiam. Claude, que era um fazendeiro realista, explicou-me mais tarde, dizendo: "John, todas as letras de títulos acadêmicos antes ou depois de um nome são como a cauda de um porco. Não tem nada a ver com a qualidade do bacon".

> LIDERANÇA É AÇÃO, NÃO POSIÇÃO.

Passei a adotar a liderança como ação e me esforço para ensinar esse conceito a líderes em conferências e seminários dentro e fora dos Estados Unidos. Uma das maneiras que faço isso é por meio da minha organização internacional de liderança sem fins lucrativos chamada EQUIP, que já treinou mais de cinco milhões de líderes em 160 países. Os treinadores da organização e eu descobrimos que o desafio número 1 nos países em desenvolvimento é introduzir a ideia de liderança como ação em vez de posição. Os líderes desses países possuem uma mentalidade do "sou o tal". Queremos que entendam uma das mais importantes características de liderança: líderes sempre estão levando pessoas para algum lugar. Não são estáticos. Se não há jornada, não há liderança.

> LÍDERES SEMPRE ESTÃO LEVANDO PESSOAS PARA ALGUM LUGAR. NÃO SÃO ESTÁTICOS. SE NÃO HÁ JORNADA, NÃO HÁ LIDERANÇA.

2. Líderes que se Valem da Posição para Liderar Desvalorizam as Pessoas

As pessoas que se valem da posição para liderarem quase sempre dão elevado valor a manterem ferrenhamente a posição — muitas vezes, acima de tudo o que fazem. Para elas, a posição é mais importante do que o trabalho que fazem, o valor que agregam aos subordinados ou a contribuição que fazem para a empresa. Esse tipo de atitude não faz nada para promover as boas relações com as pessoas. Na verdade, líderes posicionais veem os subordinados como uma carga, como engrenagens intercambiáveis da máquina organizacional ou mesmo como obstáculos enervantes à meta de conseguir uma promoção para a próxima posição. Por conseguinte, departamentos, equipes ou empresas que tenham líderes posicionais padecem de terrível moral.

Muitas vezes, para se parecerem melhor ou para impedirem que as pessoas se levantem e os ameacem, líderes posicionais fazem as pessoas se sentirem pequenas. Como?

- Não tendo uma verdadeira crença nas pessoas.
- Supondo que as pessoas *não podem* em vez de suporem que *podem*.
- Presumindo que as pessoas *não querem* em vez de acreditarem que *querem*.
- Divisando os *problemas* das pessoas mais prontamente do que o *potencial* delas.
- Vendo as pessoas como *passivo* em vez de *ativo*.

Líderes que se valem do cargo ou posição para influenciar as pessoas não trabalham bem com pessoas. Alguns nem mesmo *gostam* de pessoas! Por quê? É o dilema do ovo ou da galinha. Não trabalham bem com pessoas e, por conseguinte, dependem da posição? Ou é porque se valem da posição, nunca arranjam tempo e se esforçam para trabalhar bem com as pessoas? Não sei. Talvez existem esses dois tipos de líderes posicionais. Mas veja o que sei: eles negligenciam muitos dos aspectos humanos dos outros líderes. Ignoram o fato de que todas as pessoas têm esperanças, sonhos, desejos e metas próprias. Não reconhecem que, como líderes, têm de articular a visão e as aspirações dos seus liderados de uma forma que beneficie a todos. Em suma, não lideram bem porque não admitem nem levam em conta que liderança — de qualquer tipo, em qualquer lugar, para qualquer finalidade — diz respeito a trabalhar com pessoas.

3. Líderes Posicionais Alimentam-se de Política

Quando líderes valorizam a posição acima da capacidade de influenciar os outros, o ambiente da organização torna-se muito político. Há muitas manobras. Líderes posicionais focam o controle em vez de concentrar-se na contribuição. Trabalham para ganhar cargos. Fazem o que podem para ter o maior número de pessoal e o maior orçamento, não em benefício da missão da empresa, mas por uma questão de expansão e defesa de território. E quando o líder posicional consegue esse objetivo, estimula outras pessoas a fazer o mesmo, porque se preocupam que o ganho dos outros será a perda delas. Isso não só cria um ciclo vicioso de dissimulação, pose e manobras, mas também cria rivalidades departamentais e silos.

> **Líderes posicionais focam o controle em vez de concentrar-se na contribuição.**

Por muito pouco tempo como jovem líder, trabalhei em um ambiente altamente político como o que descrevi. Era como trabalhar em um campo minado. Havia muitas regras não escritas e protocolos ocultos para marcar reuniões com os superiores ou escolher com quem comer na hora do almoço. Havia grande ênfase no uso de títulos apropriados para tratar as pessoas. E grande parte de como você era tratado dependia de sua formação. Nem é preciso dizer que não me dei bem com o ambiente. Procurei imediatamente um lugar melhor para desenvolver minhas habilidades de liderança. Quando achei e saí, fiquei muito feliz. E eles também!

Ainda não encontrei uma organização altamente política que funcionasse com eficiência primorosa e possuísse moral elevada. Basta olhar para a maioria das instituições governamentais e pensar nos seus líderes e funcionários. Com certeza as pessoas poderiam introduzir melhoras, e afastar-se da liderança posicional faria muito para ajudá-las.

4. Líderes Posicionais Colocam os Direitos acima das Responsabilidades

Um dos meus personagens de TV favorito de todos os tempos é Barney Fife, o ajudante de xerife na pequena cidade de Mayberry no *The Andy Griffith Show*. Don Knotts interpretava Barney, e junto com Andy Griffith, que interpretava o xerife Andy Taylor, deram aos Estados Unidos uma de suas mais bem-sucedidas séries de TV. Assisti a todos os episódios, alguns muitas vezes.

Barney Fife era o típico líder posicional. Seu desejo de sentir-se importante e ter autoridade criava muitas histórias bem-humoradas. Armado com um revólver e um distintivo, aproveitava todas as oportunidades para fazer com que as pessoas soubessem que ele estava no comando. Tinha direitos como homem da lei, e queria que as pessoas os reconhecessem. Infelizmente para ele (mas felizmente para nós que assistíamos aos episódios), ninguém o levava a sério. O resultado era o caos cômico, que parecia segui-lo por onde quer que ele fosse.

> **"Metade do dano causado neste mundo deve-se a pessoas que querem se sentir importantes. [...] Intencionalmente, não querem prejudicar ninguém. [...] Estão absortas na interminável luta de pensar bem de si mesmas".**
>
> — *T. S. Eliot*

Em contra partida, o xerife Andy, que parecia gastar todo o tempo sendo uma influência calmante em seu ajudante equivocado, tinha a verdadeira autoridade e poder. Mas raramente usava a posição para fazer as coisas. Tampouco carregava arma. Todo mundo sabia que ele era o verdadeiro líder e podia lidar com qualquer situação. O foco de Andy estava na sua responsabilidade ao povo que ele servia, não em exigir respeito ou receber os direitos devidos a ele por causa da posição. *The Andy Griffith Show* era divertido e alegre, mas também era um estudo sobre liderança.

O poeta T. S. Eliot afirmou: "Metade do dano causado neste mundo deve-se a pessoas que querem se sentir importantes. [...]

Intencionalmente, não querem prejudicar ninguém. [...] Estão absortas na interminável luta de pensar bem de si mesmas". É o que líderes posicionais fazem: fazem coisas para darem a aparência e a sensação de serem importantes.

> SÓ PORQUE VOCÊ TEM O DIREITO DE FAZER ALGO COMO LÍDER NÃO SIGNIFICA QUE É A COISA CERTA A FAZER.

Inevitavelmente, líderes posicionais que se valem de seus direitos desenvolvem um senso de merecimento. Esperam que os seus liderados os sirvam em vez de procurar maneiras de servir os seus liderados. Sua descrição de cargo é mais importante para eles do que o desenvolvimento do trabalho. Valorizam o território acima do trabalho em equipe. Por consequência, enfatizam regras e regulamentos que lhes são benéficos e ignoram relações. Isso em nada contribui para promover o trabalho em equipe e criar um ambiente positivo de trabalho.

Só porque você tem o direito de fazer algo como líder não significa que é a coisa certa a fazer. Mudar o foco de direitos para responsabilidades é sinal de maturidade. Nos primeiros anos de liderança, muitos de nós ficamos empolgados pela autoridade que tínhamos e pelo que poderíamos fazer. Esse poder é excitante, se não francamente intoxicante. É a razão de o presidente Abraham Lincoln ter dito: "Quase todas as pessoas podem suportar a adversidade, mas se desejar testar o caráter de uma pessoa, dê-lhe poder". Cada um de nós como líder deve esforçar-se para crescer e crescer no papel de liderança sem depender de nossos direitos. Se amadurecermos deste jeito, começaremos a mudar o foco de desfrutar da autoridade em benefício próprio para usar a autoridade a serviço dos outros.

5. A Liderança Posicional É Solitária

A frase "o topo é um lugar solitário" deve ter sido proferida por um líder posicional — ou isso ou por alguém com um transtorno de personalidade! A liderança não tem de ser solitária. São as pessoas que a fazem assim.

> Se estiver com outras pessoas com você, dificilmente se sentirá assim.

Líderes posicionais podem se tornar solitários se não entenderam as funções e propósito da liderança. Ser um bom líder não significa ser o rei da montanha e estar acima (e distante) dos outros. A boa liderança diz respeito a andar ao lado das pessoas e ajudá-las a subir a montanha com você. Se você está no topo sozinho, talvez você se sinta solitário. Se estiver com outras pessoas com você, dificilmente se sentirá assim.

Líderes que são o rei da montanha criam um ambiente de trabalho negativo, porque são inseguros e facilmente se sentem ameaçados. Sempre que veem pessoas com potencial começando a subir, ficam preocupados. Temem que o seu lugar no topo está sob ameaça. Por conseguinte, solapam quem mostra talento, tentando proteger a posição e manter-se claramente acima e à frente de qualquer pessoa. Qual é a consequência habitual disso? As melhores pessoas, sentindo-se prejudicadas e desprezadas, deixam o departamento ou a empresa e procuram outra montanha para subir. Ficam apenas as pessoas médias ou desmotivadas. E sabem que seu lugar é na parte de baixo. Isso desenvolve uma cultura *nós* contra *eles*, com o líder posicional estando sozinho no topo. A liderança não precisa ser solitária. As pessoas que se sentem solitárias criam uma situação que as faz sentir desse jeito.

6. Líderes que Permanecem Posicionais Ficam Estigmatizados e Encalhados

Quando comecei a liderar pessoas no início de minha carreira, aprendi uma lição valiosa. Sempre procurei formar novos líderes para o sucesso, e muitas vezes lhes dei tudo o que podia para ajudá-los a tornarem-se líderes de fato. Uma posição de liderança. Meu tempo. Minha influência. Modelagem. Recursos. Oportunidades de liderança. E veja o que descobri. Se eu desse pouco ou nada aos bons líderes em potencial, ainda assim tinham sucesso e tornavam-se bons líderes. Por outro lado, quando dava aos líderes medíocres tudo o que eu tinha, mesmo assim não eram bem-sucedidos e não se estabeleciam como bons líderes. A posição não faz o líder; o líder faz a posição.

Sempre que as pessoas servem-se da posição para liderar as pessoas por muito tempo e não desenvolvem verdadeira influência, tornam-se estigmatizados como líderes posicionais e dificilmente conseguem outras oportunidades para avançar nessa empresa. Podem deslocar-se lateralmente, mas raramente sobem.

Se você é líder posicional, você pode mudar, e este livro irá ajudá-lo. No entanto, você precisa reconhecer que quanto mais tempo você se valer da posição, mais difícil será para você mudar a percepção que as pessoas têm do seu estilo de liderança. Talvez você tenha de mudar de cargo para reiniciar o processo de desenvolver influência sobre os outros.

7. A Rotatividade É Alta para os Líderes Posicionais

Quando as pessoas confiam em suas posições de liderança, o resultado é quase sempre alta rotatividade. Um dos capítulos do meu livro *O Livro de Ouro da Liderança* intitula-se "Pessoas Abandonam Pessoas, Não Empresas". Nele, explico que as pessoas arranjam um emprego porque querem ser parte de determinada empresa, mas quando saem é quase sempre porque querem ficar longe de determinadas pessoas. Bons líderes saem de uma empresa quando têm de seguir maus líderes. Bons trabalhadores deixam uma empresa quando o ambiente de trabalho é ruim. Entreviste uma pessoa que se demitiu e é alta a probabilidade de que não deixou o trabalho. Deixou as pessoas com quem tinha de trabalhar.[5]

> Pessoas abandonam pessoas, não empresas.

Toda empresa tem rotatividade de pessoal. É inevitável. A pergunta que todo líder tem de fazer é: "Quem está saindo?". Estão saindo pessoas 8, 9 e 10? Ou são pessoas 1, 2 e 3? Se pessoa 8 estiver saindo e pessoa 3 estiver entrando, então há problemas à frente. Empresas com liderança de nível 1 tendem a perder suas melhores pessoas e atrair pessoas médias ou abaixo da média. Quanto mais líderes de nível 1 a organização tiver, mais a porta se abrirá para a saída de pessoas de alto nível e para a entrada de pessoas de baixo nível.

Cerca de um ano atrás, minha amiga Linda Sasser escreveu-me uma carta na qual falou sobre a dinâmica que ocorre quando empregados de nível mais alto acham-se trabalhando para um líder posicional. Diz ela que essas pessoas tornam-se líderes perdidos. Veja o que Linda escreveu:

Parece que o líder de nível 1 também acha difícil ter empregados de nível 3. Bons líderes de nível médio fazem com que os líderes incompetentes se sintam desconfortáveis! Por isso, embora seja verdade que os empregados abandonarão um líder de nível 1 fraco, também é verdade que os líderes de nível 1 retirarão os seguidores de nível 3. Vendo isso acontecer diante dos meus olhos, fiquei fascinada e, claro, entristecida.

Então, por que os chamo de líderes perdidos? São grandes estrelas em ascensão que foram chamados para liderar por causa do talento. Contudo, foram suprimidos ou afugentados por chefes de nível 1, deixando-os desempregados e perdidos entre todos os trabalhadores deslocados.

Que desperdício de tempo e talento. Sempre que um trabalhador produtivo ou líder potencial é expulso por um líder posicional, a empresa sofre. É fato que a empresa não funcionará em um nível mais elevado do que o do seu líder. Simplesmente não funciona. Se um líder de nível 1 está no comando, a empresa acabará sendo uma empresa de nível 1. Se o líder está no nível 4, então a empresa nunca chegará ao nível 5, a menos que o líder suba para esse nível.

8. Líderes Posicionais Recebem o Mínimo das Pessoas, não o seu Melhor

Pode citar uma empresa que recebe o mínimo de seus funcionários e é a melhor no que faz? Lembra-se de um técnico que obteve o mínimo dos membros do time e venceu um campeonato? Pode nomear um professor que recebe o mínimo dos alunos, mas mesmo assim goza de alta posição entre seus colegas? Pode citar um país que recebe o mínimo de seus cidadãos e é respeitado pelo mundo? Pode citar um casamento que obtém o mínimo de cada cônjuge e rende um ótimo relacionamento de longo prazo? Não, aposto não. Por quê? Porque é impossível ser bem-sucedido com pessoas que dão o mínimo.

Indivíduos que dependem de suas posições e títulos são os mais fracos de todos os líderes. Dão o mínimo que podem. Esperam que sua posição faça o trabalho duro para eles na liderança. Por conseguinte, seus liderados também dão o mínimo que podem. As pessoas que trabalham para o líder posicional começam fortes, ambiciosas, inovadoras e motivadas, mas raramente permanecem desse jeito. Tornam-se um de três tipos de pessoas.

Vigilantes do relógio

Seguidores que prosperam em ambientes de liderança de nível 1 gostam de relógios e querem que estejam visíveis o tempo todo por todo o edifício. Por quê? Porque cada momento no trabalho é avaliado de acordo com o relógio. Antes do meio-dia, sempre que olham as horas, pensam em termos de quanto tempo já estão na empresa. "Faz duas horas que estou aqui." Depois do almoço, são as horas de que restam. "Faltam duas horas para ir para casa." O relógio também os torna cientes dos momentos mais importantes do dia: o intervalo para o lanche e a hora do almoço.

Em ambientes de liderança de nível 1, a moral dos empregados eleva-se depois do intervalo da tarde, porque é quando começa a contagem regressiva para o ponto alto do dia: a hora de ir embora. Em torno das 17:30, a energia do lugar sobe. As pessoas movem-se pelo escritório guardando coisas. Limpam a mesa para que nada as impeça de sair do trabalho exatamente às 18 horas.

Às 17:45, estão andando a esmo visitando e despedindo-se dos colegas de trabalho. Afinal, não querem ser mal-educadas por não se despedirem, quando saírem voando porta fora.

Às 17:50, vão ao banheiro mais uma vez, pouco importando quanto tempo já passaram lá ao longo do dia. Não querem desperdiçar seu precioso tempo pessoal no banheiro, quando podem fazê-lo no horário de trabalho.

Às 17:55 substituem os sapatos de trabalho pelos calçados de passeio. É para assegurar uma saída rápida.

Às 17:58 ficam na posição de partida e aguardam o relógio soar.

Às 18:00 todos já foram. A saída foi coordenada, praticada e cronometrada até a perfeição.

Às 18:02, nem um único carro está no estacionamento, tendo sido cuidadosamente estacionado naquela manhã, pronto para uma saída sem perda de tempo.

> QUANDO AS PESSOAS QUE TRABALHAM COM VOCÊ MAL PODEM ESPERAR PARA PARAR DE TRABALHAR COM VOCÊ, ALGO NÃO VAI BEM!

Tudo bem, pode ser que eu esteja exagerando um pouco. Mas esta narrativa não está muito longe da realidade. Os vigilantes do relógio sempre sabem quanto tempo falta para irem para casa, e nunca querem trabalhar um momento a mais da hora. Mas pense: quando as pessoas que trabalham com você mal podem esperar para parar de trabalhar com você, algo não vai bem!

Empregados só o suficiente

Pela razão de os líderes posicionais de nível 1 valerem-se de seus direitos para liderar e usarem sua posição de liderança como alavanca, os indivíduos que trabalham para eles valem-se de seus direitos como empregados e usam os limites de sua descrição de cargo como alavanca para fazer apenas o necessário. Se agem assim muitas vezes e por bastante tempo, tornam-se empregados só o suficiente. Fazem só o suficiente para sobreviver, só o suficiente para receber o pagamento e só o suficiente para manter o emprego. Para eles, a grande questão não é: "O que posso fazer para ser um empregado valioso?". Em vez disso, perguntam: "Quanto devo fazer para ser um empregado?". Não perguntam: "Como posso progredir e ser promovido?". Só perguntam: "O que posso fazer para evitar ser demitido?".

As pessoas não dão o melhor para líderes que gostam de pouco.

Quando as pessoas seguem o líder porque precisam, fazem apenas o que têm de fazer. As pessoas não dão o melhor para líderes que gostam de pouco. Dão aquiescência relutante, não empenho. Dão as mãos para o chefe, mas não a cabeça ou o coração. São como o personagem da tira cômica de Randy Glasbergen[6].

"Sempre dou 110% para o meu trabalho. 40% na segunda-feira, 30% na terça-feira, 20% na quarta-feira, 15% na quinta-feira e 5% na sexta-feira."

Pessoas só o suficiente têm dificuldade em se destacar. O único empenho que demonstram é ausentar-se do trabalho o número máximo de dias permitido por qualquer motivo. Algumas gastam muita energia mental, encontrando formas criativas de eliminar o trabalho. Se pelo menos usassem esse empenho de forma positiva!

Os mentalmente ausentes

No ambiente de nível 1, sempre há pessoas que estão fisicamente presentes mas mentalmente ausentes. Não se envolvem mentalmente e mostram-se apenas para receber o salário. Essa atitude é altamente danosa para a organização porque se espalha. Quando o indivíduo ausenta-se mentalmente e sequer é chamado a atenção, outros o imitam. As viagens mentais e a falta de esmero são contagiosas.

Claro que ser mentalmente desligado também é muito comum. O instituto Gallup vem acompanhando essa prática há anos e, recentemente, viu saltar entre 15 e 20% nos Estados Unidos. Em 2006, o Gallup publicou um estudo no *Gallup Management Journal* mostrando estatísticas durante o segundo trimestre de 2006. Naquela época, descobriram que entre os trabalhadores de dezoito anos ou mais nos Estados Unidos, 15% (cerca de 20,6 milhões de pessoas) eram ativamente desligados. O Gallup estima que isso custou 328 bilhões de dólares aos empregadores.[7] E em uma pesquisa mais recente, o Gallup descobriu que mais da metade de todos os empregados alemães são mentalmente ausentes no trabalho.[8]

Clarence Francis, ex-presidente da General Foods, disse: "Podemos comprar o tempo da pessoa. Podemos comprar sua presença física em determinado lugar. Podemos até comprar certo número de seus hábeis movimentos musculares por hora. Mas não podemos comprar entusiasmo... Não podemos comprar lealdade... Não podemos comprar devoção do coração, da mente e da alma. Temos de ganhar essas coisas". As pessoas que se valem da posição no nível 1 raramente ganham mais do que o "só o suficiente" das outras pessoas. Isso significa que não podem alcançar elevado nível de sucesso, porque a realização requer mais do que isso. O sucesso exige mais do que as pessoas, em sua maioria, querem oferecer, mas não mais do que podem dar. A única coisa que faz a diferença é a boa liderança. E isso não se encontra no nível 1.

Quando as pessoas que trabalham para uma organização, um departamento ou uma equipe dão pouco de si mesmas, os resultados são, na melhor das hipóteses, medíocres. E o moral é péssimo. Dick Vermeil, ex-treinador, vencedor de finais de campeonatos, comentou: "Se você não investir muito, a derrota não doerá muito e a vitória não será muito emocionante". Esta é boa descrição de um ambiente de liderança de nível 1.

O SUCESSO EXIGE MAIS DO QUE AS PESSOAS, EM SUA MAIORIA, QUEREM OFERECER, MAS NÃO MAIS DO QUE PODEM DAR. A ÚNICA COISA QUE FAZ A DIFERENÇA É A BOA LIDERANÇA.

A maior desvantagem na liderança de nível 1 é que não é nem criativa nem inovadora. É liderança que apenas faz o mínimo de esforço. E se o líder ficar por muito tempo no *lado negativo* do nível 1, poderá encontrar-se do *lado de fora*. Se o líder falha no nível 1, não há lugar para onde ir, exceto para o território do caminhão de mudança. Ele sairá à procura de outro emprego.

Os Melhores Comportamentos para o Nível 1

Como Tirar o Máximo Proveito de sua Posição

Se você lidera no nível 1 e serve-se da posição ou título para manter as coisas funcionando, significa que você está destinado a ficar nesse nível para sempre? Claro que não! Todos os líderes podem aprender a liderar de forma diferente e subir os níveis da liderança, se estiverem dispostos a mudar a maneira em que lideram no nível 1. Como tirar o máximo de sua posição de liderança enquanto muda da liderança posicional para a permissional? Fazendo três coisas.

1. Pare de Valer-se da Posição para Impulsionar as Pessoas

Não há nada de errado em ter uma posição de liderança. Este é o ponto de partida para a liderança. No entanto, está errado em ter uma mentalidade posicional. Para tornar-se líder eficaz no nível 1, você tem de parar de depender da posição para impulsionar as pessoas.

Os melhores líderes não se servem da posição para fazer as coisas acontecerem. Usam outras habilidades. Para ajudar os novos líderes a aprender esta lição, Linda Sasser pede a líderes potenciais que comecem liderando *antes* de receberem uma posição de liderança. Desta forma, ela vê como reagem e os prepara para subir os níveis da liderança. É assim que ela descreve.

Quando percebo que alguém está pronto para liderar, dou-lhe uma tarefa que envolve sacrifício, coragem e humildade. Antes que receba um título, preciso certificar-me de que esta pessoa experimente o que é ser líder. A escolha para liderar tem de ser dela e preciso que ela veja que liderar nem sempre é tão glamoroso quanto parece. Dou-lhe a responsabilidade sem o título e não digo aos outros que esta pessoa estará liderando-os. O novo líder tem de descobrir como melhorar o desempenho dos integrantes de sua equipe sem o título ou autoridade posicional.

No começo, é muito difícil para essas pessoas. Muitas vezes voltam para mim frustrados e perguntando: "Como dizer a eles o que fazer quando não têm de me seguir?". Isso cria momentos de ensino perfeitos. Permite-me questionar a abordagem que estão fazendo. Digo: "Por que você está lhes dizendo o que fazer? Um líder encontra maneiras de influenciar a ação. Já lhes perguntou o que você pode fazer para ajudá-los? Pergunte-lhes as dificuldades que enfrentam na posição que estão. Talvez haja uma maneira de vocês trabalharem juntos como equipe e tornarem as coisas mais eficientes uns para os outros. Forme uma relação com essas pessoas e mostre interesse por elas".

Ao longo do tempo é tão emocionante ver este processo ocorrer. O que me espanta é o que acontece *depois* de eu dar a esses novos líderes um título. Seus colegas de equipe, a quem estavam liderando, ficam empolgados quando a pessoa recebe uma posição de liderança. E essa atitude de excitação é sentida em todo o departamento. Tudo isso acontece porque o novo líder já começou sabendo que liderança não diz respeito a título ou ter um cargo. Diz respeito à influência e ao fato de que você pode causar um impacto nos outros.

É fácil recorrer novamente à posição para impulsionar as pessoas, embora nem sempre seja eficaz. Christian Herter, ex-governador de Massachusetts, aprendeu isso da maneira mais difícil quando estava concorrendo para um segundo mandato. Certo dia, depois de uma movimentada manhã de campanha sem ter tempo para almoçar, Herter chegou a um churrasco de igreja. Ele estava morto de fome. Enquanto seguia na fila do almoço, estendeu o prato para a mulher que servia o frango. Ela colocou um pedaço no prato e virou-se para servir a próxima pessoa da fila.

— Desculpe-me — disse o governador Herter. — Você se importaria em me dar outro pedaço de frango?

— Desculpe — disse a mulher. — Só posso dar um pedaço de frango por pessoa.

— Mas estou com fome — disse o governador.

— Sinto muito, mas só um pedaço por pessoa — afirmou a mulher.

O governador era uma pessoa modesta, mas também estava faminto. Então, decidiu jogar um pouco pesado.

— Você sabe com quem está falando? — perguntou ele. — Eu sou o governador deste Estado.

— E o senhor sabe com quem está falando? — perguntou a mulher. — Eu sou a mulher responsável pelo frango. Agora, mova-se. A fila tem de andar!

Ninguém gosta de ser intimidado ou ter alguém impondo autoridade. As pessoas reagem muito mal à liderança posicional. Como saber se sua abordagem à liderança é posicional? Revise os seguintes conceitos, que representam uma mentalidade posicional.

Veja como o líderes de nível 1 pensam:

- De cima para baixo: "Estou acima de você".
- Separação: "Não deixe as pessoas chegarem perto de você".
- Imagem: "Finja até sair dessa".
- Força: "Nunca permita que as pessoas vejam que você está suando".
- Egoísmo: "Você está aqui para me ajudar".
- Poder: "Eu determino o seu futuro".
- Intimidação: "Faça isso, senão...".
- Regras: "O manual diz...".

Por outro lado, líderes de nível mais alto pensam de forma diferente. Os seguintes conceitos captam o modo em que líderes de nível 2 pensam:

- De lado a lado: "Vamos trabalhar juntos".
- Iniciação: "Eu vou até você".
- Inclusão: "O que você acha?".
- Cooperação: "Juntos podemos vencer".
- Serviço: "Estou aqui para ajudá-lo".
- Desenvolvimento: "Desejo agregar valor a você".
- Incentivo: "Acredito que você pode fazer isso!".
- Inovação: "Vamos pensar de forma anticonvencional".

O nível 2 conta com a habilidade das pessoas, não com o poder para fazer com que as coisas sejam feitas. Trata os liderados como pessoas, não como meros subordinados.

A lei de Whistler diz: "Você nunca sabe quem tem razão, mas sempre sabe quem está no comando". Acho que Whistler deve ter conhecido alguns líderes de nível 1. A verdade é que se você tem de dizer às pessoas que você é o líder, você não é. Se você continuar a valer-se da posição para dirigir as pessoas, nunca desenvolverá influência com elas, e o sucesso será sempre limitado. Se você quer se tornar um líder melhor, abandone o controle e comece a fomentar a cooperação. Bons líderes param de intimidar as pessoas e passam a incentivá-las. Este é o segredo para ser um líder orientado a pessoas, porque grande parte da liderança é incentivo.

> "Você nunca sabe quem tem razão, mas sempre sabe quem está no comando".
> — *Lei de Whistler*

2. Troque Merecimento por Movimento

O filósofo político Nicolau Maquiavel escreveu: "Não são os títulos que honram as pessoas, mas as pessoas que honram os títulos". Ele entendeu a natureza da liderança e a verdadeira fraqueza dos títulos. Se quiser tirar o máximo proveito de sua posição no nível 1 e honrar quaisquer títulos que você possua, então não se valha deles para liderar as pessoas. Não exerça seus direitos. Não se torne possessivo quanto aos seus privilégios. E nunca acredite que você mereça sua posição. Liderança não é direito. É privilégio. Tem de ser continuamente conquistada. Se você tiver qualquer senso de merecimento, isso agirá contra você.

Se você seguiu as primárias presidenciais americanas de 2008, deve ter notado dois exemplos marcantes de como o senso de merecimento impacta a liderança. Do lado republicano, Rudy Giuliani era inicialmente o favorito nas pesquisas e muitos acreditavam que ele receberia a indicação do partido. Ele deve ter feito hipótese semelhante, porque quando começaram as primárias, decidiu não se inscrever nas primeiras poucas. Em vez disso, esperou até as primárias realizadas na Flórida. Este Estado tinha muitos delegados e pensou que ganharia facilmente. Então, usou esse impulso para empurrá-lo para frente e receber a indicação para presidente. O que aconteceu? John McCain, que peritos políticos davam pouca chance de ganhar a indicação, trabalhou duro desde o início e obteve algumas vitórias, e o impulso começou a mudar. Quando chegaram as primárias da Flórida, o país estava se movendo na direção de John McCain e se afastando de Rudy Giuliani. O senso de merecimento de Giuliani fez com que ele perdesse a indicação.

Do lado democrata, Hillary Clinton era inicialmente a favorita nas pesquisas e muitos acreditavam que ela receberia a indicação do partido. Ao contrário de Giuliani, ela trabalhou duro desde o início. Entretanto, ao que parece, supôs que teria a indicação costurada na Super-Terça e não tinha uma estratégia para além dessa data. Enquanto isso, Barack Obama empenhava-se em sua campanha disciplinada, ganhava impulso incrível e recebia a indicação. O resto, como dizem, é história.

Bons líderes não dão nada como certo. Continuam trabalhando e continuam liderando. Entendem que a liderança tem de ser ganha e estabelecida. Permanecem insatisfeitos de uma forma, porque a insatisfação é, em uma palavra, boa definição de motivação. Bons líderes esforçam-se para manter as pessoas e a empresa avançando em direção à visão. Reconhecem que as empresas podem, às vezes, ser preenchidas com nomeações, mas as equipes só podem ser construídas por boa liderança.

Você pode ter sido nomeado para uma posição de nível 1, mas terá de liderar-se e liderar os outros acima disso. Você tem de estar disposto a dar o que for adequado para alcançar o que poderia ser. Deixe a visão fazer a diferença levantando você e seus liderados acima dos limites de descrições de cargo e regras mesquinhas. Esqueça os seus direitos de liderança. Concentre-se na responsabilidade de fazer a diferença na vida das pessoas que você lidera. Quando receber uma posição ou título, você ainda não chegou ao topo. É hora de começar a mover-se e levar outras pessoas com você.

3. Abandone sua Posição e Mova-se em Direção aos seus Liderados

Os líderes que se valem da posição acreditam erroneamente que é responsabilidade das pessoas irem a eles para o que precisarem e quererem. Bons líderes entendem que é *sua* responsabilidade mover-se em direção aos seus liderados. Líderes são iniciadores.

O filósofo grego Sócrates disse: "Aquele que move o mundo deve primeiro mover-se a si mesmo". Se você deseja passar para o nível 2 de liderança, precisa sair de seu território. Precisa parar de ser o rei da montanha, descer de seu lugar alto e encontrar seus liderados. Você deve ir além de sua descrição de cargo, tanto em termos do trabalho que você faz quanto da maneira em que você interage com os liderados. Você tem de assumir a responsabilidade de saber quem eles são, descobrir do que precisam e ajudá-los. Então, a equipe vence.

> "Aquele que move o mundo deve primeiro mover-se a si mesmo".
> — *Sócrates*

A fim de fazermos algo novo na vida, devemos estar dispostos a deixar nossa zona de conforto. Isso envolve assumir riscos que podem ser assustadores. No entanto, cada vez que deixamos nossa zona de conforto e conquistamos novos territórios, não só ampliamos nossa zona de conforto, mas também nos expandimos. Se desejar crescer como líder, esteja preparado para ser perturbado. Mas saiba que os riscos valem muito a pena a recompensa.

As Leis da Liderança Relacionadas ao Nível da Posição

As pessoas sempre desejam saber quantos conceitos em meus vários livros estão conjuntamente relacionados. Ao ensinar os 5 níveis da liderança ao longo dos anos, o livro sobre o qual mais me fazem perguntas é *As 21 Irrefutáveis Leis da Liderança*. "Quais leis praticamos no nível 1?", perguntam-me. A verdade é que todas as leis podem ser praticadas em todos os níveis. Como sempre, também é verdade que certas leis são mais bem aprendidas conforme a pessoa cresce e sobe os 5 níveis da liderança. Incluí uma explicação sobre as leis da liderança que melhor se aplicam a cada nível. Obviamente não são necessárias para quem aprender os 5 níveis, mas as forneço para referência no caso de poder ser-lhe útil em seu processo de crescimento.

A Lei do Limite

A Capacidade de Liderança Determina o Grau de Eficácia da Pessoa

Toda pessoa tem um limite em seu potencial de liderança. Não somos todos igualmente talentosos. O desafio que todos enfrentamos é crescer e desenvolver completamente nosso potencial de liderança para que, assim, elevemos o limite de nossa atual capacidade de liderança.

O único grande obstáculo ao crescimento do líder é tornar-se de pensamento posicional. Sempre que você pensar que já está no topo, quer sua posição seja a mais baixa ou a mais alta da empresa, você reduziu suas expectativas para si mesmo, subestimou sua liderança e caiu em uma mentalidade de não crescimento. As pessoas não podem alcançar seu potencial de liderança ficando no nível 1.

Se você estiver disposto a esquecer o título e posição, e em vez disso, concentrar-se no potencial, você removerá um grande peso que o frearia. Se você deseja romper seu limite de liderança e elevá-la, você deve mover-se além do nível 1.

A Lei do Processo

A Liderança se Desenvolve diariamente, não em um Dia

A posição de liderança pode ser recebida em um dia, mas o desenvolvimento de liderança é um processo ao longo da vida. Aqueles que têm uma mentalidade de posição dizem coisas como "Hoje me tornei líder". O que precisam pensar é: *Hoje recebi uma posição de liderança. Vou me esforçar todos os dias para me tornar um líder melhor*. Isso é adotar a lei do processo. Fazer esse tipo de declaração enfatiza que a nomeação de liderança é apenas um ponto de partida e ficar parado ali significa que você nunca realmente começará a sua jornada de liderança.

A Lei da Navegação

Qualquer um Pode Conduzir o Navio, mas É Preciso um Líder para Estabelecer o Rumo

Quando você recebe uma posição de liderança, é sábio reconhecer em que ponto inicial você está na jornada de liderança e quanto ainda tem de aprender. A lei da navegação é um bom lembrete disso.

Meu amigo Bill Hybels adora velejar e é marinheiro bastante exímio. Há alguns anos, ele, eu e nossas respectivas esposas desfrutamos alguns dias velejando nas Ilhas Virgens Britânicas juntamente com dois outros casais. O barco que alugamos veio com comandante e tripulação, mas também tínhamos de participar na navegação do barco. No primeiro dia, Bill me pôs no timão e me deu instruções enquanto eu pilotava a embarcação. Não foi fácil, mas depois de algumas horas, comecei a pegar o jeito da coisa.

Por que menciono isso? Porque como marinheiro novato, eu podia pilotar o barco, mas certamente não poderia traçar o curso. É preciso um líder experiente para fazer isso. Bill poderia tê-lo feito mas, no nosso caso, o comandante do barco o fez.

Se você está no nível 1 como líder, conheça as suas limitações. Você pode aprender a traçar o curso, mas para isso você deve subir para níveis de liderança mais elevados.

Crenças que Ajudam o Líder a Subir para o Nível 2

Para passar de líder de nível 1 para líder de nível 2, você tem de primeiro mudar a maneira de pensar sobre liderança. Ninguém tem de continuar sendo líder posicional, embora quanto mais tempo você se valer da posição, mais tempo levará para alterar a maneira como lidera e a maneira como os outros veem você.

Apresento quatro instruções que você deve seguir internamente antes de poder mudar de líder posicional para líder permissional.

1. Títulos não São Suficientes

Vivemos em uma cultura que valoriza títulos. Admiramos e respeitamos as pessoas com títulos como doutor, CEO, presidente, PhD, diretor, vencedor do Prêmio Nobel, vencedor do Oscar, vendedor do ano, chefe, poeta laureado. Mas o que esses títulos realmente significam? Muito pouco. Os títulos são, em última análise, vazios, e você tem de aprender a vê-los dessa forma. Os indivíduos que fixam como objetivo de carreira o ganho de títulos não estão se estabelecendo para serem os melhores líderes que podem ser.

Quem a pessoa é e o trabalho que faz são o que realmente importa. Se o trabalho é importante e agrega valor às pessoas, então não precisa vir com título. Muitas vezes não temos controle sobre o recebimento de um título ou de um prêmio. E para cada pessoa que recebe reconhecimento, há milhares de outras pessoas trabalhando

> A POSIÇÃO NÃO É DESTINO DIGNO PARA A VIDA DE NINGUÉM.

sem o reconhecimento, que talvez mereçam honra ainda maior. Não obstante, continuam a trabalhar sem crédito, porque o trabalho em si e o impacto positivo sobre os outros são recompensas suficientes.

Desenvolver a consciência de que títulos têm pouco valor real e que a posição é o mais baixo nível de liderança, traz o sentimento saudável de descontentamento com o nível 1, como também o desejo de crescer. A posição não é destino digno para a vida de ninguém. A segurança não traz propósito. A liderança deve ser ativa e dinâmica, cujo propósito é criar mudança positiva.

2. Pessoas, não Posição, São o Ativo mais Valioso do Líder

Se desejar ser um líder melhor, você não pode focar em regras e procedimentos para fazer as coisas ou mantê-las em funcionamento. Você tem de desenvolver relações. Por quê? Porque a realidade é que são *as pessoas* que fazem as coisas, não o manual de estratégia que usam. E porque as pessoas são o poder por trás da empresa, são o seu ativo mais valioso e apreciável.

Aprender esta lição fez grande diferença nas minhas atividades de liderança. Durante os primeiros anos de minha carreira, eu era líder de nível 1. Foquei demais na posição e tornei-me orientado à posição. Queria constantemente saber: *Quais são os meus direitos? Minha autoridade é clara? Onde estou no organograma? Como me comparo aos outros líderes? Como subir na hierarquia? O que preciso saber? Qual é o próximo passo na minha carreira?* Minha preocupação com a posição me deixava frustrado. Se o seu foco estiver na posição, você nunca ficará satisfeito se não estiver no topo. (Ironicamente, se você estiver focado em posição e chegar realmente ao topo, você não ficará satisfeito com o que quer que seja.)

Lamento em dizer que nessa época eu estava disposto a usar as pessoas para melhorar minha posição em vez de usar minha posição para melhorar as pessoas. Isso não estava certo. E não funcionou. Quando finalmente percebi que se valere da posição e intimidar as pessoas não era a melhor maneira de obter o melhor das pessoas, minha atitude e ações começaram a mudar. Comecei a colocar as pessoas à frente da posição. Em vez de impor o poder de cima, passei a trazer as pessoas para cima. Imediatamente, as pessoas notaram que minha atitude mudara em direção a elas.

Levou algum tempo para desenvolver as habilidades relacionadas a pessoas de que eu precisava para tornar-me um líder melhor, mas não levou tempo algum para que as pessoas soubessem que eu as valorizava, expressando apreciação por elas e tendo interesse nelas pessoalmente. Esta é uma mudança que você pode fazer rapidamente. E este é o benefício imediato: no momento em que as pessoas notaram a mudança em minha atitude, notei uma mudança positiva no modo em que reagiam a mim. Começaram a me ajudar, o que me permitiu ajudá-las.

3. O Líder não Precisa Ter todas as Respostas

Líderes posicionais sempre acham que precisam ter todas as respostas. Afinal, se admitem que não sabem algo, é demonstração de fraqueza. E se mostram fraqueza, como vão permanecer no topo da montanha e manter sua preciosa posição? Para sair do nível 1, o líder tem de pensar de forma diferente.

Quando comecei minha carreira já na faculdade, ingenuamente pensei que tinha todas as respostas. Em poucos meses percebi que não tinha, mas fiquei com medo de admitir. Minha insegurança e imaturidade me levaram a agir como o Senhor Sabe-Tudo. Não importava se a pergunta estivesse bem longe de minha experiência. Por alguns anos, tentei na liderança a abordagem "finja até conseguir a resposta". No entanto, não fingia bem e as pessoas notavam. E claro que esse tipo de abordagem não ajuda você a realmente conseguir a resposta!

Comecei a perceber que o trabalho do líder não é saber tudo, mas atrair pessoas que saibam coisas que ele não saiba. Assim que reconheci que um de nós não é tão inteligente quanto todos nós, parei de reunir pessoas para lhes dar as respostas e passei a chamá-las para me ajudar a encontrar as respostas. Isso transformou minha liderança, não só porque eu podia ser eu mesmo e parar de fingir que sabia mais do que sabia, mas também porque explorava o poder do pensamento compartilhado.

> UM DE NÓS NÃO É TÃO INTELIGENTE QUANTO TODOS NÓS.

4. O Bom Líder sempre Inclui as Pessoas

Pelo fato de líderes posicionais trabalharem sozinhos, estando no topo da montanha da liderança, enquanto os subordinados trabalham juntos na parte de baixo, suas equipes trabalham abaixo de suas capacidades. Por quê? Porque a liderança autônoma não leva ao trabalho em equipe, criatividade, colaboração ou grandes realizações. Que vergonha e que desperdício de potencial.

A geração de meu pai possuía muitos líderes solitários, cujo lema era "Do meu jeito ou não tem jeito". Por conseguinte, perdiam muito. Subir os 5 níveis da liderança diz respeito aos outros. Significa também relacionar-se bem com as pessoas. Requer que os líderes sejam exemplos para as pessoas. Desafia-os a desenvolver e equipar pessoas. Quanto mais alto você sobe os níveis da liderança, mais percebe que a boa liderança diz respeito a liderar *com* os outros e não apenas liderar os outros. Requer colaboração. Requer inclusão. Requer o sacrifício da ambição pessoal egoísta pelo bem da equipe e da visão da empresa. Significa ser parte de algo maior do que si mesmo. Significa colocar os outros antes de si e estar disposto a ir tão rapidamente quanto as pessoas que você lidera.

Um amigo me disse que quando um grupo de fuzileiros navais entra em combate, não usam as insígnias de posição. Uma razão é que não querem que oficiais e suboficiais sejam alvo do inimigo. Mas há também outra razão. Quando os fuzileiros navais vão para a batalha, eles sabem quem está no comando. A cadeia de comando já foi claramente estabelecida. Ninguém precisa lembrar disso. Mas não usar símbolos hierárquicos também envia uma mensagem clara dos líderes para os seguidores: estamos todos juntos nessa. Viveremos ou morreremos juntos, independentemente da posição hierárquica.

Subir do nível 1 para o nível 2 requer a maior mudança pessoal de um líder. Requer uma mudança de crenças e atitudes em relação a outras pessoas e liderança. Mas aqui está a verdade: assim que você decidir incluir as pessoas na jornada de liderança, você estará muito bem em seu caminho para alcançar o sucesso nos outros níveis.

Guia para Crescer no Nível 1

Ao refletir sobre as vantagens, desvantagens, melhores comportamentos e crenças relacionadas ao nível posicional da liderança, use as diretrizes a seguir para você planejar o crescimento.

1. **Agradeça à pessoa que o convidou para a liderança:** Se você foi convidado a assumir uma posição de liderança, é indicação de que alguém acredita em você. Quer tenha sido convidado há uma semana ou há uma década, nunca é tarde para agradecer à pessoa que o convidou à mesa de liderança. Aproveite a oportunidade para escrever um bilhete ou um e-mail de agradecimento a essa pessoa e expressar o impacto positivo que liderar causa em sua vida.

2. **Dedique-se ao crescimento da liderança:** Você não crescerá como líder, a menos que se empenhe em sair de sua zona de conforto e seja um líder melhor do que é hoje. Escreva uma declaração de compromisso de crescimento que descreva o que você fará para crescer e como tratará disso. Em seguida, assine e date. Coloque em um lugar onde você possa consultá-la futuramente. Isso marca o dia que você se comprometeu em tornar-se o líder que você tem o potencial para ser e abrir caminho ao longo dos 5 níveis da liderança.

3. **Defina sua liderança:** O nível 1 é o melhor lugar para definir sua liderança e decidir que forma você quer tomar. Use as três perguntas contidas na seção do nível 1 do livro para descrever o tipo de líder que você deseja ser:

- Quem sou?
- Quais são os meus valores?
- Que práticas de liderança quero colocar em ação?

4. **Mude de líder posicional para líder potencial:** No passado, como você expressava suas metas de carreira? Pensava em termos de destino, como posições e títulos específicos, ou pensava em termos de jornada, ou seja, o trabalho que você fará para alcançar a grande visão? Se pensou em termos de posição, mude de foco. Pense no seu potencial de liderança. Que tipo de líder você tem o potencial de ser? Que tipo de efeito positivo você pode ter sobre as pessoas que você lidera? Que tipo de impacto você pode causar no mundo? Reescreva suas metas para adotar uma mentalidade não posicional. Isso fará diferença na sua maneira de ensinar e tratar os membros da equipe.

5. **Foque na visão:** Uma das maneiras de reduzir a ênfase em títulos ou posições é concentrar-se mais na visão da empresa e pensar em si mesmo mais como alguém que ajuda a limpar o caminho para os seus liderados cumprirem essa visão. Para ajudá-lo a fazer isso, reescreva sua descrição de cargo nesses termos. Escreva a visão da empresa e como a equipe ou departamento pode contribuir para essa visão. Em seguida, escreva formas específicas de você tornar isso mais fácil para os membros da equipe fazerem a sua parte no cumprimento da visão.

6. **Mude de regras para relações:** Se no passado você se valia de regras, regulamentos e procedimentos para orientar as pessoas que você lidera, então você precisa mudar para uma abordagem de liderança mais relacional. Comece olhando o valor em cada pessoa que você lidera. Em seguida, ponha-se a caminho para comunicar o quanto você valoriza cada pessoa. As pessoas são o ativo mais apreciável de qualquer empresa. Você precisa tratá-las dessa forma.

7. **Inicie o contato com os membros da equipe:** Se você tem esperado que as pessoas de sua equipe cheguem até você em busca de liderança, você precisa mudar de abordagem para conectar-se com elas. Saia do escritório ou compartimento e inicie contato com elas. Estabeleça o objetivo de conhecê-las, manifeste apreço por elas, incentive-as e ofereça-lhes apoio.

8. **Não mencione seu título, cargo ou posição:** Se tem o hábito de impor autoridade ou lembrar as pessoas do título, cargo ou posição que ocupa, comprometa-se a parar de fazer essas coisas. Até recomendaria que você fosse tão longe a ponto de não mencionar seu título toda vez que você se apresentar. Faça tudo o que tiver de fazer para identificar-se menos com o título, cargo e posição e mais com o modo em que você contribui para a equipe ou empresa.

9. **Aprenda a dizer: "Não sei":** Se chegou a pensar que tem de ter todas as respostas, então mude de abordagem de liderança. Bons líderes não têm todas as respostas, mas mobilizam e capacitam as pessoas que encontrarão as respostas necessárias. Comece a fazer essa abordagem imediatamente. Durante o próximo mês, quando alguém fizer perguntas que você não saiba as respostas, admita. Em seguida, peça a opinião das pessoas da equipe. Se não tiverem as respostas às perguntas, pergunte se têm conhecimento de alguém que saiba. Torne a resolução de problemas colaborativa.

10. **Encontre um conselheiro de liderança:** A maioria das pessoas acha muito difícil crescer na liderança sem a ajuda de alguém que esteja à frente da jornada. Pense nos melhores líderes que você conhece pessoalmente e peça a um deles que seja o seu conselheiro ou mentor. Pergunte se vocês podem se reunir de quatro a doze vezes por ano. Sempre se prepare diligentemente para a reunião, planejando quais perguntas serão feitas e sobre quais problemas pedirá conselhos. Se não estiver preparado ou não tiver perguntas, não faça a reunião. Jamais desperdice o tempo do seu mentor.

Nível 2: Permissão

Você só Pode Liderar as Pessoas se Gostar delas

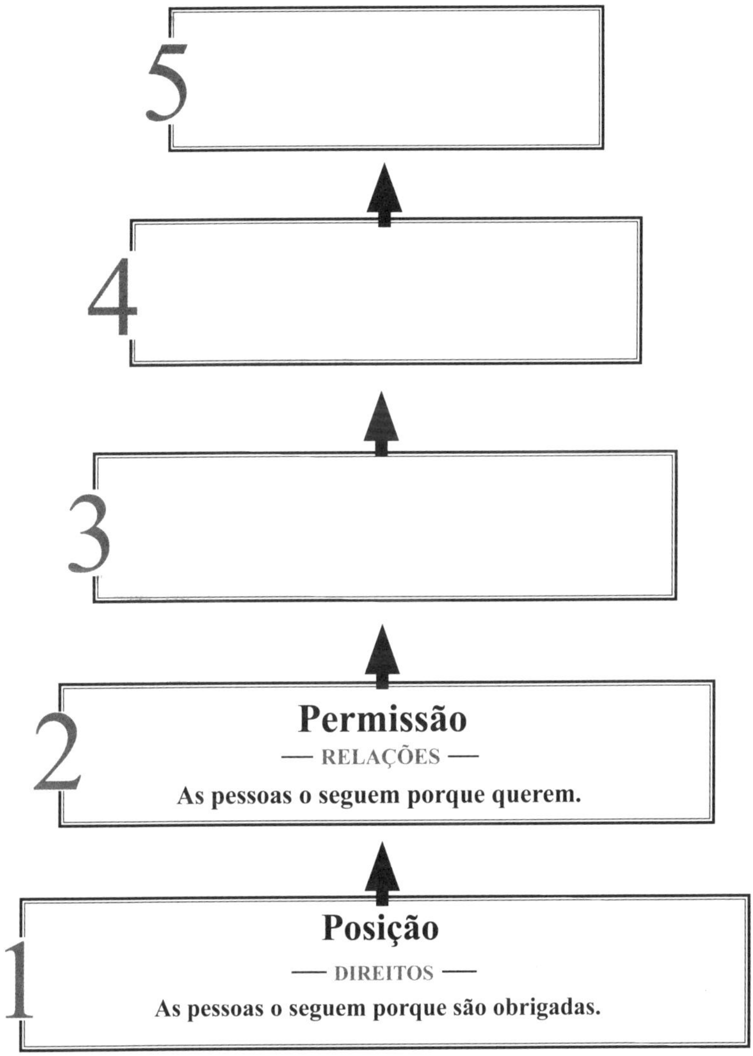

Fazer a mudança de posição para permissão é o primeiro passo real que a pessoa toma na liderança. Por que digo isso? Porque liderança é influência, nada mais, nada menos. Líderes que dependem da posição para impulsionar as pessoas, raramente desenvolvem influência sobre elas. Se os seus subordinados fazem o que você manda, é porque pensam que *têm* de fazer — para receber o salário, manter o emprego, evitar serem repreendidos e assim por diante.

Por outro lado, quando o líder aprende a funcionar no nível da permissão, tudo muda. As pessoas fazem mais do que apenas cumprir ordens. Na verdade, começam a seguir. E seguem, porque realmente querem. Por quê? Porque o líder começa a influenciar pessoas com *relação* e não apenas com posição. Construir relações desenvolve um fundamento para liderar as pessoas eficazmente. Quebra também os silos organizacionais, conforme as pessoas se conectam cruzando as linhas entre as descrições de cargo ou departamentos. Quantas mais barreiras forem derrubadas e relações aprofundadas, mais amplo se tornará o fundamento para liderar as pessoas. Quando as pessoas se sentem gostadas, cuidadas, incluídas, valorizadas e confiáveis, começam a trabalhar em conjunto com o líder e umas com as outras. E isso muda todo o ambiente de trabalho. O velho ditado é verdade: as pessoas acompanham líderes com quem se dão bem.

> **As pessoas acompanham líderes com quem se dão bem.**

Relações é uma das chaves importantes para o sucesso, quer você esteja vendendo, treinando, ensinando, liderando ou apenas navegando pelas tarefas diárias da vida. No contexto de vendas, Jeffrey Gitomer, autor de *A Bíblia de Vendas* e *O Livro Vermelho de Vendas*, usa a analogia do jogo da pedra, papel e tesoura (*jo-quempô*) para descrever a importância das relações.

Este é o jogo da pedra, papel e tesoura para as vendas:

- Relação é mais forte do que preço.
- Relação é mais forte do que entrega.
- Relação é mais forte do que qualidade.
- Relação é mais forte do que serviço.

Isso também pode ser dito sobre liderar. Relações têm grande poder.

Subir para o nível 2 é um desenvolvimento importante na liderança, porque é onde os seguidores dão aos seus supervisores *permissão* para liderá-los. As pessoas passam de subordinadas para seguidoras pela primeira vez, e isso significa que há movimento! Lembre que liderança sempre significa que as pessoas estão indo para algum lugar. Não são estáticas. Sem jornada não há liderança.

As Vantagens da Permissão

O Local de Trabalho Torna-se mais Agradável para todos

Há muitas vantagens no nível 2, porque o foco na construção de relações abre muitas e novas avenidas de liderança. Apresento as minhas cinco principais.

1. A Liderança Permissional Torna o Trabalho mais Gratificante

Líderes posicionais concentram esforços em servir a si mesmos ou à empresa, com muito pouca consideração pelos outros. No entanto, líderes que sobem para o nível 2 mudam o foco do *eu* para *nós*. Gostam de pessoas e as tratam como indivíduos. Desenvolvem relações e conquistam as pessoas com interação em vez de usar o poder da posição. Essa mudança de atitude cria uma mudança positiva no ambiente de trabalho. O local de trabalho torna-se mais amigável. As pessoas começam a gostar umas das outras. A química começa a desenvolver-se na equipe. As pessoas já não possuem a mentalidade do "ter de". Em vez disso, transforma-se em "querer". O local de trabalho fica mais agradável para todos, tanto para os líderes quanto para os seguidores.

> Líderes que sobem para o nível 2 mudam o foco do *eu* para *nós*.

A chave para subir ao nível permissional é ter a atitude certa. Os líderes de nível 2 exemplificam as palavras de J. Donald Walters, que afirmou: "Liderança é a oportunidade de servir".

Líderes permissionais gostam de pessoas e desejam ajudá-las. Querem vê-las tendo sucesso. A atitude predominante é de servir os outros e trazer à luz o melhor das pessoas com quem trabalham.

Lamento em dizer que em minha primeira posição de liderança profissional, concentrei demasiada atenção em mim e na minha empresa. Eu sabia onde queria ir, e no início tudo o que me importava era chegar lá. Que erro. Custou-me alguns anos para mudar de atitude e abrandar o suficiente para conhecer as pessoas e descobrir com o que se importavam. Fez grande diferença na minha vida e na liderança. Agora, mais de quarenta anos depois, realmente mudei. Hoje minha maior alegria vem por trabalhar com minha equipe, não por fazer o trabalho em si. Deixei de amar o meu trabalho e procurar os liderados para me ajudar e passei a amar os meus liderados e procurar maneiras de ajudá-los. Por conseguinte, a jornada tornou-se muito mais agradável.

2. A Liderança Permissional Aumenta o Grau de Energia

O que acontece quando você passa tempo com pessoas que você não gosta especialmente ou que não gostam de você? Isso não lhe consome as energias? Esse tipo de ambiente desanima a maioria das pessoas. Mesmo em um ambiente neutro, se você está com pessoas que não conhece muito bem, é certo que precisará de muita energia para conhecê-las. Conectar-se com os outros sempre custa energia. Por outro lado, o que acontece quando você passa tempo com pessoas que você conhece e gosta? Isso não lhe dá energia? Sei que para mim dá. Passar tempo com pessoas que amo, seja no trabalho, em casa ou no lazer, é minha maior alegria e sempre me deixa energizado.

Boas relações geram energia e dão à interação das pessoas um tom positivo. Quando você investe tempo e esforço para conhecer pessoas e construir boas relações, há a real compensação de maior energia assim que as relações forem construídas. E nesse tipo de ambiente positivo e enérgico, as pessoas estão dispostas a dar o seu melhor, porque sabem que o líder quer o melhor para elas.

3. A Liderança Permissional Abre Canais de Comunicação

No nível 2, a liderança posicional de cima para baixo passa para as relações de lado a lado. Isso requer e cultiva a boa comunicação. No nível da permissão, os líderes ouvem os seus liderados e os seus liderados os ouvem.

> **No nível 2, a liderança posicional de cima para baixo passa para as relações de lado a lado.**

A interação da comunicação entre os bons líderes e os seus liderados encontra-se em uma citação de Jack Welch, ex-CEO da General Electric. Na sua descrição, este é o líder ideal:

Alguém que desenvolve uma visão do que quer que sua unidade de trabalho, a sua atividade faça e seja. Alguém que expressa de forma articulada a unidade inteira do que o negócio é e ganha por meio do compartilhamento da discussão — ouvindo e falando — a aceitação da visão. E [alguém que] implacavelmente dirige a implementação dessa visão a uma conclusão bem-sucedida.[1]

Welch também comentou: "Acima de tudo, bons líderes são abertos. Vão para cima, para baixo e em volta de suas empresas para alcançar as pessoas. Não se atêm aos canais estabelecidos. São informais. Estão em linha reta com as pessoas. Formam a crença por serem acessíveis".[2]

Acredito que os líderes, em sua maioria, são naturalmente melhores em falar do que ouvir. Sei que para mim foi assim quando me encontrava no início da minha jornada de liderança. Estava decidido a comunicar a visão para os outros e certificar-me de que tinham entendido o meu projeto. Queria que a comunicação tivesse apenas uma direção: de mim para eles. O resultado era que poucas pessoas aceitavam minha liderança ou minha visão. Não percebia que o caminho para a aquisição da visão era a comunicação bidirecional. Isso significava que eu tinha de aprender a ouvir.

Recentemente me deparei com uma explicação do símbolo chinês para o verbo "ouvir". Achei que oferece uma visão muito reveladora do conceito. A palavra pronuncia-se "ting" e é composta de pequenos símbolos com significados específicos:[3]

聽

Estes símbolos representam *você*, indicando que o foco está na outra pessoa e não em si mesmo; as *orelhas*, as principais ferramentas usadas para ouvir; os *olhos*, que usamos para descobrir os sinais não verbais da comunicação; a *atenção individual*, que toda pessoa merece se queremos ouvir tudo o que é dito; e o *coração*, que indica que estamos abertos para a outra pessoa em um nível emocional, não apenas intelectual. Em outras palavras, quando realmente abro os canais da comunicação no nível 2 e realmente ouço, aqui está o que devo dar aos outros:

- Orelhas: Eu ouço o que você diz.
- Olhos: Eu vejo o que você diz.
- Coração: Eu sinto o que você diz.
- Atenção individual: Eu valorizo quem você é e o que diz.

Somente quando fazemos estas coisas somos capazes de construir relações positivas e persuadir as pessoas a seguir-nos.

Quando os líderes formam relações no nível 2, não só criam uma comunicação melhor, mas também constroem uma comunidade. O sociólogo Amitai Etzioni observou: "Quando o termo *comunidade* é usado, a ideia que vem à mente é um lugar em que as pessoas conhecem e cuidam umas das outras — o tipo de lugar em que as pessoas não meramente perguntam: 'Tudo bem?' como uma formalidade, mas se importam com a resposta". A liderança de nível 2 cria um ambiente no qual as pessoas trabalham juntas em um espírito de comunidade e se comunicam umas com as outras abertamente.

4. A Liderança Permissional Concentra-se no Valor de cada Pessoa

A liderança de nível 2 é relacionalmente orientada. Isso só é possível quando as pessoas se respeitam e se valorizam. É impossível relacionar-se bem com quem você não respeita. Quando o respeito diminui em uma relação, a relação diminui. Você pode se importar com as pessoas sem as liderar, mas não pode liderá-las eficazmente acima do nível 1 sem se importar com elas.

Todos os grandes líderes valorizam pessoas. E levantam o grau do valor em suas empresas. Um dos maiores líderes de nosso tempo é Nelson Mandela. Modelou continuamente uma liderança que colocava alto valor em toda pessoa. Sua força e humildade são lendárias, e estava ciente de como era importante sua atitude para a liderança. Observou: "Veja bem, quando há perigo, o bom líder toma a linha de frente. Mas quando há festa, o bom líder permanece nos bastidores. Se você quer a cooperação de seres humanos em torno de você, faça-os sentir que são importantes. E você faz isso sendo humilde".

> Você pode se importar com as pessoas sem as liderar, mas não pode liderá-las eficazmente acima do nível 1 sem se importar com elas.

Recentemente, em viagem à África do Sul, entrei em uma livraria em Johanesburgo e apanhei o livro *Leading like Madiba: Leadership Lessons from Nelson Mandela* (Liderando como Madiba: Lições de Liderança de Nelson Mandela), de Martin Kalungu-Banda. Li-o no meu voo da África do Sul para o Quênia. É repleto de relatos pessoais de pessoas que testemunharam o seu líder, Nelson Mandela, dando alto valor às pessoas e incentivando-as. Uma de minhas histórias favoritas é sobre um empresário de sucesso chamado Peter, que foi convidado pelo presidente Mandela para tomar o café da manhã em sua casa.

No dia marcado, Peter vestiu-se com requinte e pediu a Dumi, um dos motoristas da empresa, que o levasse à casa de Mandela.

Para a perplexidade de Peter, o anfitrião já o esperava no estacionamento. Peter recorda-se:

> Senti-me extremamente eufórico e humilhado pelo fato de Mandela estar me esperando fora de sua casa. Cumprimentou calorosamente ao motorista e a mim. Então fez um gesto para que entrássemos. Contudo, na forma tradicional de comportamento e protocolo empresarial, o motorista retirou-se calmamente e permaneceu no carro. Mandela convidou-me para sentar à mesa do café da manhã. Antes de começarmos a comer, meu anfitrião pareceu ter esquecido de algo. Observou: "Peter, pensei que havia outra pessoa com você". Disse: "Não. Cheguei sozinho". "E quanto ao outro cavalheiro?", insistiu, e respondi: "Não. É apenas o motorista. Ele espera no carro". Nesse momento, Mandela levantou-se e saiu para onde o motorista estava. Apresentou-se ao motorista e pediu que se juntasse a nós para o café da manhã. Mandela foi então à cozinha e disse: "Dumi também vai tomar café conosco. Poderia trazer outra xícara?"[4]

Peter nunca esqueceu o que Mandela fez. Nem Dumi. E Peter disse mais: "Quando os líderes aprendem a ver a personalidade que subjaz a estes títulos aparentemente humildes [motoristas, guardas, criados], as pessoas nessas funções não apenas se sentem apreciadas, mas descobrem e entram em novos horizontes de vida. Tornam-se excelentes trabalhadores no que fazem. Encontram a realização pessoal". Este é o impacto que grandes líderes podem ter nas pessoas. Mas você não tem de ser um grande líder para importar-se com as pessoas. Você só tem de tomar a decisão de importar-se!

Nada estimula a pessoa como ser respeitada e valorizada pelos outros. Na qualidade de líder de nível 2, seus objetivos devem ser ficar ciente da singularidade das pessoas e aprender a apreciar essas diferenças. Você precisa fazer com que saibam que elas são importantes, que você as vê como seres humanos, não apenas como trabalhadoras. Esta atitude causa um impacto positivo nas pessoas e fortalece a liderança.

No início de minha carreira ministerial, meu pai me deu um grande conselho. Disse: "Filho, a grande maioria das pessoas que entra pelas portas da igreja sente-se subvalorizada, insegura e perdida. É seu trabalho mudar isso". Nunca esqueci essas palavras. E durante minha carreira de vinte e seis anos como pastor, sempre me esforcei para seguir esse conselho. Também tento segui-lo em minhas relações de negócios. O mesmo faço em casa. Todo dia faço com que minha esposa Margaret saiba quanto eu a valorizo. Quando criávamos nossos filhos, proporcionávamos um ambiente em que os valorizávamos e dávamos amor incondicional. E como avós, Margaret e eu desfrutamos vendo nossos netos crescendo como seus pais e todo dia nós lhes mostramos como são importantes para nós.

Há uma linha comum em todas as grandes empresas, governos, centros educacionais e instituições religiosas. Essa linha é cada um valorizando e respeitando as pessoas. Como líder que se move para o nível 2, você dá o exemplo disso para a sua organização.

5. A Liderança Permissional Alimenta a Confiança

Líderes que passam do nível 1 para o nível 2 param de impressionar os outros para manter a posição e começam a desenvolver a confiança para manter as relações. Pode ser difícil, porque os líderes muitas vezes colocam valor mais alto em impressionar os outros do que em ter integridade com eles. Uma história do livro do meu amigo Bill Hybels é exemplo clássico do que pode acontecer quando os líderes querem que os outros fiquem impressionados. Bill escreve:

Certo coronel recém-promovido [...] mudou-se para um escritório improvisado recentemente construído durante a Guerra do Golfo. Tinha acabado de chegar e estava organizando as coisas quando, pelo canto dos olhos, viu um soldado raso aproximando-se, carregando uma caixa de ferramentas.

Querendo parecer importante, girou nos calcanhares e pegou o telefone. "Sim, general Schwarzkopf. Sim, sim. Claro. Acho que é um excelente plano", disse. "Você tem o meu total apoio para fazer isso. Obrigado por me consultar. Vamos conversar novamente em breve, Norm. Tchau." E bruscamente desligou e se virou.

— E o que posso fazer por você? — perguntou ao soldado raso.

— Ahh, estou aqui para ligar o telefone.[5]

Confiança é a base da permissão. Se você tem integridade com as pessoas, você desenvolve a confiança. Quanto mais confiança desenvolver, mais forte se tornará a relação. Quanto melhor a relação, maior o potencial para o líder obter a permissão para liderar. É um processo que custa tempo, energia e intencionalidade.

O ex-almirante James Stockdale disse: "Quando a crise vem, as pessoas se apegam àqueles em quem sabem que podem confiar; àqueles que não estão alheios, mas envolvidos. Em tempos de dificuldade, as relações são um abrigo. Em tempos de oportunidades, são uma plataforma de lançamento. A confiança é necessária para as pessoas se sentirem seguras o suficiente para criar, compartilhar, questionar, tentar e arriscar. Sem ela, a liderança é fraca e o trabalho em equipe é impossível.

> "QUANDO A CRISE VEM, AS PESSOAS SE APEGAM ÀQUELES EM QUEM SABEM QUE PODEM CONFIAR; ÀQUELES QUE NÃO ESTÃO ALHEIOS, MAS ENVOLVIDOS."
>
> — *JAMES STOCKDALE*

As Desvantagens da Permissão

A Pressão para Construir Relações Positivas Está sobre Você

Se você for uma pessoa relacional, como eu, talvez esteja pensando: *Que desvantagem pode haver para desenvolver relações, construir a confiança e ganhar a permissão das pessoas para liderá-las? Não é tudo de bom?* Minha resposta tem de ser *não*. Embora seja verdade que os aspectos positivos superam em muito os negativos, ainda há desvantagens no nível 2. Apresento algumas que observei.

1. A Liderança Permissional Parece muito Mole para Alguns

Em um ambiente de liderança intensiva, de alto desempenho e arremetedor, liderar por permissão pode aparecer "mole" para algumas pessoas. Cuidar de pessoas e ser relacional pode ser visto como fraqueza, especialmente por líderes que possuem um viés natural para a ação (em vez de para a afeição). Por essa razão, algumas pessoas a rejeitam. Que erro e que revés para o potencial de liderança.

Tenho observado que a maioria das pessoas começa a liderança focada ou nos aspectos "duros" da liderança, ou seja, o lado da produtividade, ou nos aspectos "moles", ou seja, o lado relacional. Aqueles que começam no lado duro e se recusam a aprender habilidades mais moles ficam presos no nível 1. Desejam ir para a produção de nível 3, mas não conseguem sem primeiro aprender e ganhar o nível 2.

Em contrapartida, aqueles que com prazer começam no lado mole e facilmente abrem caminho até à permissão de nível 2, mas se não fazem mais do que ganhar relações, também ficam presos e nunca passam para a produção de nível 3. É preciso a permissão e a produção para ser um bom líder.

Comecei minha carreira de liderança no lado mole. Esta é a boa notícia: rapidamente construí relações com as pessoas. Esta é a má notícia: nunca quis tomar decisões difíceis. Achava mais fácil amar as pessoas, mas quando amar as pessoas gerava tensão para liderá-las, eu parava de liderar. Uma das razões tem a ver com a minha criação. Fui criado em um lar amoroso e, por conseguinte, equivocadamente pensei que só tinha de amar as pessoas para chegar ao topo. Mas também caí na armadilha de somente tomar decisões que fossem aprovadas e aceitas por todos. Fiquei preso no nível 2, porque minha "moleza" tornou-se o limite para a minha liderança.

Houve uma crise interna que me ajudou a ver o que eu estava fazendo de errado. Ocorreu no meu primeiro pastorado, que foi em uma pequena igreja interiorana situada no sul de Indiana. Todos os anos a congregação votava a possibilidade de manter o pastor. Como jovem líder naquele primeiro ano na igreja, meus pensamentos e ações haviam sido governados por fazer todos felizes. Fizera tudo ao meu alcance para isso, e pensei que tinha conseguido.

Chegou o dia da votação. Enquanto viver, nunca esquecerei os resultados: 31 sim, 1 não e 1 abstenção. Fiquei arrasado! Quando o objetivo é agradar a *todos* e *alguém* está descontente, vemos isso como fracasso. Não podia acreditar que alguém não gostasse de mim. E era quase tão ruim que alguém nem mesmo se importasse em assumir uma posição ou a outra.

Naquela noite, depois de todos terem ido para casa, telefonei para meu pai.

— Pai — disse eu — Não sei o que fazer. Devo ficar ou ir embora?

Fiquei chocado ao ouvi-lo rindo do outro lado da linha.

— Filho, confie em mim, você precisa ficar — respondeu. — É a melhor votação que você jamais terá na vida.

Fiquei. Mas ainda não estava liderando direito. Durante os meses seguintes havia duas perguntas que eu constantemente me fazia: Quem votou contra mim? E o que fiz de errado? Minha imaturidade me fez pensar que bons líderes sempre gozavam a aceitação de todos, não tinham de lidar com conflitos e podiam evitar a realidade de tomar decisões difíceis. (E a propósito, ele tinha razão. Na minha carreira, foi a melhor votação que já tive.)

Fiquei preso neste tipo errado de pensamento por meses. Mas então percebi qual era o meu verdadeiro problema: Eu era alguém que procurava agradar as pessoas. Meu objetivo era fazer todos felizes. Era esse o objetivo errado. Como líder, meu objetivo tinha de ser ajudar as pessoas, não fazê-las felizes.

Essa percepção mudou minha liderança. Pela primeira vez, senti-me livre. Já não me encontrava aprisionado pela opinião de cada pessoa, que me era uma situação extremamente perniciosa. Podia me concentrar em fazer o que acreditava que era o melhor para a empresa e as pessoas. Fazer todo mundo feliz não é ser responsável. Nem mesmo é possível. Essa percepção me deixou mais corajoso e mais realista ao mesmo tempo.

Precisei adicionar o lado duro da liderança à minha tendência natural ao lado relacional mole. Outros têm de aprender o lado mole e adicioná-lo ao lado duro e produtivo. O ponto é que você precisa de ambos. Se você é relacional sem ser produtivo, você e a equipe não terão progresso. Se você é produtivo sem ser relacional, você pode ter pequeno grau de progresso no início, mas fracassará no final das contas, porque você ou alienará seus liderados ou os esgotará emocionalmente. Você não se tornará bem-sucedido na liderança até aprender os dois.

2. Liderar por Permissão Pode Ser Frustrante para os Realizadores

Os grandes realizadores querem que as coisas sejam feitas e sejam feitas *agora*! Não querem desacelerar por nada ou por ninguém. Liderar por permissão obriga-os a fazer exatamente isso. Construir relações leva tempo. Pode ser um trabalho muito lento.

Se em uma ponta do espectro você tem realizadores ignorando relações, no outro extremo você tem pessoas altamente relacionais que permitem que as relações se tornem um fim em si mesmas. Isso também não é saudável. Na verdade, a razão mais comum para os líderes não subirem ao nível 3 é que eles se tornam tão relacionais que perdem de vista o objetivo principal da liderança: ajudar os outros a trabalharem juntos, irem para frente e alcançarem o sucesso. Quando as relações se tornam um fim em si mesmas, então os seguidores de alto desempenho que se concentram no resultado final ficam inquietos. Quando isso acontece, muitas vezes fazem uma de duas coisas: assumem o poder ou pedem demissão. Você tem de ganhar ambos os lados como líder para ser bem-sucedido.

Se você é indivíduo altamente realizador que na liderança negligencia as relações, pode ser que você esteja pensando: *Não tive de desenvolver relações para ser um bom líder. Não acho que um líder precise do nível 2*. Esta é a minha resposta: enquanto você estiver ganhando, as pessoas estarão dispostas a seguir, mesmo que você seja duro com elas ou de liderança posicional. No entanto, quando você dirige as pessoas para alcançar o sucesso, sem diminuir a velocidade para construir relações, uma parte delas desejará ver você perder. Existe um ditado que diz que se você pisa nos pés das pessoas para subir, elas podem fazer você tropeçar para descer. No mínimo, se você fracassar, elas comemorarão a queda e, em seguida, irão embora.

> SE VOCÊ PISA NOS PÉS DAS PESSOAS PARA SUBIR, ELAS PODEM FAZER VOCÊ TROPEÇAR PARA DESCER.

3. Líderes Permissionais Podem Ser Passados para Trás

As pessoas cujo estilo de liderança é não relacional são vistas como líderes práticos. Os líderes posicionais usam a posição para distanciarem-se dos subordinados. Os indivíduos altamente realizadores intimidam seus seguidores. Mas quando os líderes são relacionais, seus seguidores naturalmente chegam mais perto deles. Isso significa que eles confundem bondade com fraqueza. Acreditam que incentivo significa que não têm de respeitar limites. Presumem que capacitação significa que têm a liberdade de fazer o que quiserem. Como resultado, aproveitam-se de seus líderes.

Tenho de admitir que isso acontece comigo. Quando incentivo as pessoas, algumas crescem. Outras tiram proveito. Desenvolver relações estreitas com as pessoas que trabalham comigo tem me dado algumas amizades ao longo da vida as quais estimo profundamente. Mas também tem me dado algumas decepções ao longo da vida.

Ao construir relações com as pessoas no nível 2, acredito que descobrirá que existem quatro tipos de pessoas:

- **Tomadores:** São os que se aproveitam da relação para melhorar a si mesmos, mas não melhoram você ou qualquer outra pessoa. Apropriam-se da sua influência, mas ficam com o retorno.
- **Colaboradores:** São os que se aproveitam da relação de forma positiva, melhorando-se e melhorando você.
- **Conhecidos:** São os que vivem à custa da relação que têm com você, mas nunca fazem nada com isso. Ficam por perto esperando que algo de bom lhes ocorra, contentes em viver à custa do sucesso dos outros e nunca assumindo a responsabilidade de crescer.
- **Amigos:** São os que gostam da relação que têm com você, dando retorno da sua boa vontade e nunca tirando vantagem injusta disso.

Ser relacional é arriscado, da mesma forma que é quando você se abre até se apaixonar. Claro que você pode ficar comedido e nunca se machucar. Mas também nunca terá a chance de ter relações profundas e recompensadoras que enriquecerão a sua vida e a vida dos outros. Espero que você escolha construir relações. Fiz essa escolha bem no início de minhas atividades de liderança, e apesar de eu ter sido ferido e ocasionalmente as pessoas terem tirado proveito de mim, não me arrependo. A maioria das pessoas respeita a relação, trata da maneira certa e agrega grande valor a mim.

4. A Liderança Permissional Exige Abertura para Ser Eficaz

Rick Warren, escritor e pastor, observa: "Você pode impressionar as pessoas à distância, mas tem de chegar perto para influenciá-las". Quando você faz isso, elas veem suas fraquezas. Entretanto, Warren diz: "A qualidade mais essencial para a liderança não é perfeição mas credibilidade. As pessoas têm de ser capazes de confiar em você".

As pessoas não querem admitir os erros, expor as falhas e enfrentar as deficiências. Não querem ser descobertas. Não chegam muito perto das outras por causa dos aspectos negativos em suas vidas. E se recebem uma posição de liderança, o desejo de ocultar as fraquezas pode se tornar ainda mais forte. As pessoas acreditam que devem mostrar grande força como líderes. No entanto, se os líderes tentam manter uma fachada diante de quem lideram, não podem construir relações autênticas.

> "A qualidade mais essencial para a liderança não é a perfeição mas a credibilidade. As pessoas têm de ser capazes de confiar em você."
>
> — *Rick Warren*

Para desenvolver relações autênticas no nível da permissão, os líderes precisam ser autênticos. Têm de admitir os erros. Têm de confessar os defeitos. Têm de reconhecer as falhas. Em outras palavras, têm de ser verdadeiros. Para o líder, este é um lugar vulnerável. E sinceramente, é uma das principais razões que muitos líderes nunca passam do nível 1 para o nível 2 na liderança.

5. A Liderança Permissional É Difícil para as Pessoas que não São naturalmente Afáveis

Se formos honestos, temos de admitir que alguns indivíduos são naturalmente talentosos com as pessoas. Interagem bem com os outros e facilmente desenvolvem relações. Para tais pessoas, o nível 2 ocorre naturalmente. Mas e quanto àqueles que não são naturalmente talentosos em trabalhar com pessoas? Para eles, passar para o nível 2 não ocorre tão facilmente. Se querem ganhar a permissão dos outros, têm de trabalhar para serem mais afáveis.

Durante anos tenho observado as pessoas que não trabalham bem umas com outras e me perguntado por que são assim. Minha conclusão é que, na maioria dos casos, pessoas que não são afáveis não gostam muito de pessoas. Não estou dizendo que as *odeiam*. Mas estou dizendo que não se importam com os outros o suficiente para empenharem a energia necessária para fazer boas ligações com eles.

Acredito que as pessoas não conseguirão gostar de outras a menos que estejam dispostas a aprová-las. Como fazer isso? Como nos tornar mais afáveis? Fazendo o seguinte:

- Escolha se importar com as pessoas. Gostar de pessoas e interessar-se por elas é uma opção que está dentro do seu controle. Se ainda não escolheu, escolha agora.
- Procure algo que seja agradável em cada pessoa que você encontrar. Existe. Assuma a tarefa de encontrar. Descubra o que é agradável em você e faça o que puder para compartilhar isso com cada pessoa que você encontrar.
- Esforce-se todos os dias para expressar o que você gosta de cada pessoa em sua vida.

Se quiser ganhar a permissão das pessoas e liderar eficazmente no nível 2, você tem de gostar de pessoas e tornar-se mais afável.

6. A Liderança Permissional Força Você a Tratar com a Pessoa como um Todo

Henry Ford, o pioneiro do ramo automobilístico, perguntou: "Por que será que sempre recebo a pessoa inteira, quando o que quero é um par de mãos?" Sejamos francos: relações são desorganizadas. Muitos líderes prefeririam lidar com pessoas apenas em termos de suas atividades de trabalho. Mas a realidade é que, quando você lidera alguém, você sempre recebe a pessoa como um todo, inclusive suas disfunções, vida doméstica, problemas de saúde e peculiaridades.

Bons líderes entendem que o coração da liderança é lidar com pessoas e trabalhar com o bom, o mau e o feio em cada uma. Fazem isso no nível 2. Warren Bennis e Burt Nanus, especialistas em liderança, colocam desta forma:

Liderança é um negócio essencialmente humano. Universidades e empresas erram gravemente com a ênfase exagerada nas ferramentas quantitativas formais, problemas inequívocos e casos de "relações humanas" ridiculamente simplistas. O que descobrimos é que quanto mais alto o escalão hierárquico, mais interpessoal e humana é a empresa. Nossos principais executivos gastam cerca de 90% do tempo preocupados com a confusão dos problemas das pessoas.[6]

Penso que se formos honestos, temos de admitir que a confusão dos problemas das pessoas é o que faz a liderança não ter graça. Com frequência, quando passamos a conhecer as pessoas e vemos suas falhas, ficamos desiludidos com elas. E muitas vezes acabamos como a mulher em um coquetel que se esforçava ao máximo para parecer feliz. Alguém notou um gigantesco e cintilante anel em seu dedo e exclamou:

— Uau! Que belo diamante!

— Sim — disse ela. — É um diamante Callahan.

— Bem que eu gostaria de ter um! — respondeu a observadora.

— Não, não gostaria — respondeu a mulher com sarcasmo.

— Por que não?

— Porque vem com a maldição de Callahan.

— Com a maldição de Callahan? Qual?

Com um suspiro profundo e um olhar desesperado, respondeu:

— O senhor Callahan!

Quanto mais aprendemos sobre as pessoas, mais decepcionados ficamos. Por quê? Porque cada um de nós tem hábitos irritantes e imperfeições. Todos falhamos. Depois dos anos de Nixon, Billy Graham disse: "Todo mundo tem um pequeno Watergate em si". Temos de aprender a aceitar isso uns dos outros e ainda trabalhar juntos.

Como líder, pode ser que você seja tentado a construir relações apenas com as pessoas que você gosta ou com quem tenha alta compatibilidade, e ignorar os outros. No entanto, fazendo assim, você tem o potencial de perder um monte de gente. É importante lembrar que, ainda que as coisas que temos em comum possam tornar as relações agradáveis, são as diferenças que realmente as tornam interessantes. Bons líderes de nível 2 lidam acertadamente com essas diferenças e as aproveitam em benefício da equipe e empresa.

Bons líderes conseguem olhar as duras verdades, ver as falhas das pessoas, enfrentar a realidade e fazê-lo em um espírito de graça e de verdade. Não evitam problemas; resolvem-nos. O líder abolicionista Frederick Douglass disse que você não pode esperar colher sem plantar, e você não pode esperar a chuva sem relâmpagos e trovões. Líderes que constroem relações entendem que o conflito é uma parte do progresso. Muitas vezes é até construtivo.

O ponto principal do nível 2 é que a maioria das desvantagens da liderança vem de lidar com pessoas. Se você se importa com as pessoas e as entende, então você sabe que as coisas não ocorrerão sem percalços. Se com essa expectativa você entrar na liderança no nível da permissão, então estará livre para liderar com uma atitude positiva e uma mente aberta. Você sabe que, enquanto as pessoas estiverem respirando, você terá de lidar com situações confusas e difíceis.

Os Melhores Comportamentos para o Nível 2

Como Ganhar a Permissão dos Liderados

Se você se encontra em um lugar onde precisa começar a trabalhar para ganhar a permissão das pessoas no nível 2, o que deve fazer? Como tirar o máximo proveito da oportunidade para desenvolver-se como líder relacional? Faça o seguinte.

1. Conecte-se consigo Mesmo antes de Conectar-se com as Pessoas

Um dos segredos para conectar-se com as pessoas e construir relações é conhecer e gostar de si mesmo. Em meu livro *Vencendo com as Pessoas*, chamo isso de o princípio do espelho, que diz: "A primeira pessoa que devemos analisar é nós mesmos". O trabalho para construir relações sempre tem de começar com você mesmo. O que isso significa?

A primeira pessoa que devo conhecer sou eu mesmo — autoconsciência

A natureza humana parece dotar as pessoas com a capacidade de formar opinião sobre todos, menos sobre elas mesmas. Muito poucas pessoas são naturalmente dotadas de autoconsciência. Então, o que a pessoa precisa fazer? Tornar-se estudante de si mesma. Conheça seus pontos fortes e fracos. Peça que os outros avaliem você. Entenda a maneira como você pensa, sente e age em cada tipo de situação. Assim que conhecer quem você é, esqueça-se de si mesmo e coloque o foco nos outros. Você se relacionará com as pessoas a partir de um lugar de força.

A primeira pessoa com quem devo me entender sou eu mesmo — autoimagem

Conheço pessoas que nunca estão bem consigo mesmas um único dia na vida. Não gostam da aparência. Ou gostariam de ser naturalmente talentosas em outras coisas ou ter um tipo diferente de personalidade. Não gostam de onde vieram nem para onde estão indo. Há muitas coisas que você pode mudar acerca de si mesmo. Trabalhe duro nessas. Mas há também muitas outras que você não pode. Aceite-as. Siga o conselho de Thomas Jefferson: em matéria de consciência, fique firme como uma rocha; em matéria de moda, vá com a maioria.

A primeira pessoa a me causar problemas sou eu mesmo — auto-honestidade

O comediante Jack Paar disse humoristicamente: "Olhando para trás, minha vida parece uma grande corrida de obstáculos, sendo eu o principal obstáculo". Muitas pessoas que não vão a lugar algum na vida têm de culpar a si mesmas. Não acreditam em si mesmas. Criam problemas e depois fingem que é culpa de outra pessoa. Querem mudar, mas não querem crescer. É muito difícil ser autoiludido e bem-sucedido ao mesmo tempo. Até mesmo os poucos que conseguem essa façanha nunca conseguem ir muito longe. Se você quer construir relações, precisa ser honesto, a começar com você mesmo.

> **É muito difícil ser autoiludido e bem-sucedido ao mesmo tempo.**

A primeira pessoa que devo mudar sou eu mesmo — autoaperfeiçoamento

Se você deseja mudar de vida para melhor, então a primeira coisa que deve fazer é mudar a si mesmo para melhor. O escritor Samuel Johnson informou que "quem tem tão pouco conhecimento da natureza humana a ponto de buscar a felicidade mudando alguma coisa, exceto a disposição própria, desperdiçará a vida em esforços infrutíferos e multiplicará a dor que propõe remover". Muitas vezes procuramos fora de nós mesmos a origem de nossos problemas. A realidade é que muitos problemas vêm de dentro de nós.

A primeira pessoa que pode fazer diferença significativa sou eu mesmo — autorresponsabilidade

Toda realização começa com a pessoa saindo e empenhando-se em fazer a diferença. Essa pessoa, então, assume a responsabilidade de passar essa diferença para outras pessoas. Se você não assume a responsabilidade, não espere que a vida seja diferente do que é agora.

2. Desenvolva um Estilo de Liderança Orientado às Pessoas

Líderes permissionais não se valem de regras para liderar as pessoas. Não dependem de sistemas. E nunca tentam administrar com a vara. (Quem governa assim precisa saber que toda vara acaba quebrando). Em vez disso, usam um toque pessoal sempre que lidam com pessoas. Ouvem, aprendem e, então, lideram. Desenvolvem relações. Têm mais do que a política de portas abertas, pois sabem que a porta se abre para ambos os lados. Passam por ela e misturam-se entre os liderados para conectar-se.

Herb Kelleher disse: "Liderar uma empresa diz respeito tanto a alma quanto a sistemas. A liderança eficaz encontra sua fonte no entendimento. A menos que o líder tenha a consciência da humildade, a sensibilidade direcionada à esperança e aspirações daqueles a quem ele lidera e a capacidade de analisar as forças emocionais que motivam a conduta, ele não conseguirá produzir e ser bem-sucedido, independentemente de quantos outros incentivos sejam dados".

> "LIDERAR UMA EMPRESA DIZ RESPEITO TANTO A ALMA QUANTO A SISTEMAS. A LIDERANÇA EFICAZ ENCONTRA SUA FONTE NO ENTENDIMENTO."
>
> — *HERB KELLEHER*

Outra maneira de dizer isso é que bons líderes *nunca* tiram as pessoas da equação em qualquer coisa que fazem. Sempre levam as pessoas em consideração — onde estão, em que acreditam, o que estão sentindo. Cada pergunta que tais líderes fazem é expressa no contexto de pessoas. Saber o que fazer não basta para tornar alguém um bom líder. Só porque uma coisa é certa não significa necessariamente que as pessoas permitirão que você a faça. Bons líderes levam isso em conta. E pensam e planejam adequadamente.

Se deseja ser bem-sucedido no nível 2, você deve pensar menos em termos de sistemas e muito mais em termos de emoções das pessoas. Você tem de pensar mais em termos de capacidade humana e menos em termos de regulamentação. Você tem de pensar mais em termos de aquisição e menos em termos de procedimentos. Em outras palavras, você precisa pensar em pessoas antes de tentar alcançar o progresso. Para fazer isso como líder permissional, você tem de demonstrar um estado de espírito consistente, manter uma atitude otimista, possuir um ouvido atento e mostrar aos outros o seu verdadeiro eu.

3. Pratique a Regra de Ouro

Uma das críticas da liderança permissional é que pode se tornar manipuladora. Concordo que os líderes que põem ênfase em motivar as pessoas podem usar a liderança para ganho pessoal em detrimento dos outros. Há uma tênue linha entre manipular as pessoas e motivá-las. No entanto, o líder permissional pode manter essa tendência sob controle e guardar-se de passar da motivação para a manipulação, seguindo a regra de ouro.

Tenho tido a oportunidade constante de viajar internacionalmente e falar a grande variedade de público com diferentes culturas, línguas, histórias, valores e interesses. No entanto, todos pedem que lhes ensine a integridade nas relações pessoais. Nessas situações, sempre ensino a regra de ouro: "Trate os outros como você gostaria de ser tratado". Essa regra simples pode ser universalmente compreendida e obedecida. Estabelece o padrão da relação que faz sentido e pode ser aplicado. E é um ensinamento básico que se

> **A PRÁTICA DA REGRA DE OURO FAZ COM QUE TODOS SE SINTAM RESPEITADOS.**

encontra em toda cultura e religião. É o mais simples, mais profundo e mais positivo guia para viver. Dê uma olhada em quantas variações sobre a regra de ouro encontrei e nas religiões de onde vêm:

Cristianismo: "Tudo o que vós quereis que os homens vos façam, fazei-lho também vós a eles".[7]

Islamismo: "Ninguém de vocês é crente até que ame para o próximo o que ama para si mesmo".[8]

Judaísmo: "O que te é odioso, não faças ao teu semelhante. Esta é toda a lei; todo o resto é comentário".[9]

Budismo: "Não firas o próximo com aquilo que te causa sofrimento".[10]

Hinduísmo: "Esta é a síntese do dever; não faças ao próximo nada que não desejes que ele te faça".[11]

Zoroastrismo: "Tudo o que te for desagradável, não faças aos outros".[12]

Confucionismo: "O que tu não queres que te façam, não faças aos outros".[13]

Bahá'i: "E se os teus olhos forem voltados para a justiça, escolhe para teu próximo o que tu escolhes para ti mesmo".[14]

Jainismo: "O homem deve pensar em tratar todas as criaturas como ele próprio gostaria de ser tratado".[15]

Provérbio ioruba (Nigéria): "Aquele que pega uma vara pontiaguda para cutucar um filhote de pássaro deve primeiro experimentá-la em si mesmo para sentir como dói".[16]

Está claro que a regra de ouro cruza fronteiras culturais e religiosas e é adotada por pessoas de quase todas as partes do mundo. E o que a prática da regra de ouro faz na liderança? Faz com que todos se sintam respeitados. Isso muda todo o ambiente da organização ou departamento. Quando os líderes deixam de dirigir as pessoas em um ambiente posicional e passam a respeitá-las em um ambiente permissional, seus liderados deixam de sentir-se usados e passam a sentir-se valorizados.

4. Torne-se o Principal Incentivador da Equipe

Por muitos anos tenho apreciado a amizade da família Cathy, os líderes da Chick-fil-A.* Certo dia, enquanto jantava com Truett Cathy, o fundador da empresa, disse-me: "Sabe como identifico alguém que precisa de incentivo? Se a pessoa estiver respirando precisa de um tapinha nas costas!".

Ainda não encontrei alguém que não gostasse e se beneficiasse de incentivo. Ninguém é demasiadamente bem-sucedido, velho, experiente ou educado para não gostar de elogios e incentivos de outra pessoa. Um grande exemplo disso encontra-se na vida de dois escritores e professores talentosos: C. S. Lewis e J. R. R. Tolkien. Os amigos, ambos professores na Universidade de Oxford, se reuniam para compartilhar a ficção que estivessem escrevendo. Quando Tolkien estava escrevendo *O Senhor dos Anéis*, ficou desanimado. Lewis continuamente incentivava o amigo a continuar escrevendo. "Campaneiro, onde está o próximo capítulo? Você não pode desistir agora", teria caçoado Lewis. Anos mais tarde, Tolkien reconheceu quanta diferença positiva o estímulo de Lewis lhe causara: "A dívida indizível que lhe devo não pode ser devidamente medida", escreveu Tolkien. "Por muito tempo, ele era o meu único público."

---

* N. do T.: Rede de restaurantes de *fast-food* que só vendem sanduíche de frango.

Como líder, você tem muito poder para incentivar as pessoas. Tenho certeza de que as palavras incentivadoras de Lewis ficaram ecoando nos ouvidos de Tolkien enquanto escrevia sua obra-prima de fantasia. Como líder, você pode causar impacto semelhantemente positivo nos outros. As pessoas gostam da afirmação de colegas da mesma hierarquia. Mas valorizam mais as do líder. As palavras "Estou contente por você trabalhar comigo; você torna a equipe incrivelmente valiosa" significam muito vindo de alguém que tem no coração os melhores interesses para a equipe, departamento ou empresa.

> "Se deseja que os liderados tenham atitude positiva e sempre fiquem alegres quando veem você chegando, incentive-os."

Se deseja que os liderados tenham atitude positiva e sempre fiquem alegres quando veem você chegando, incentive-os. Se você for o principal incentivador dos integrantes de sua equipe, eles irão trabalhar duro e se esforçarão para atender às suas expectativas positivas.

5. Ache o Equilíbrio entre Cuidado e Franqueza

Muitos ficam com a ideia errada sobre o conceito de liderança permissional, quando se inteiram dele. Pensam que sucesso no nível permissional da liderança significa tratar as pessoas da equipe como uma família. Este quase sempre é um erro. As pessoas não lidam realisticamente com sua família. Eu não. Tenho um nível de compromisso com eles que é mais profundo do que com os outros. Independentemente do que fazem, estou empenhado em lhes dar amor incondicional. Têm privilégios que não ofereço a ninguém mais. E o compromisso é uma constante. (Quem diz que não acredita em compromisso nunca se casou ou permaneceu casado.) O que torna uma família grande não é o que torna uma equipe grande. Famílias valorizam a comunidade acima da contribuição. Negócios valorizam a contribuição acima da comunidade. As melhores equipes acham um equilíbrio.

Outros pensam que ser líder permissional significa dar aos membros da equipe permissão para fazerem o que quiserem. Esta ideia também é errada. Só porque você se importa com as pessoas, não significa que você as deixa trabalhar sem responsabilidade ou prestação de contas. Se você se importa com as pessoas, trate-as com respeito e construa relações positivas com elas, você tem mais inúmeras oportunidades para falar abertamente e ter conversas difíceis com elas que as ajudarão a crescer e trabalhar melhor.

Toda pessoa tem problemas e comete erros no trabalho. Toda pessoa precisa melhorar e precisa de alguém que as acompanhe para ajudá-las a melhorar. Como líder, é sua responsabilidade e privilégio ser a pessoa que as ajude a melhorar. Muitas vezes isso começa com uma conversa franca. Mas antes de tê-la, é importante você se perguntar qual pode ser a natureza do problema. Meu amigo Sam Chand diz que quando está tendo dificuldade com uma pessoa ele se faz uma simples pergunta: "Esta pessoa é um *não pode* ou um *não quer*? *Não pode* diz respeito à habilidade. Não podemos ajudar este tipo de pessoa, na maioria dos casos — não em todos os casos, mas na maioria. Mas *não quer* diz respeito a atitude. Se o problema for de atitude, a hora de informar que a pessoa tem um problema é agora, porque o negócio é o seguinte: contratamos pessoas pelo que elas sabem e as demitimos por quem elas são.

Acredito que as pessoas podem mudar de atitude e melhorar as habilidades. E porque acredito, falo com elas sobre onde estão aquém das expectativas. Se você é líder e deseja ajudar os liderados, você precisa estar disposto a ter essas conversas difíceis. O que o líder faz para ser relacional ao mesmo que procura impulsionar as pessoas para frente? Equilibrando cuidado e franqueza. Cuidado sem franqueza cria relações disfuncionais. Franqueza sem cuidado cria relações distantes. Mas cuidado equilibrado com franqueza cria relações em desenvolvimento.

> **CUIDADO SEM FRANQUEZA CRIA RELAÇÕES DISFUNCIONAIS. FRANQUEZA SEM CUIDADO CRIA RELAÇÕES DISTANTES.**

Permita-me ajudá-lo a entender como o cuidado e a franqueza trabalham juntos para que o líder seja bem-sucedido no nível 2.

O cuidado ***valoriza a pessoa ao passo que a*** **franqueza** ***valoriza o potencial da pessoa***

Para liderar com sucesso no nível 2 em diante, é importante você valorizar as pessoas. Esta é a base para relações sólidas. Importar-se pelos outros demonstra que você os valoriza. No entanto, se você quer ajudá-los a melhorar, você tem de ser honesto sobre onde precisam melhorar. Isso mostra que você valoriza o potencial da pessoa. Isso requer franqueza.

Um dos segredos de ser franco é pensar, falar e agir em termos de quem a pessoa tem o potencial para ser e pensar sobre como ajudá-la a alcançar esse potencial. Provérbios diz:

> *Fiéis são as feridas feitas pelo que ama,*
> *mas os beijos do que aborrece são enganosos.*[17]

Se você é franco com os outros, mas a intenção é beneficiá-los, não há porque recear que o resultado venha a ser prejudicial. É semelhante ao trabalho do cirurgião. Pode doer, mas o objetivo é ajudar e não prejudicar. Como líder, você tem de querer e poder fazer isso. Caso contrário, você não conseguirá ajudar seus liderados a crescer e mudar.

O cuidado ***estabelece a relação ao passo que a*** **franqueza** ***a expande***

As coisas que habitualmente ajudam a estabelecer uma relação são pontos em comum e cuidado. Mas essas coisas normalmente não bastam para fazer a relação crescer. Para expandir a relação, franqueza e comunicação aberta são necessárias.

Muitos líderes com quem falo dizem que sabem que precisam ter uma conversa difícil com alguém, mas evitam. São relutantes por uma de duas razões: não gostam de confronto ou temem que magoarão a pessoa com quem têm de falar. Mas se o líder equilibrar o cuidado e a franqueza, então aprofundará e fortalecerá a relação.

Deixe-me dar um exemplo. Sheryl veio trabalhar para mim, porque era uma pessoa verdadeiramente empreendedora com grande potencial. Durante seis meses, observei seu trabalho, e o que descobri foi que ela era excelente no lado duro da liderança. Era enérgica. Era organizada. Era boa planejadora. E sempre fazia as coisas acontecerem. Mas era totalmente negligente no lado mole da liderança, ou seja, a parte relacional. Não estava ganhando as pessoas que liderava. Por conseguinte, não estava ganhando influência, o que significava que a liderança era muito limitada.

Marquei uma reunião com ela para que tivéssemos uma conversa franca sobre o seu estilo de liderança. Disse-lhe o quanto respeitava sua capacidade e o quanto me importava com ela como pessoa. Mas também disse onde ela estava abaixo das expectativas e como isso limitava sua capacidade de liderar as pessoas. Também me ofereci para treiná-la no lado relacional. Para seu crédito, ela aceitou minha crítica e recebeu minha ajuda.

Nos anos seguintes, reuni-me com ela regularmente, critiquei sua interação com os outros, indiquei-lhe livros para ler e pedi-lhe que fizesse coisas que a fariam crescer. Ela floresceu como líder e começou a ganhar as pessoas no nível 2. E isso a liberou para continuar crescendo. Não demorou muito para ela abrir caminho até ao nível 4 com muitas pessoas da empresa.

Nem todos reagem bem a conversas francas. Encaremos os fatos: a franqueza machuca. Algumas pessoas se fecham quando você as critica. Outras saem e vão trabalhar em outro lugar. Entretanto, se você tiver conversas francas com alguém e esse indivíduo fica e cresce, ele se tornará candidato para subir ao nível 3 ou mais, como fez Sheryl.

O **cuidado** *define a relação ao passo que a* **franqueza** *orienta a relação*

Relações sólidas são definidas pelo quanto as pessoas se importam umas com as outras. Mas só porque as pessoas se importam umas com as outras não significa que estão indo a algum lugar juntas. Fazer a equipe mover-se em conjunto para atingir uma meta

> "OS LÍDERES TÊM DE TOMAR AS MELHORES DECISÕES PARA A MAIOR PARTE DO GRUPO. PORTANTO, OS LÍDERES ABREM MÃO DO DIREITO DE ATENDER UM INDIVÍDUO SE ISSO PREJUDICAR A EQUIPE OU A EMPRESA."
>
> — *COLIN SEWELL*

é a responsabilidade do líder, e isso muitas vezes requer franqueza. Meu amigo Colin Sewell, dono de várias concessionárias de automóveis, disse-me: "Os líderes têm de tomar as melhores decisões para a maior parte do grupo. Portanto, os líderes abrem mão do direito de atender um indivíduo se isso prejudicar a equipe ou a empresa".

Obter resultados sempre é importante, e bons líderes nunca perdem isso de vista. Certa noite, em um banquete de basquete, o reitor de uma faculdade comunitária estava felicitando a equipe e o técnico profusamente. O radiante técnico perguntou ao reitor:

— O senhor ainda gostaria de mim do mesmo jeito, se nós não tivéssemos vencido?

— Gostaria de você do mesmo jeito — respondeu o reitor. — Só iria sentir sua falta.

Colin Powell, ex-general do exército e antigo Secretário de Estado, observou: "A boa liderança envolve a responsabilidade pelo bem-estar do grupo, o que significa que algumas pessoas ficarão com raiva do que você faz ou decide. É inevitável, se não honroso". Se você quer liderar as pessoas bem, precisa estar disposto a orientá-las com franqueza.

O cuidado *jamais deve suprimir a* franqueza, *ao passo que a* franqueza *jamais deve deslocar o* cuidado

O ponto básico, que já ficou bastante claro, é que bons líderes devem cuidar e ser francos com as pessoas. Não dá de ignorar nenhum dos dois quesitos. Para ajudá-lo a manter o equilíbrio entre dois, criei uma lista de verificação de franqueza e cuidado para você trabalhar com as pessoas. Antes de ter uma conversa franca, certifique-se de poder responder *sim* às seguintes perguntas:

- Já investi bastante na relação para ser franco com essa pessoa?
- Eu realmente a valorizo como pessoa?
- Tenho certeza de que este é problema dela e não meu?
- Tenho certeza de que não estou falando, porque me sinto ameaçado?
- A questão é mais importante do que a relação?
- Esta conversa serve claramente aos interesses dessa pessoa e não apenas aos meus?
- Quero investir tempo e esforço para ajudá-la a mudar?
- Quero mostrar-lhe como fazer algo e não apenas dizer o que está errado?
- Quero e posso definir expectativas claras e específicas?

Se puder responder *sim* a todas essas perguntas, então seus motivos são certos e você tem alta probabilidade de se comunicar com eficácia.

Como jovem líder, achava muito difícil ter conversas francas com as pessoas. Muitas vezes adiei essas conversas difíceis, na esperança de que o problema se resolvesse por si. Raramente acontecia. Talvez você tenha agido assim. Neste caso, você ficará contente em saber que você é normal. No entanto, você precisa saber que conversas francas são da responsabilidade do líder e devem ser feitas, mas da maneira certa e com a atitude certa. Quando um funcionário é contratado para fazer determinado trabalho e não faz, causa prejuízos à equipe e à empresa. Então, é hora de o líder agir. Pode ser que isso seja muito difícil, mas, a longo prazo, é melhor não só para a empresa, mas também para a pessoa que precisa saber o que não está fazendo certo.

Da próxima vez que você se encontrar em uma situação em que precisa ter uma conversa franca, lembre-se:

- Não demore, afinal é melhor tratar do problema enquanto ele é pequeno.

- Aja com calma, nunca com raiva; use a lista de verificação de cuidado e franqueza.
- Converse em particular, pois você quer ajudar a pessoa, não envergonhá-la.
- Faça com consideração, de forma a minimizar o constrangimento ou a intimidação.

Se seu objetivo é ajudar a pessoa, melhorar a equipe e cumprir a visão da empresa, então este é o caminho que você deve seguir como líder.

Ao trabalhar com pessoas e ter conversas francas, permita-me lembrá-lo de mais uma coisa: a franqueza é uma via de mão dupla. Se deseja ser um líder eficaz e abrir caminho para o nível 2, permita que as pessoas com quem você trabalha sejam francas com você. Solicite *feedback*. E seja maduro e seguro o suficiente para aceitar a crítica das pessoas e aprender, sem ficar na defensiva. Warren Bennis, especialista em liderança, observou: "Os líderes eficazes recompensam a dissidência, bem como a incentivam. Entendem que o desconforto momentâneo que experimentam quando, de tempos em tempos, as pessoas dizem que eles estão errados, é mais do que compensado pelo fato de esse 'desrespeito reflexivo' aumentar a capacidade de o líder tomar boas decisões".[18] Importar-se com as pessoas, tomar boas decisões para todos os envolvidos e construir relações sólidas são fatores ligados ao nível 2. Trata-se da permissão no seu auge.

As Leis da Liderança Relacionadas ao Nível da Permissão

Se você deseja usar as leis da liderança para ajudá-lo a crescer e ganhar permissão no nível 2, então considere o seguinte.

A Lei da Influência

A Verdadeira Medida da Liderança É a Influência — nada mais, nada menos

Se você reduzir a liderança até à sua essência, verá que é influência. Líderes ajudam as pessoas a trabalhar juntas para atingir objetivos que beneficiem todos os envolvidos. Como uma pessoa leva outras a fazer algo de bom grado, excelentemente e de forma consistente? Influenciando-as.

Inicialmente, quando desenvolvi os 5 níveis, chamei-os de *Os 5 Níveis da Influência.* Por quê? Porque toda vez que líderes sobem de nível, aumentam de influência. O processo de influenciar começa no nível 2, onde as relações são formadas. É aí que a liderança começa a mudar de coerção para cooperação.

A Lei da Adição

Líderes Agregam Valor ao Servir aos outros

Por que as pessoas, a princípio, querem estar na liderança? É para ganhar poder? Para ter mais liberdade? Para receber maior salário? Para alimentar o ego? Muitas vezes os líderes começam a carreira com motivos egoístas. Talvez não seja boa coisa. Mas não tem de ser coisa ruim, se estivermos dispostos a mudar e colocar o foco nos outros.

Tenho observado que a maioria dos líderes de nível 1, que não tem vontade de passar para a permissão do nível 2, não venceu o egoísmo de querer uma posição de liderança em benefício próprio. Para mover-se para o nível 2, os líderes precisam compreender que os grandes líderes praticam a lei da adição. Lideram para ajudar as pessoas e agregar valor a elas.

A Lei da Base Sólida

Confiança É o Fundamento da Liderança

A confiança é o fundamento não só das relações da liderança, mas de todas as relações. Você não pode influenciar as pessoas que não confiam em você. Você não pode construir relações positivas com as pessoas, se elas percebem você negativamente. A confiança é a cola que une as pessoas.

A confiança começa no nível 2 e cresce à medida que você sobe para os níveis mais altos da liderança. Se as pessoas confiam em você, elas estarão dispostas a mover-se para cima com você. Sem confiança, você logo se achará de volta ao nível 1.

A Lei do Magnetismo

Você É quem Você Atrai

Tenho estudado a dinâmica da liderança desde que eu era adolescente, e algo que notei desde o início é que igual com igual se entendem bem. É um fato da vida que pessoas com ideias afins atraem-se mutuamente. Os grupos de pessoas tendem a ser de idade, valores e formações semelhantes. Também reparei que líderes atraem quem eles são, não necessariamente quem eles querem.

Conforme você for ganhando influência em seu departamento ou empresa, isso pode ser bom ou ruim. Se as pessoas que afluem para você são relacionais, produtivas, aptas para aprender e não se prendem à territorialidade, então é uma declaração positiva sobre a sua liderança. Se são posicionais, de visão limitada e sem motivação, então isso se reflete negativamente em sua liderança. Se você quiser mudar sua equipe, comece mudando a si mesmo.

A Lei da Conexão

Líderes Tocam o Coração antes de Pedir uma Mãozinha

Se você quiser construir relações e obter a permissão das pessoas para liderá-las, então trabalhe duro para conectar-se com elas. Segundo minha definição, *conexão* é ter a capacidade de identificar-se e relacionar-se com as pessoas de tal forma a aumentar sua influência sobre elas. É o que você tem de fazer no nível 2 para conquistá-las e ganhar o direito de liderá-las.

A Lei da Aquisição

As Pessoas Compram o Líder, depois a Visão

Os líderes são, por natureza, visionários. Têm grandes esperanças. Têm grandes sonhos. Querem ganhar e ganhar muito. Mas uma grande visão sem uma grande equipe se transforma em um pesadelo. O trabalho em equipe faz o sonho funcionar. (Falarei sobre como construir uma equipe no nível 3.)

Muitas vezes os líderes compartilham suas visões comigo e depois perguntam: "Você acha que os meus liderados comprarão a minha visão?" Quando me perguntam, sei que não entendem a permissão de nível 2 e ainda não a ganharam com os seus liderados. Por que digo isso? Porque estão fazendo a pergunta errada. Em vez disso, deveriam estar perguntando: "Os meus liderados já me compraram?"

> *Conexão* é ter a capacidade de identificar-se e relacionar-se com as pessoas de tal forma a aumentar sua influência sobre elas.

O tamanho ou o merecimento da visão do líder não é o que determina se será cumprida. O fator determinante é o nível do líder. Antes de você pedir aos seus liderados para avançarem e cumprirem a visão, eles devem primeiro comprá-lo como líder. Antes de comprarem-no como líder, você já deve ter ganhado a confiança e a permissão deles para liderá-los. Isso começa no nível 2.

Crenças que Ajudam o Líder a Subir para o Nível 3

Passar do nível 2 vindo do nível 1 é um avanço significativo na capacidade de liderança. Muitas vezes, um realizador ou um produtor recebe uma posição de liderança no nível 1 com a expectativa de que faça a transição de trabalhador para líder. Muitas pessoas não conseguem subir na liderança, porque nunca entendem a importância de construir relações com as pessoas com quem trabalham e de ganhar a permissão delas para liderá-las. No entanto, ainda existem mais níveis de liderança a serem ganhos.

Se você já abriu caminho até ao nível 2 com as pessoas e ganhou-lhes a confiança como pessoa que se importa com elas, então é hora de começar a pensar da forma que um líder de nível 3 pensa. Para iniciar essa mudança, tenha em mente estas três coisas.

1. As Relações em si não São Suficientes

Embora o nível da permissão dê a você e sua equipe grande satisfação relacionalmente, se você ficar no nível 2 e nunca avançar, não estará mostrando para si mesmo que é líder. A boa notícia é que se você se conectou com os membros da equipe, agora tem influência sobre eles. A questão agora é: o que você fará com essa influência?

A verdadeira liderança leva as pessoas a algum lugar para que possam realizar algo. Isso exige que o líder conecte o potencial das pessoas com o desempenho delas. O nível da permissão é fundamental para a boa liderança, mas não é o objetivo final.

2. Construir Relações Exige Duplo Crescimento

Ao longo deste capítulo, tenho escrito sobre a construção de relações. Tenho focado em como as pessoas precisam crescer *na direção* umas das outras. Mas para que as relações sejam significativas, há outro tipo de crescimento que também é necessário. As pessoas também devem crescer umas *com* as outras. Crescer na direção uns dos outros exige compatibilidade. Crescer uns com os outros exige intencionalidade.

Se você é casado ou está em uma relação significativa por longo período, então entende como essas dinâmicas entram em ação. Quando você conheceu o seu cônjuge, vocês se moveram em direção um do outro baseado na atração, interesses comuns e experiências compartilhadas. Vocês estabeleceram a relação. No entanto, uma relação não dura se vocês ficarem apenas nessas experiências iniciais. Para ficarem juntos, vocês precisam sustentar a relação. Isso exige crescimento comum. Se vocês não crescerem juntos, é alta a probabilidade de vocês crescerem separadamente.

Da mesma forma, se é para você ter capacidade de resistência como líder, você tem de crescer em direção aos seus liderados e com eles. Só porque você desenvolveu boas relações com os liderados, não acho que você terminou com as tarefas ligadas ao lado relacional. Ainda há mais trabalho a fazer.

3. Vale a Pena Arriscar as Relações para Cumprir a Visão como Equipe

Construir relações com as pessoas é trabalho duro. Mas para ter sucesso como líder e subir para os níveis superiores da liderança, você tem de estar disposto a arriscar o que já desenvolveu relacionalmente em benefício da visão maior. Líderes têm de estar dispostos a sacrificar-se em prol da visão. Se para cumprir a visão vale a pena construir a equipe, também vale a pena pôr em risco as relações.

Construir relações e depois pô-las em risco para fazer a equipe avançar gera tensão para o líder. Essa tensão forçará você a fazer uma escolha: encolher a visão ou esticar as pessoas para cumpri-la. Se deseja fazer grandes coisas, você precisará tirar as pessoas de suas zonas de conforto. Podem fracassar. Podem implodir. Podem aliviar a própria tensão lutando com você ou desistindo. O risco sempre muda a relação. Se arriscar e ganhar, então seus liderados ganham confiança. Você compartilhou a história que torna a relação mais forte. A confiança aumenta. E a equipe está pronta para enfrentar desafios ainda mais difíceis. Contudo, se arriscar e fracassar, você perde a credibilidade relacional com seus liderados e terá de reconstruir as relações.

O risco sempre está presente na liderança. Sempre que tentar avançar, há risco. Mesmo que esteja fazendo as coisas certas, o risco não é reduzido. Mas não há progresso sem risco, então você precisa se acostumar com isso.

A conclusão é que você pode desacelerar no início da liderança para construir relações no nível 2, ou pode seguir adiante pulando direto para o nível 3. Mas se fizer isso, mais tarde você terá de recuar para construir essas relações. E fazendo assim, você precisa reconhecer que desacelerará o impulso e pode ser que lhe custe mais tempo para construir a equipe do que se tivesse feito do jeito certo desde o começo.

Howard Schultz, fundador da Starbucks, disse: "Se as pessoas gostam da empresa em que trabalham, se formam um laço emocional com ela e lhe compram os sonhos, então derramarão o coração para torná-la melhor". Acredito que é verdade. Qual é o elo fundamental entre as pessoas e a empresa? O líder com quem trabalham! Esse líder é a face, o coração e as mãos da empresa no dia a dia. Se esse líder se conecta e cuida, então isso faz uma enorme diferença.

> "Se as pessoas gostam da empresa em que trabalham, se formam um laço emocional com ela e lhe compram os sonhos, então derramarão o coração para torná-la melhor."
>
> — *Howard Schultz*

Guia para Crescer no Nível 2

Ao refletir sobre as vantagens, desvantagens, melhores comportamentos e crenças relacionadas ao nível permissional da liderança, use as diretrizes a seguir para você crescer como líder.

1. **Certifique-se de ter a atitude certa com as pessoas:** A questão fundamental quando se trata do nível permissional da liderança é o quanto você gosta de pessoas e o quanto elas gostam de você. E aqui está a boa notícia. Você pode controlar o quanto você gosta das pessoas, e em geral, se realmente gosta de pessoas, elas acharão você afável. Parece simplista, mas de hoje em diante tome a decisão de gostar de todos, mesmo que não gostem de você. Escreva esta intenção, assine e date. Se precisar, mantenha-a a vista como um lembrete diário para tornar as pessoas uma prioridade.

2. **Conecte-se com você mesmo:** Para tornar-se alguém que seja bom em construir relações com os outros, você tem de ser o tipo de pessoa com quem *você* gostaria de passar o tempo. Usando os cinco componentes alistados no capítulo para conectar-se com você mesmo, coloque-se em um plano de crescimento que o ajude a ganhar o seguinte:

   - ***Autoconsciência:*** Conheça seu tipo de personalidade, temperamento, talentos, pontos fortes e pontos fracos.
   - ***Autoimagem:*** Trate dos problemas pessoais que tiver, de forma que você pense de si mesmo de forma positiva.

- ***Auto-honestidade:*** Olha-se realisticamente e decida enfrentar a realidade, pouco importando o quanto doa.
- ***Autoaperfeiçoamento:*** Assuma o compromisso de crescer na habilidade de desenvolver relações.
- ***Autorresponsabilidade:*** Reconheça que você é responsável por suas ações e atitudes.

3. **Entenda de onde você veio:** Você é uma pessoa naturalmente relacional, que tende a colocar as pessoas à frente da produtividade? Ou você é um realizador, que tende a colocar a produtividade à frente das pessoas? Você tem de reconhecer qual você é e aprender a ganhar relações e resultados.

4. **Expresse apreciação por cada membro da equipe:** Pense e descubra coisas positivas que você pode dizer honestamente sobre cada membro da equipe. Durante a próxima semana planeje dizer a cada liderado pelo menos uma coisa positiva sobre ele.

5. **Avalie onde você está com a equipe:** Escreva uma lista com o nome dos membros da equipe. Para cada um, determine o quanto você o conhece, respondendo às seguintes perguntas (que vêm do material que a empresa Eli Lilly desenvolveu dos 5 níveis da liderança):

   - Quais são as três coisas não ligadas ao trabalho que você sabe sobre esta pessoa?
   - O esta pessoa valoriza?
   - Quais são os três principais interesses desta pessoa?
   - O que esta pessoa quer ou espera na vida?

Se não conseguiu responder estas perguntas para qualquer um dos integrantes da equipe, então você precisa passar mais tempo para conhecer essa pessoa. Separe um tempo durante esta semana para conhecê-la melhor.

6. **Aceite a pessoa inteira como parte da liderança:** Se desejar ser um bom líder, você não deve usar o tempo e as habilidades das pessoas, ao mesmo tempo que ignora ou negligencia o restante delas como indivíduos. Não é justo ou certo. Aprenda a aceitar a responsabilidade de ajudar as pessoas e a lidar com o lado complicado da liderança, ou demita-se e saia da liderança (sem ficar por perto para criticar a maneira que a outra pessoa lidera).

7. **Faça da diversão uma meta:** Uma das melhores maneiras de indivíduos orientados à meta desenvolverem um estilo da liderança mais orientado a pessoas é tornar o trabalho mais divertido. Se você é mais orientado a tarefas do que a pessoas, faça da diversão uma meta em sua lista de tarefas. Isso ficará mais palatável para você, ao mesmo tempo que torna você mais afável.

8. **Dê às pessoas atenção individual:** Hoje, muitas pessoas no local de trabalho se sentem desumanizadas e desmoralizadas. Acreditam que os líderes e as organizações para quem trabalham não se preocupam com elas como pessoas. Para combater isso, quando se envolver com pessoas, preste atenção e ouça realmente. Poucas coisas comunicam que você se importa com as pessoas mais do que lhes dar toda a atenção. E não lhe custa nada além de tempo.

9. **Torne-se incentivador-em-chefe da sua equipe:** As pessoas são naturalmente atraídas por quem lhes dá confiança e as fazem se sentir bem consigo mesmas. Você pode ser o líder que faz isso, se estiver disposto a tornar-se um incentivador intencional. Experimente. Nas próximas duas semanas, diga uma palavra de incentivo para alguém de sua equipe todos os dias. Depois observe como a pessoa reage. Faça isso com cada integrante de sua equipe e eles não só quererão trabalhar com você, mas também realizarão mais.

10. **Pratique cuidado e franqueza:** Se você se importa com os seus liderados, desejará ser honesto com eles de uma forma que os ajude. Quando vir que alguém de sua equipe está cometendo erros ou está de alguma forma abaixo das expectativas, planeje conversar com a pessoa imediatamente. Use a lista de verificação de cuidado e franqueza para certificar-se de fazer do jeito certo. E lembre que é difícil dar errado quando você pratica a regra de ouro.

NÍVEL 3:
PRODUÇÃO

Fazer as Coisas Acontecerem Separa os Verdadeiros Líderes dos Aspirantes a Líder

5

4

3 **Produção**
— RESULTADOS —
As pessoas o seguem por causa do que você faz para a empresa.

2 **Permissão**
— RELAÇÕES —
As pessoas o seguem porque querem.

1 **Posição**
— DIREITOS —
As pessoas o seguem porque são obrigadas.

O nível da produção é onde a liderança decola e move-se em outra velocidade. A produção qualifica e separa os verdadeiros líderes daqueles que apenas ocupam posições de liderança. Bons líderes sempre fazem as coisas acontecerem. Obtêm resultados. Causam um impacto significativo na empresa. Não só são produtivos individualmente, mas também são aptos a ajudar a equipe a produzir. Essa capacidade dá maior influência, credibilidade e confiança aos líderes de nível 3.

> A PRODUÇÃO QUALIFICA E SEPARA OS VERDADEIROS LÍDERES DAQUELES QUE APENAS OCUPAM POSIÇÕES DE LIDERANÇA.

Ninguém pode fingir no nível 3. Ou você está produzindo para a empresa e contribuindo para o resultado final (seja ele qual for) ou não está. Thomas Watson, fundador da IBM, observou: "Os líderes destacados de cada geração são aqueles que definem suas próprias cotas e constantemente as superam". Esta é boa descrição de líderes de nível 3. São motivados e produtivos. Por conseguinte, geram impulso e desenvolvem um ambiente de sucesso, o que faz a equipe trabalhar melhor e mais forte.

Outro benefício da liderança de nível 3 é que atrai outras pessoas altamente produtivas. Os produtores são atrativos para outros produtores. Respeitam-se mutuamente. Gostam de colaborar. Fazem as coisas acontecerem. No fim, isso gera crescimento para a empresa.

Os líderes chegam ao nível 1 por um número quase infinito de razões: Mostram que são promissores. Têm ligações com certas pessoas. Sabem se servir da política. Têm tempo de casa. A empresa está desesperada. Seja o que for, alguém recebeu uma posição de liderança por algum motivo. Líderes que são naturalmente bons com as pessoas, ou que se esforçam para aprender habilidades pessoais, podem subir para o nível 2. Mas alguns nunca passam da permissão do nível 2 para a produção do nível 3. Por quê? Porque não produzem resultados. Neste caso, é porque lhes falta autodisciplina, ética de trabalho, organização ou habilidades para serem produtivos. No entanto, se você deseja ir para os níveis mais altos da liderança, você tem de produzir. Não há como contorná-lo.

As Vantagens da Produção

Agora Você Tem a Credibilidade para Liderar

Com a adição da produção, a liderança de pessoas começa a deslanchar. Construída sobre o fundamento das relações fortes, líderes que obtêm resultados dramaticamente melhoram a equipe e a empresa. Há muitas vantagens no nível 3. Apresento seis.

1. A Liderança Produtiva Dá Credibilidade ao Líder

A capacidade de produzir resultados sempre foi a linha de separação para o sucesso. É também a linha de qualificação para a liderança. Peter Drucker, muitas vezes descrito como o pai da administração moderna, expressou-se desta forma: "Existem dois tipos de pessoas na comunidade de negócios: quem produz resultados e quem dá explicações por não produzir".

Líderes autênticos conhecem e mostram o caminho da produtividade. Suas palavras de liderança são apoiadas pelas ações. Mostram resultados. Vivem no seu desempenho, não no seu potencial. Lideram pelo exemplo. E a capacidade de obter resultados tende a silenciar os críticos e construir a reputação.

> "Existem dois tipos de pessoas na comunidade de negócios: quem produz resultados e quem dá explicações por não produzir."
>
> — *Peter Drucker*

Colin Powell afirmou: "Você pode emitir todos os memorandos e fazer todos os discursos motivacionais que quiser, mas se as demais pessoas de sua empresa não verem você esforçando-se ao máximo todos os dias, elas também não se esforçarão". Líderes de nível 3 *levam* os liderados para onde querem que vão; não os *enviam* para lá. São mais como guias turísticos do que agentes de viagens. Por quê? Porque as pessoas sempre acreditam no que fazemos mais no que dizemos. Portanto, podemos resumir a credibilidade do líder de nível 3 em uma palavra: *exemplo*.

> **Podemos resumir a credibilidade do líder de nível 3 em uma palavra: *exemplo*.**

Recentemente, encontrei por acaso a história de um grande general chamado Epaminondas. Líder de Tebas, era brilhante estrategista militar que venceu os espartanos, que se gabavam exageradamente. Suas vitórias trouxeram-lhe grande aclamação, mas também produziram inimigos dentro de sua própria cidade.

Os adversários de Epaminondas não conseguiam encontrar uma maneira fácil de matá-lo ou desacreditá-lo. Então, procuraram humilhá-lo. Colocaram-no responsável pela coleta de lixo da cidade, uma tarefa ingrata em uma cidade suja.

Mesmo sabendo que a nomeação para o cargo fora feita por maldade e concebida para humilhá-lo, aceitou com dignidade, dizendo: "Se a posição não refletir glória em mim, eu refletirei glória no trabalho".[1]

Suspeito que a história seja apócrifa, mas mesmo assim comprova o ponto. Se trabalharmos com excelência e ajudarmos os outros a serem produtivos, ganharemos grande credibilidade para liderar.

Descobri essa verdade em minha carreira. Quando me formei na faculdade com o diploma de bacharel, duas igrejas me ofereceram o trabalho de pastor. Uma foi em Maysville, Kentucky. Oferecia excelente salário e ótimos benefícios e situava-se em um lugar excepcional para começar minha carreira ministerial.

A outra foi em Hillham, Indiana. Era uma igreja muito pequena no meio do nada, que não podia me pagar um salário de tempo integral.

Escolhi Hillham a Maysville. Por quê? Porque queria provar para mim mesmo e para os outros que eu poderia liderar as pessoas e construir uma congregação. Meu pai me aconselhou que Hillham seria um lugar melhor para eu aprender. Foi uma de minhas melhores decisões como líder.

Durante os três anos que pastoreei a igreja, ela cresceu e prosperou de muitas maneiras. Muitas pessoas passaram a frequentar a igreja pela primeira vez, os crentes estavam crescendo espiritualmente e fomos reconhecidos como a igreja de mais rápido crescimento da denominação. Tivemos até de comprar um terreno e construir um novo templo.

Foi em Hillham que aprendi a subir da posição no nível 1 para a permissão no nível 2 e para a produção no nível 3. Foi ali que estabeleci minha credibilidade de liderança entre os meus colegas e as portas para maiores oportunidades rapidamente se abriram para mim. Essas são algumas das razões por que digo que cada novo líder deve ter um lugar como Hillham para aprender a liderar.

O poeta Walt Mason escreveu um poema chamado "O Homem Boas-Vindas", que descreve a credibilidade que líderes de nível 3 têm. Este é um trecho [tradução livre]:

Há um homem no mundo que nunca é rejeitado,
onde quer que tem a chance de perambular;
Recebe a saudação feliz da cidade populosa,
ou de onde os agricultores fazem feno;
É saudado com prazer nos desertos de areia,
e com intensidade nas ilhas das florestas;
Onde quer que vá existe a mão que saúda —
ele é O Homem que Faz as Entregas[2].

As pessoas dão as boas-vindas aos realizadores que entregam mercadorias, ou seja, que obtêm resultados.

2. A Liderança Produtiva Modela e Define visualmente o Padrão para os outros

Produtores e realizadores sempre causam impacto nas pessoas com quem trabalham e para quem trabalham. Para ilustrar o ponto, quero compartilhar minha história favorita de todos os tempos chamada "Vendê, não Iscrevê":

> Um caixeiro viajante recém-contratado escreveu seu primeiro relatório de vendas para a matriz. O documento deixou muito atordoado o grupo administrativo do departamento de vendas, porque era óbvio que o vendedor não sabia escrever direito! Veja o que ele escreveu:
>
> > "Vi este trozo que eles nunca tinha compradu nem um centavo de nós nadica de nada e vendi pra eles algumas coisa. Agora vô pra Chicawgo."
>
> Antes que o vendedor pudesse ser despedido pelo gerente de vendas, receberam essa carta de Chicago:
>
> > "Gostei do que ouvi e vendi pra eles quazi quinhentos mil."
>
> Temeroso de que tivesse feito e com medo de não poder ter despedido o vendedor iletrado, o gerente de vendas deixou o problema com o presidente da empresa.
>
> Na manhã seguinte, os membros do departamento de vendas ficaram admirados ao verem afixado no quadro de avisos, acima das duas cartas escritas pelo vendedor ignorante, este memorando do presidente:
>
> > "Tamu gastando muito tempo pra iscrevê em vez de vendê. Vamu a luta. Queru que todu mundu leia estas carta de alguem que está na estrada fazendo um exzelente trabaio pra nóis. Vá e faça como ele."3

Tudo bem, admito que é uma história aparentemente brega, mas gosto dela porque mostra como a produtividade em qualquer empresa fala muito mais alto. Esse vendedor pode não ser um escritor de nível 3, mas certamente é um produtor de nível 3. E como resultado, o presidente da empresa até usou o seu exemplo como padrão a seguir.

É assim que as coisas funcionam na liderança. A produtividade coloca a pessoa em evidência na frente de todos. E quando o produtor já fez o trabalho mais lento de construir as relações no nível 2, sua liderança decola!

Tive de aprender isso da maneira mais difícil. Quando me formei, alguém poderia ter escrito um livro sobre todas as coisas que eu *não* sabia. Eu era um garoto que não fazia ideia de como era pouco o que eu sabia. Mas eu gostava de pessoas e trabalhava com afinco. E produzia. Por conseguinte, novos mundos se abriram para mim muito rapidamente. Fiquei surpreso e satisfeito quando as pessoas começaram a convidar-me para falar em conferências e contar a minha história. Por conta disso, minha influência começou a crescer, e logo os líderes estavam visitando nossa igreja e fazendo mais perguntas. Muitas vezes esses líderes eram mais velhos e mais experientes do que eu. Achei isso muito humilhante. Mas também me inspirou a querer ajudar mais pessoas. Foi quando passei a desenvolver recursos. Queria continuar ajudando pessoas muito tempo depois que terminasse meu contato pessoal com elas. Isso me levou a escrever livros e vê-los publicados.

Não conto isso para me gabar. O que quero comunicar é que *qualquer pessoa* que produza tem a chance de influenciar as pessoas de um nível superior. Esse é o poder da produção no nível 3. Se puder desenvolver sólidas relações com as pessoas e puder produzir, então você será um líder eficaz.

Líderes produtivos são um exemplo para as pessoas a quem lideram e sua produtividade define o padrão para a equipe. O presidente Abraham Lincoln reconheceu esta verdade. Durante a Guerra Civil Americana, o presidente exonerou o general John C. Fremont de seu comando. Disse que era por este motivo: "O seu erro cardinal é que ele se isola e não permite que ninguém o veja". Lincoln sabia que os líderes precisam estar entre as pessoas, inspirando-as com sua capacidade, deixando-as ver que padrão deve ser estabelecido para o desempenho no trabalho. Quando os líderes produzem, produzem os seus liderados. Líderes produtivos crescem com os resultados, resultados deles e da equipe. Mostram o caminho e os outros os seguem.

3. A Liderança Produtiva Traz Clareza e Realidade para a Visão

Bons líderes constantemente comunicam a visão da empresa. Fazem de forma clara, criativa e contínua. Mas não significa que todos os que recebem a mensagem a compreendem e a adotam. O nível produtivo da liderança comunica a visão através da ação, o que ajuda as pessoas a compreendê-la de maneira que não teriam podido antes. Quando os seguidores veem os resultados positivos e as metas sendo atingidas, obtêm uma imagem mais clara do que significa cumprir a visão.

Um dia, durante a Guerra Revolucionária Americana, George Washington reuniu um grupo de soldados para colocar uma viga em um lugar bastante alto. O cabo que supervisionava o trabalho ficava gritando palavras de incentivo, mas não conseguiram. Depois de observar a falta de sucesso, Washington perguntou ao cabo por que ele não participou e ajudou.

O cabo imediatamente respondeu:

— Senhor, não percebe que sou o cabo?

Washington respondeu muito educadamente:

— Perdão, senhor cabo, percebi.

Washington desmontou do cavalo e passou a trabalhar com os soldados, até que a viga foi colocada no lugar. Limpando o suor do rosto, disse:

— Quando precisar de ajuda, chame Washington, seu comandante do estado maior, e ele virá.

Líderes de nível 3 ajudam os liderados a ver o que é produtividade. E com cada dia de produtividade, a equipe fica um passo mais perto de tornar a visão em realidade. Isso motiva os membros da equipe. Valida seus esforços. Torna a visão muito mais clara. E a clareza é convincente. A produtividade também amplia a visão, porque com o aumento da confiança e da habilidade, as pessoas que fazem o trabalho reconhecem que podem realizar mais do que podem ter acreditado ser possível.

4. A Liderança Produtiva Resolve uma Infinidade de Problemas

Muitas pessoas em posição de liderança resolvem os problemas usando sistemas. Ou pagam outros para resolver os problemas para eles. Mas a verdade é que os líderes não podem delegar a solução de problemas para os outros. Têm de ser ativos em vencer os obstáculos, apagar os incêndios, corrigir os erros e orientar as pessoas. É o que fazem os líderes do nível da produção. E assim que a eficácia se torna contagiosa e se espalha por toda a equipe, a produtividade começa a resolver muitos problemas — muitos mais do que a administração ou os consultores conseguiriam.

O historiador e ensaísta Thomas Carlyle observou: "Nada gera autoestima e autoconfiança como a realização". A produtividade é inspiradora. As pessoas que se sentem bem consigo mesmas produzem bons resultados. E bons resultados criam impulso positivo e moral elevado.

Por anos me perguntei o que vem primeiro: o moral elevado ou a alta produtividade. Tenho ouvido bons argumentos a favor de ambos os lados desta questão da galinha e do ovo. Já vi o moral elevado estimular a produção. Também já vi a produtividade gerar moral elevado. Não posso dizer que sempre acontece da mesma maneira, mas aqui está o que sei: retire a produção e em muito pouco tempo desaparecerá o moral elevado. Continue produzindo, e o moral elevado permanecerá por muito tempo.

> "Nada gera autoestima e autoconfiança como a realização."
> — *Thomas Carlyle*

Líderes que produzem resultados positivos a nível 3, sempre causam um impacto positivo na equipe. Líderes que não produzem sempre prejudicam a equipe. Na guerra de 1812, o general americano William Winder levou suas tropas à derrota contra os britânicos, apesar da superioridade de poderio militar de quatro para um. Ao ser derrotado, foi feito prisioneiro. No entanto, percebendo que a incompetência de Winder fazia dele um adversário ideal, os britânicos o devolveram para o exército americano. Por consequência, quando mais tarde os britânicos atacaram a capital americana, puderam vencer as tropas defensivas lideradas por Winder e queimar quase tudo. Se Winder tivesse podido avançar para o nível 3 na liderança antes de assumir o comando como general, talvez seus homens tivessem detido os ataques do exército britânico na batalha. Na condição em que estava, conseguiu apenas ferir a causa americana.

Empresas produtivas lideradas por líderes de nível 3 são difíceis de serem vencidas. Sua eficácia é alta, e assim o moral. O ex-general George C. Marshall disse: “Moral é o estado de espírito. É firmeza, coragem e esperança. É confiança, zelo e lealdade. [...] É a capacidade de resistência, o espírito que persevera até o fim, a vontade de vencer. Com o moral todas as coisas são possíveis, sem ele tudo o mais é... um fracasso total”.

5. A Liderança Produtiva Gera Impulso

Quando empresas bem lideradas sustentam o moral elevado e a alta produtividade ao longo do tempo, ganham impulso, que é o melhor amigo do líder. O impulso é uma dinâmica que ajuda o líder a fazer tudo mais facilmente. É por isso que o chamo de grande exagerador. Sem impulso, tudo fica mais difícil do que deveria. Com ele, tudo fica mais fácil.

Minha esposa e eu moramos no litoral da Flórida à margem de um rio que corre para o oceano, distante um quilômetro e meio de nossa casa. Todos os dias testemunhamos o fluxo e refluxo da maré. Às vezes aproveito para nadar no rio, e fiz uma descoberta. Quando estou nadando a favor da maré, meu progresso tem pouco a ver com a velocidade e força das minhas braçadas. É determinado pelo movimento da maré. Nadando a favor da maré, meu progresso é maior. Se nado contra ela, progrido muito lentamente, pouco importando o empenho dos meus esforços. Quando a maré está alta, todos os barcos sobem. Quando está baixa, todos os barcos descem. É difícil lutar contra a maré.

O mesmo podemos dizer sobre o impulso da liderança. Tenha-o a seu favor, e o desempenho será melhor do que sua capacidade. Por exemplo, pense no que aconteceu com a Apple quando a empresa lançou o *iPhone*. Gerou uma onda de impulso excepcionalmente grande e aumentou tremendamente sua participação no mercado não só de *smartphones*, mas também de computadores. Depois de anos sendo marginalizada como empresa setorializada com um público relativamente pequeno, mas muito fiel, hoje é predominante e continua forte. É por isso que muitas vezes aconselho os líderes a passar menos tempo corrigindo problemas e mais gerando impulso.

> DEFINO O MORAL COMO "FÉ NO LÍDER".

O nível 3 é um ambiente de produção de impulso. Líderes de nível de produção entendem o impulso e o usam em proveito da empresa. E também entendem que nem todos da empresa ajudam a gerar impulso. Aqui está o que quero dizer. Quando se trata de impulso, existem três tipos de pessoas. São eles.

Tomadores de impulso

As pessoas, em sua grande maioria, não começam nada, nem terminam nada. Apenas acompanham a flutuação das coisas. Se o impulso está se movendo, movem-se com ele. Se parou, param. A produtividade e eficácia baseiam-se quase inteiramente no que os outros fazem para fazer as coisas acontecerem na empresa. Por esse motivo, precisam de bons líderes que produzam e criem um ambiente produtivo. Esta é uma das razões pelas quais defino o moral como "fé no líder".

Quebradores de impulso

As pessoas deste tipo agridem o moral e acabam com o impulso da empresa. Não só não produzem, mas evitam que outros produzam. Causam problemas e, intencionalmente ou não, prejudicam a empresa.

Fazedores de impulso

Os fazedores de impulso são os líderes de nível 3. Produzem. Fazem as coisas acontecerem. Geram impulso. Seu comportamento é consistente com o conselho dado por Paul "Bear" Bryant, o lendário técnico de futebol americano do Alabama, que disse: "Não se preocupe em fazer amigos; não se preocupe em fazer inimigos. Preocupe-se em ganhar, porque se você ganhar, os seus inimigos não poderão ferir você, e se perder, os seus amigos não poderão apoiar você".

> "Não se preocupe em fazer amigos; não se preocupe em fazer inimigos. Preocupe-se em ganhar, porque se você ganhar, os seus inimigos não poderão ferir você, e se perder, os seus amigos não poderão apoiar você."
>
> — *Paul "Bear" Bryant*

Se você construir sólidas relações permissionais em cima de uma base de direitos posicionais e adicionar os resultados da produtividade, você ganhará impulso. E quando fizer assim, você verá que seu trabalho é realizado mais rapidamente. Este é um benefício do nível 3.

6. A Liderança Produtiva É a Base para a Construção de Equipe

Quem quer sair do time que venceu o campeonato? Ninguém! Quem quer sair do time que terminou na última posição do campeonato? Todo mundo! As pessoas amam estar em uma equipe vencedora.

Vencedores atraem pessoas, algumas boas, algumas más, algumas mais ou menos. A chave para construir uma equipe vencedora é identificar, selecionar e manter as melhores pessoas das que você atrai. A boa notícia é que se você atingiu o nível 3, então você sabe o que é produtividade, porque você vive nela. A má notícia é que ter pessoas talentosas na equipe não garante automaticamente o sucesso. Você ainda pode perder com bons integrantes, mas não pode vencer sem eles. A diferença vem de formá-los em uma equipe, sobre o que falarei mais adiante neste capítulo. Mas lembre-se: se você não é um comprovado produtor, você não atrairá e manterá outros comprovados produtores. É por isso que você precisa ganhar o nível 3.

As Desvantagens da Produção

O Peso da Liderança Acaba de Ficar mais Pesado

Como tudo na vida, o nível produtivo da liderança tem desvantagens, bem como vantagens. Com a liderança de nível 3, a realização na empresa torna-se mais fácil. No entanto, a liderança em si não fica fácil. Apresento quatro principais desvantagens que descobri no nível 3.

1. Ser Produtivo Pode Fazer Você Pensar que É o Líder, quando não É

Todos os grandes líderes são produtivos. Entretanto, é possível ser o produtor e não o líder. O sucesso da pessoa nem sempre se traduz em sucesso da equipe. A liderança é definida pelo que a pessoa faz com e para os outros. É estabelecida, fazendo a equipe melhorar e ser mais produtiva. É medida pelo que o grupo todo realiza e não pelos esforços individuais da pessoa responsável. A boa liderança nunca se baseia no que alguém faz sozinho e para si mesmo.

Conheço muitos produtores que não têm o desejo ou a capacidade de liderar pessoas. Alguns não têm as habilidades pessoais. Outros não têm o desejo de serem responsáveis pelas pessoas ou gastarem tempo para ajudá-las a serem produtivas. Por exemplo, Ted Williams foi um dos maiores rebatedores no beisebol. Foi o último jogador a ter uma média de rebatidas acima de .400 durante uma temporada. Entretanto, não teve sucesso em ser técnico de rebatidas. Quando os jogadores não rebatiam bem, ele dizia: "Mantenham os olhos na bola". Esse conselho era dado por um homem com coordenação extraordinária, que foi bem-sucedido, porque conseguia olhar para a bola e dizer que tipo de arremesso era pela velocidade com que a linha costurada se movia. Em sua mente, tudo era simples. Tudo o que ele fazia era manter os olhos na bola. Seus jogadores, que eram menos talentosos, precisavam de mais instruções. Ted Williams foi um grande jogador, mas nunca teve sucesso como líder no beisebol.

As empresas em todo o mundo cometem o erro de colocar altos produtores em posições de liderança apenas para vê-los não liderarem bem. Foi o que fiz. Vi alguém fazer as coisas acontecerem e pensei: *Uau, essa pessoa será um líder fantástico*, e vi essa pessoa continuar fazendo as coisas acontecerem para si mesma, mas ignorando e desmoralizando a equipe. Isso não é liderança.

Por que este erro é cometido tantas vezes? Porque um pré-requisito para ser líder eficaz é a capacidade de ser ele mesmo eficaz. Esta é uma das marcas de qualificação do líder, mas não é a única qualificação. Bons líderes têm de se estabelecer em sua posição no nível 1, obter permissão dos liderados no nível 2, ser produtivo no nível 3 *e* possuir o desejo de levar a equipe toda para um nível superior.

2. Líderes Produtivos Sentem o Elevado Peso da Responsabilidade por Resultados

Certa vez vi uma tira cômica mostrando uma reunião de vendas em que o presidente da empresa dizia: "Administramos nosso negócio como um programa de TV — produza e você volta, não produza e temos alguns lindos presentes de despedida para você". É engraçado, mas é também a realidade para os líderes. Se a equipe esportiva não ganha, o técnico é demitido. Se a empresa não dá lucros, o CEO é despedido. Se o político não faz um bom trabalho para os eleitores, não é reeleito. Em qualquer empresa, a responsabilidade pelos resultados repousa sobre os líderes. O que o britânico Bernard Law Montgomery, marechal de campo que atuou na Segunda Guerra Mundial, disse era verdade: "Nenhum líder, por maior que seja, pode continuar por muito tempo a menos que obtenha vitórias".

A produtividade é mensurável. O crescimento organizacional é tangível. A rentabilidade é quantificável. Líderes que não os aumentam são responsabilizados. Líderes que os fazem aumentar são recompensados, e, em seguida, receberem o pedido de conseguirem ainda mais na próxima vez. Alto desempenho requer elevado compromisso.

Sinceramente, muitos líderes que chegam ao nível 3 se cansam de liderar por causa do peso da responsabilidade que sentem. Muitos líderes experimentam dias em que desejam que ninguém observe seu desempenho, peça-lhes orientação ou queiram que façam algo acontecer. Como sempre, os líderes eficazes entendem que o custo da liderança é carregar sobre os ombros a responsabilidade do sucesso da equipe. É um peso que todo líder sente começando no nível 3. Você terá de decidir se você está disposto a carregar.

> "Nenhum líder, por maior que seja, pode continuar por muito tempo a menos que obtenha vitórias."
>
> — *Bernard Law Montgomery*

3. A Liderança Produtiva Requer a Tomada de Decisões Difíceis

Uma grande empresa fez de um andarilho o vice-presidente sênior. Quando perguntaram por que fizeram uma coisa dessas, os diretores responderam: "Sua capacidade de conviver com as pessoas, sua resposta imediata a um tapinha nas costas, o seu interesse em observar os outros trabalhando e seu grande talento de parecer sábio enquanto está calado fizeram dele o candidato natural para a posição". Quem dera que a liderança fosse assim tão fácil!

Sempre que você ver uma empresa próspera, pode ter certeza de que os líderes tomaram algumas decisões muito difíceis e continuam tomando-as. O sucesso é uma jornada árdua. As pessoas não avançam facilmente para chegar à liderança eficaz. Como diz T. Boone Pickens, bilionário da indústria de petróleo e advogado ambiental: "Esteja disposto a tomar decisões. Esta é a qualidade mais importante de um bom líder".

> **Hoje, quando olho para trás, lamento as decisões que deveria ter tomado mais do que as decisões erradas que tomei.**

Se deseja liderar em um nível superior, esteja preparado para tomar decisões difíceis. No nível 2, os líderes têm de começar a tomar decisões difíceis. No nível 3, os líderes continuam tomando decisões difíceis, mas também acrescentam as decisões difíceis da produção. A liderança torna-se ainda mais difícil. Já contei sobre como me foi difícil tomar decisões no início da minha carreira. Talvez você ache útil em saber que hoje, quando olho para trás, lamento as decisões que deveria ter tomado mais do que as decisões erradas que tomei. Não caia na mesma armadilha que eu, adiando decisões, quando já deveria tê-las tomado.

Que tipo de decisões difíceis os líderes terão de tomar no nível 3? A maioria serão decisões que você tem de tomar relacionadas a si mesmo! Descobri que cerca de 25% das decisões que tomei no nível 3 diziam respeito à equipe. As demais são pessoais, que exigem mudança, honestidade e autodisciplina. Como disse o escritor americano Mark Twain: "Fazer as coisas certas é maravilhoso. Ensinar os outros a fazer as coisas certas é ainda mais maravilhoso e muito mais fácil". É verdade.

Como líder de nível 3 você tem de tomar a decisão difícil de...

- Ser bem-sucedido *antes* de ajudar os liderados a serem bem-sucedidos.
- Manter-se em padrão mais elevado do que você pede que os liderados mantenham.
- Sentir-se responsável pelos outros.
- Definir objetivos concretos e, depois, atingi-los.
- Aceitar a responsabilidade pelos resultados pessoais.
- Admitir fracassos e erros com prontidão e humildade.

- Pedir aos liderados apenas o que você já pediu a si mesmo.
- Medir o sucesso pelos resultados, não pelas intenções.
- Retirar-se de situações em que você é ineficaz.

Tenho observado que quando os líderes são confrontados com essas decisões difíceis no nível 3, muitos não conseguem tomá-las. O que podem não entender, até que seja tarde demais, é que não tomá-las acabará desqualificando-os de liderarem a si mesmos e aos outros. O potencial da liderança atrofia-se, e não conseguem permanecer no nível 3.

Ainda me lembro enfrentando cada uma destas decisões no nível 3. Custou-me muito tempo para tomar algumas. Com certeza não foi fácil. Às vezes, ainda não é. Mas cada decisão gerou um grande avanço pessoal em minha jornada de liderança.

> "Fazer as coisas certas é maravilhoso. Ensinar os outros a fazer as coisas certas é ainda mais maravilhoso e muito mais fácil."
>
> — *Mark Twain*

Exorto você a vencer nesta área das suas atividades de liderança. Persevere, mesmo em momentos em que você se sinta da maneira que Moisés deve ter se sentido, quando o mar Vermelho se abriu e o povo esperava por ele para levá-los à frente, dizendo para si mesmo: *Por que sempre tenho de ir por primeiro?* Ir por primeiro pode nem sempre ser fácil ou divertido, mas sempre é um requisito dos líderes. Prepara o terreno para as pessoas que seguem e aumenta as chances de sucesso para completar a jornada.

4. A Liderança Produtiva Exige Atenção Contínua ao Nível 2

Tornar-se responsável pela produtividade da equipe, não significa que os líderes podem parar de se importar pelas pessoas que lideram. Lembre-se: só porque você sobe para outro nível de liderança não significa que você deixa o anterior para trás.

É real a tentação de os líderes no nível de produção deixarem as relações de lado para alcançarem um bom resultado final. No entanto, se os líderes fazem assim por longo período de tempo, queimam as relações com seus liderados e acabam voltando para o nível 1. Não caia nessa armadilha. Continue desenvolvendo as relações e cuidando delas enquanto produz resultados.

Os Melhores Comportamentos para o Nível 3

Como Tirar o Máximo Proveito da Produção na Liderança

Subir o nível 3 firmado nas sólidas relações do nível 2 não é pouca coisa para qualquer pessoa. Muitas pessoas não conseguem. Se tiver a oportunidade, veja o que você precisa fazer para tirar o máximo proveito disso.

1. Entenda como o seu Talento Pessoal Contribui para a Visão

Uma das chaves para o nível produtivo da liderança é entender como seus talentos e habilidades podem ser utilizados de forma produtiva para promover a visão da empresa. Parte disso é pessoal. Nos capítulos anteriores, abordei a importância de você conhecer a si mesmo e decidir sobre seu estilo de liderança pessoal. Isso é um pouco diferente. Se você é líder, você tem de ter um senso da visão para sua liderança. E tem de estar alinhado, pelo menos durante o período atual, com a visão da empresa que você serve.

Custou-me muito tempo para desenvolver um senso de onde estão os meus pontos fortes e como posso servir a empresa que lidero. Para descobrir, exigiu-me esforço e o processo foi complicado. Mas consegui entender que tinha habilidades e talentos especiais. (Você também tem.) Há uma forte relação entre talento e eficácia como líder no nível de produção. Para atingir meu potencial como líder, tive de saber qual era minha contribuição pessoal para a empresa. O mesmo diz respeito a você.

Como exemplo, apresento as quatro áreas em que pessoalmente mais contribuo para a produtividade da empresa ou equipe:

- Influenciar as pessoas (liderança).
- Conectar-me com as pessoas (relação).
- Comunicar-me com as pessoas (discurso).
- Criar recursos para ajudar as pessoas (escrita).

Estes compreendem minha zona de força. São, para mim, a chave para a produção e onde atinjo os melhores resultados.

Saber disso não me exime da tarefa difícil sempre que crescimento e aprendizagem estejam em vista. Estou tão empenhado em aprender e crescer hoje como estava no início da década de 1970, quando comecei meu primeiro plano de crescimento pessoal. A diferença é que agora me concentro quase exclusivamente no crescimento nessas quatro áreas. Depois de descobrir o que fui feito para realizar, comecei a concentrar meus esforços.

Quanto mais focado você estiver nos seus talentos, mais alta será a taxa de crescimento e mais você aumentará o seu potencial global para ser um líder produtivo. Se deseja maximizar a sua capacidade no nível 3, você precisa seguir o conselho de Walt Disney, que disse: "Faça tão bem o que você faz para que os que veem você fazer voltem para vê-lo fazer de novo e dizer aos outros que eles devem ver você fazer o que faz".

Se você quer que sua equipe ou departamento seja bom no que faz, você precisa ser bom no que faz. A produtividade tem de começar com o líder. Concentre-se neste ponto primeiro, e você ganhará oportunidades para ajudar os outros a melhorar e alcançar o potencial que tiverem.

2. Lance a Visão pelo que Precisa Ser Realizado

Lançar a visão é parte integrante da liderança. Comunicação confusa leva a direção dúbia, o que produz execução malfeita. Líderes produtivos criam uma ligação clara entre a visão da empresa e a produção diária da equipe. Mostram como o curto prazo impacta o longo prazo. São claros na comunicação e continuamente apontam o caminho para a equipe.

A visão cativante é clara, bem definida, expansiva e desafiadora. Está alinhada com os valores compartilhados da equipe. Está focada primariamente no fim, não nos meios. Combina com o talento da equipe. E quando é comunicada e entendida, enche o ambiente de energia!

Como os líderes dão à equipe o maior êxito possível para o cumprimento da visão? Ajudando os membros da equipe a fazer três coisas.

Líderes de nível 3 ajudam os liderados a definir o sucesso da visão

Em todas as empresas que liderei, achei necessário definir ou redefinir o que significava sucesso para as pessoas que trabalhavam lá. Por exemplo, quando era dono da Injoy Stewardship Services, significava trabalhar para ajudar as igrejas a arrecadar dinheiro para promover a visão que tinham. Quando fundei a EQUIP, significava trabalhar para ocasionar o desenvolvimento da liderança a longo prazo para todos os países do mundo e dar aos líderes locais recursos em seus próprios idiomas. Quando criei a John Maxwell Company, significava desenvolver recursos e ensinar habilidades de treinamento para as pessoas que quisessem agregar valor aos outros. Como é possível que uma empresa seja bem-sucedida se as pessoas que nela trabalham não sabem qual é o alvo?

Líderes de nível 3 ajudam os liderados a comprometer-se com o sucesso da visão

O compromisso da equipe começa com o compromisso do líder. As equipes não ganham a menos que seus líderes estejam determinados a fazer tudo o que puderem para ter sucesso, e dedicar sua produtividade para impulsionar a empresa em direção à visão.

> O COMPROMISSO DA EQUIPE COMEÇA COM O COMPROMISSO DO LÍDER.

Assim que se comprometem em usar tempo, talentos e recursos para atingir a visão, ganham credibilidade e seus liderados ganham a confiança para seguir o exemplo. Só então o terreno foi estabelecido para a construção da equipe.

Líderes de nível 3 ajudam os liderados a experimentar o sucesso

Poucas coisas inspiram as pessoas como a vitória. O trabalho do líder é ajudar a equipe a ter sucesso. Quando os indivíduos da equipe começam a ter pequenos sucessos, ficam motivados a continuar e alcançar maiores sucessos. Se deseja que seus liderados sejam inspirados para vencer, então premie e comemore as pequenas vitórias diárias que atingirem. E, sempre que possível, faça disso parte de suas comemorações de vitória pessoal, dando-lhes tanto crédito quanto possível. Isso não só motiva as pessoas, mas também as ajuda a desfrutar a jornada.

3. Desenvolva os seus Liderados em uma Equipe

Quando você chega ao nível 2 com os liderados de sua empresa, eles começam a gostar de *estar* juntos. Mas quando você chega ao nível 3, eles começam a *trabalhar* juntos. A produção possibilita a construção de equipes. Isso só pode ser realizado por um líder que esteja disposto a avançar e liderar o caminho para os liderados.

No livro *Liderança Baseada em Princípios*, Stephen M. R. Covey conta que Colombo foi convidado para um banquete, onde lhe foi designado o lugar mais honroso à mesa. Um cortesão impertinente, que estava terrivelmente com ciúmes dele, perguntou de chofre:

— Não tivesse você descoberto a América, não haveria outros homens na Espanha que teriam podido realizar o mesmo feito?

Colombo não respondeu, mas apanhou um ovo e convidou os companheiros de mesa a colocá-lo de pé sobre uma das pontas. Todos tentaram, mas sem sucesso. Imediatamente pegou o ovo, bateu-o de leve sobre a superfície da mesa até amassar uma das pontas e, sobre este pequeno achatamento, manteve-o na posição vertical.

— Todos nós poderíamos ter feito dessa forma! — objetou o cortesão.

— Claro que sim, se vocês tivessem sabido disso — retorquiu Colombo. — E depois que lhes mostrei o caminho para o novo mundo, nada ficou mais fácil do que segui-lo.

Construir a equipe é um dos meus aspectos preferidos de liderar pessoas. Por quê? Porque uma boa equipe é sempre maior do que a soma de suas partes e pode realizar mais do que os indivíduos trabalhando sozinhos. Trabalhar em equipe também é muito divertido! Gosto do trabalho em equipe e de construir equipe, tanto que escrevi alguns livros sobre o tema, inclusive *As 17 Incontestáveis Leis do Trabalho em Equipe*. Há muito a dizer sobre o trabalho em equipe, mais do que tenho espaço para dizer. Mas quero lhe dar algumas coisas importantes para pensar relacionadas à construção de equipe, enquanto você se esforça para tornar-se bom em liderar no nível 3 (e, para sua referência, alistei as leis do trabalho em equipe que se aplicam a cada uma).

Os membros da equipe devem se complementar — Os líderes da equipe devem fazer isso acontecer

O escritor Stephen Covey afirmou: "O trabalho do líder é construir uma equipe complementar, na qual todo ponto forte se torna eficaz e todo ponto fraco se torna irrelevante". Este é o ideal que todo líder deve ambicionar: pessoas trabalhando em conjunto, cada uma trazendo seus pontos fortes para tornar a equipe melhor e compensando os pontos fracos umas das outras. Como isso acontece? Primeiro, você precisa saber quais são os pontos fortes e os pontos fracos de cada indivíduo.

> "O TRABALHO DO LÍDER É CONSTRUIR UMA EQUIPE COMPLEMENTAR, NA QUAL TODO PONTO FORTE SE TORNA EFICAZ E TODO PONTO FRACO SE TORNA IRRELEVANTE."
>
> — *Stephen Covey*

John Wooden, o grande técnico de basquete da Universidade da Califórnia em Los Angeles (UCLA), disse-me: "Quase todos os meus jogadores universitários atingem um percentual maior de cestas convertidas nesta universidade do que conseguiam na escola". Joguei basquete. Portanto, sabia que era incomum o jogador mover-se a essa direção quando passa para um nível superior.

— Como conseguiu isso? — perguntei.

— Nos primeiros dias de treino — explicou —, eu ficava observando os jogadores fazendo lances livres com a bola de vários lugares da quadra. Quando determinava o lugar que obtinham a melhor percentagem de cestas convertidas, "o seu lugar", eu os levava até lá e dizia: "Este é o lugar onde quero que você lance a bola. Vou providenciar jogadas para garantir que isso aconteça".

O técnico Wooden assinalava também o lugar no chão onde tinham de passar a bola em vez de lançá-la. Desta forma, tirava o máximo proveito de um ponto forte (fazendo-os lançar a bola) e tornava um ponto fraco potencial em um ponto forte (fazendo-os passar a bola para alguém que estivesse no seu lugar de força). Essa prática lança luz sobre uma das mais famosas citações de Wooden: "Aquele que faz uma cesta tem dez mãos". Em outras palavras, são necessários todos os jogadores para que um jogador faça a cesta. E é necessário um líder para ajudá-los a descobrir como fazer e liderá-los através do processo.

> "Aquele que faz uma cesta tem dez mãos."
>
> — *John Wooden*

Leis do trabalho em equipe aqui aplicáveis

A Lei do Significado: "Um" é um número muito pequeno para se alcançar a grandeza.

A Lei do Monte Everest: Quanto maior o desafio, maior é a necessidade de se trabalhar em equipe.

A Lei do Catalisador: Equipes vencedoras possuem membros que fazem as coisas acontecerem.

A Lei da Reserva: As grandes equipes têm grande amplitude.

A Lei dos Dividendos: Investir na equipe produz dividendos a longo prazo.

Os membros da equipe devem entender sua missão — Os líderes da equipe devem fazer isso acontecer

Bons líderes nunca presumem que os membros da equipe entendem a missão. Não tomam nada como certo. Não há que duvidar que este era o motivo que o primeiro discurso de Vince Lombardi, o lendário técnico de futebol americano, em cada temporada começasse com a frase: "Esta é uma bola". É a razão pela qual o técnico Wooden ensinava seus jogadores no início de cada temporada a maneira correta de colocar as meias para que não sofressem lesões nos pés. Estavam se certificando de que os seus jogadores sabiam o que precisavam saber para cumprir sua missão.

Quando liderar as pessoas no nível 3, não tome como certo que sabem o que você sabe ou acredita no que acredita. Não suponha que entendem como seus talentos e esforços contribuem para a missão da equipe. Comunique essas coisas muitas vezes.

Leis do trabalho em equipe aqui aplicáveis

A Lei da Perspectiva Global: O objetivo é mais importante que a função.

A Lei do Nicho: Todos os participantes têm um lugar em que contribuem mais.

A Lei da Bússola: A previsão orienta e dá confiança aos membros da equipe.

A Lei do Preço a Pagar: A equipe deixa de alcançar seu potencial quando não paga o preço.

Os membros da equipe devem receber* feedback *sobre seu desempenho — Os líderes da equipe devem fazer isso acontecer

Às vezes, falo sobre um técnico de basquete que tinha certo costume durante o intervalo para ajudar a equipe a preparar-se para o segundo tempo. Em um quadro branco no vestiário, o técnico escrevia três colunas: Fez Certo — Fez Errado — Vai Mudar. Uma amiga minha que dirigia uma empresa ficou sabendo da história e resolveu fazer o mesmo. No meio do ano, convocou uma reunião chamando-a de o intervalo da empresa.

Foi para a reunião preparada, tendo feito uma lista para cada uma das colunas. Mas sendo líder eficaz de nível 3, a primeira coisa que fez foi pedir a todas as pessoas da equipe que compartilhassem suas observações. Acrescentava seus próprios itens à lista somente quando ninguém os mencionasse, o que era raro. A reunião foi um sucesso. Veja o que ela descobriu:

- Ela não estava liderando por suposição. Ela sabia onde sua equipe estava e o que seus integrantes pensavam sobre o trabalho que fizeram durante os primeiros seis meses.
- Ela ganhou nova perspectiva e aprendeu coisas que não sabia. Isto permitiu que ela e a equipe estivessem na mesma página.
- A equipe pôde fazer ajustes de intervalo antes que fosse tarde demais. O mesmo tipo de reunião no final do ano não teria os mesmos benefícios.
- A equipe tomou posse do resto do ano, porque suas ideias tinham vindo do coração. Foram eles que propuseram o que estava escrito no quadro.

O processo foi tão eficaz que se tornou um evento regular todos os anos.

As pessoas sempre querem saber como estão fazendo as coisas. Querem ter sucesso. E se não estão tendo sucesso, na maioria das vezes querem saber que ajustes fazer para melhorar. As pessoas, em sua maioria, desejam mudar se forem convencidas de que a mudança as ajudará a vencer. Líderes produtivos assumem a responsabilidade de andar com os membros da equipe durante esse processo.

Leis do trabalho em equipe aqui aplicáveis

A Lei da Corrente: A força da equipe é determinada por seu elo mais fraco.

A Lei da Laranja Estragada: Atitudes ruins estragam a equipe.

A Lei da Confiança: Os membros da equipe devem ser capazes de contar uns com os outros quando necessário.

A Lei do Placar: A equipe pode fazer ajustes quando sabe onde está.

Os membros da equipe devem trabalhar em um ambiente propício ao crescimento e inspiração — Os líderes da equipe devem fazer isso acontecer

Há alguns anos, quando Margaret e eu estávamos em Veneza, visitamos um antigo palácio no qual havia uma grande sala onde 1.500 líderes reuniam-se periodicamente para tomar decisões importantes. Nosso guia apontou as belas pinturas nas paredes. Cada pintura representava um tempo específico na história da cidade em que os líderes venezianos tinham conseguido uma vitória significativa por causa de uma decisão ousada e a ação subsequente. Ficamos ambos inspirados. Fez-me lembrar como é importante que os líderes criem um ambiente para os liderados que os inspire, desafie e faça crescer.

Quando liderar no nível 3, você precisa tomar como alvo motivar os liderados e ajudá-los a darem o melhor de si. Benjamin Franklin, um dos fundadores da república norte-americana, foi um líder que entendia essas coisas. Em carta escrita a John Paul Jones, Franklin aconselhou o novo funcionário sobre como liderar os outros:

> No futuro, se observar uma oportunidade para dar aos seus funcionários e amigos mais alguns elogios do que o devido, e confessar a culpa mais do que você for justamente acusado, bem logo você se tornará um grande capitão. Criticar e censurar quase todos com quem você lidar, diminuirá os amigos, aumentará os inimigos e, desta forma, prejudicará os seus negócios.

A sabedoria de Franklin é tão válida hoje quanto era então. Ele sabia como criar um ambiente de trabalho propício ao crescimento e inspiração. Líderes eficazes de nível 3 fazem isso muito bem. É uma chave para a produtividade.

Às vezes sou criticado como líder por ser muito positivo e elogiar as pessoas mais do que deveria. Acho que a crítica é justificada. Houve ocasiões em que motivei as pessoas de minha equipe mais do que o seu desempenho me garantia, ocasionando-me problemas e prejuízos posteriores. Acreditar no melhor das pessoas tem em geral um retorno positivo, mas às vezes não. Ter grande fé nas pessoas me é um ponto forte e um ponto fraco. Mas é um ponto fraco com o qual quero viver, porque os benefícios costumeiros são altíssimos. Além disso, prefiro viver como pessoa positiva e ocasionalmente me dar mal do que constantemente ser cético e negativo. Creio que, em grande medida, você recebe o que espera da vida. Não quero esperar o pior para mim ou para qualquer pessoa. As pessoas precisam de um ambiente positivo para serem produtivas e prosperarem.

Os líderes definem o tom mais que qualquer outra pessoa da equipe, departamento ou para a empresa. Sua atitude é contagiante. Se são positivos, motivadores e abertos ao crescimento, assim são os liderados. Se quiser ter sucesso no nível 3, reconheça a influência que você tem e use-a para o melhor proveito de todos.

Leis do trabalho em equipe aqui aplicáveis

A Lei da Identidade: Valores em comum definem a equipe.

A Lei da Comunicação: A interação leva à ação.

A Lei da Vantagem: A diferença entre duas equipes igualmente talentosas é a liderança.

A Lei do Moral Elevado: Quando estamos vencendo, nada nos perturba.

Desenvolver um grupo de pessoas em uma equipe produtiva não é tarefa fácil. Se fosse, todas as equipes profissionais esportivas seriam vencedoras e todas as empresas teriam altos lucros. É um desafio fazer com que todos trabalhem em conjunto para cumprir uma visão comum. Mas indubitavelmente vale a pena o esforço. Ser parte de uma equipe de pessoas que fazem algo de valor elevado é uma das experiências mais gratificantes da vida. Como líder, você tem a chance de ajudar os liderados a ter essa experiência. Não se esquive dessa grande oportunidade.

4. Priorize as Coisas que Dão mais Retorno

Qual é a chave para ser produtivo? Priorização. Para ser um líder eficaz de nível 3, você tem de aprender não só a fazer muitas coisas, mas fazer muitas coisas da maneira certa. Isso significa entender a priorizar tempo, tarefas, recursos e até mesmo pessoas.

Jim Collins, autor de *Empresas Feitas para Vencer: Good To Great*, afirma que a priorização eficaz começa com a eliminação de coisas que você não deveria estar fazendo. Escreve:

> Muitos de nós levamos uma vida movimentada mas indisciplinada. Temos listas em constante expansão de coisas "a fazer", no esforço de gerar impulso fazendo, fazendo, fazendo e fazendo mais. Raramente funciona. Os que constroem empresas boas para crescer usam listas de coisas "a parar de fazer" e listas de coisas "a fazer". Mostram denodada disciplina em descontinuar todos os tipos de coisas não pertinentes[4].

Na verdade, as melhores empresas canalizam os recursos em apenas algumas arenas, aquelas em que podem ser bem-sucedidas.

Permanecer nas áreas de seus pontos fortes, onde os esforços dão mais retorno, e fora das áreas dos seus pontos fracos, é uma das chaves para a produtividade pessoal. E se puder ajudar os membros da equipe a fazerem o mesmo, então você será bem-sucedido na liderança de nível 3. Por anos tenho me servido do princípio de Pareto como diretriz para ajudar-me a decidir em que vale e em que não vale a pena focar. Basicamente, o princípio de Pareto diz que se você fizer os primeiros 20% da lista a fazer, você terá um retorno de 80% sobre seus esforços.

> A PRIORIZAÇÃO EFICAZ COMEÇA COM A ELIMINAÇÃO DE COISAS QUE VOCÊ NÃO DEVERIA ESTAR FAZENDO.

Para me ajudar a entender quais são os primeiros 20%, faço estas três perguntas:

- O que é exigido de mim? (O que tenho de fazer.)
- O que me dá mais retorno? (O que devo fazer.)
- O que é mais gratificante para mim? (O que gosto de fazer.)

Se você está no início da carreira ou é a primeira vez que lidera, sua lista de coisas a fazer é a maior de todas. Seu objetivo ao subir os níveis da liderança é deslocar seu tempo e atenção para as coisas que você deve fazer e as coisas que você gosta de fazer. E se liderar suficientemente bem por muito tempo e construir uma grande equipe, as respostas a todas as três perguntas serão as mesmas. Sinto-me extremamente afortunado por isso ter me acontecido. Existem relativamente poucas coisas que tenho de fazer e não gosto.

Ao liderar a equipe, o alvo é ajudar os membros individualmente a chegar ao ponto em que estejam fazendo as coisas que devem fazer e as coisas que gostam de fazer, porque é quando serão mais eficazes. Como regra, contrate, treine e posicione pessoas de forma que:

80% do tempo trabalhem na zona dos pontos fortes;

15% do tempo trabalhem na zona da aprendizagem;

5% do tempo trabalhem fora da zona dos pontos fortes e

0% do tempo trabalhem na zonas dos pontos fracos.

Para facilitar, você tem de conhecer bem seus liderados, entender os seus pontos fortes e fracos e estar disposto a ter conversas francas com eles. Se já fez o seu trabalho no nível 2, então já está pronto, disposto e capaz de fazer essas coisas.

5. Esteja Disposto e Pronto para Ser um Agente de Mudança

Progresso sempre requer mudança. É fato. Os líderes desejam criar o progresso. É uma das coisas que os movem. No entanto, somente quando os líderes atingem o nível 3 é que estão no lugar em que começam a efetuar mudanças. Por quê? Sua posição é estabelecida como líder no nível 1. Você constrói relações fortes com os membros da equipe no nível 2. E assim que ajudar a equipe a alcançar resultados no nível 3, você tem a credibilidade e o impulso para começar a fazer mudanças. É muito difícil fazer mudanças quando a empresa está parada. Faça-a ir a *qualquer* direção e você descobrirá que é mais fácil fazer mudanças para movê-la na direção *certa*. O impulso fornece a energia para a mudança necessária.

A mudança em uma empresa sempre é questão de liderança. É preciso um líder para criar uma mudança positiva. E a melhor maneira de trabalhar como agente de mudança é a mesma quando você constrói relações. Você precisa encontrar interesses comuns. Todo líder que deseja fazer mudanças é tentado a destacar as diferenças e convencer as pessoas sobre as razões da necessidade da mudança. Mas isso raramente funciona. Em vez disso, concentre-se nas similaridades e fundamente-se nisso. Para começar, procure interesses comuns nas seguintes áreas.

> **O IMPULSO FORNECE A ENERGIA PARA A MUDANÇA NECESSÁRIA.**

- **Visão:** Quando a visão é semelhante, pode apostar que os liderados mantêm-se unidos e têm a mesma opinião. Se a visão deles é semelhante à sua, vocês todos a veem claramente e têm o forte desejo de vê-la realizada. Então, vocês trabalharão bem juntos.

- **Valores:** É difícil viajar com outras pessoas por muito tempo sem que haja o alinhamento dos valores. Descubra o que os liderados defendem e encontre pontos em que você compartilha os mesmos padrões.

- **Relações:** Grandes equipes têm membros que estão comprometidos uns com os outros assim como estão com a visão. Se você fez o trabalho no nível 2, já compartilha interesses comuns nesta área.

- **Atitude:** Se você pretende levar os liderados a trabalhar em conjunto para uma mudança positiva, as atitudes deles precisam ser positivas e tenazes. Se não, haverá problemas futuros.

- **Comunicação:** Para que a mudança ocorra, a comunicação tem de ser aberta, honesta e contínua. Quando os liderados estão no escuro, começam a especular sobre o que está acontecendo. E suas hipóteses estão muitas vezes equivocadas. Mantenha os liderados informados para que todos estejam na mesma página.

Se encontrar ou criar interesses comuns nestas cinco áreas, siga em frente e introduza a mudança. Isso não significa necessariamente que ser agente de mudança será fácil. Mas posso garantir que se você não conquistar essas cinco áreas, a mudança será muito difícil.

6. Nunca Perca de Vista o Fato de que os Resultados São o Objetivo

Há grande diferença entre líderes de nível 3 e críticos que teorizam sobre produtividade. Bons líderes são orientados a resultados. Sabem que resultados sempre são importantes, independentemente de quantos obstáculos enfrentem, o que a economia faça, que tipos de problemas os liderados experimentem e assim por diante. Lutam por produtividade e são responsáveis aconteça o que acontecer. Mesmo quando experimentam o sucesso! Henry Ford, fabricante de automóveis, observou:

> Mais homens fracassam por conta do sucesso do que por conta do fracasso. Transpõem muitos obstáculos, superam uma série de dificuldades, fazem sacrifícios e trabalham duro. Tornam o impossível, possível. Então, ocorre um pequeno sucesso, o qual os derruba de onde estão. Vão mais devagar, erram e revisam. Ninguém pode contar o número de pessoas que foram detidas e vencidas pelo reconhecimento e recompensa![5]

Bons líderes de nível 3 continuam acelerando. Se ganham impulso, não aliviam o pé e rodam com o motor desligado. Continuam acelerando e aumentam o impulso para que realizem coisas ainda maiores. E ajudam os liderados a fazer o mesmo. Como podem permanecer focados e realizar tanto, a despeito do sucesso ou do fracasso? Mais uma vez Henry Ford tem uma sugestão. "Faça seus planos futuros de forma tão longa e tão árdua", informou Ford, "de modo que as pessoas que elogiam você sempre lhe pareçam estar falando sobre algo muito trivial em comparação com o que você está realmente fazendo. É melhor ter um trabalho grande demais para o elogio popular, de modo que você pode ter um bom começo antes que o grupo de motivadores tenha um primeiro reflexo inteligente de seus planos. Assim você estará livre para trabalhar e continuar sua jornada rumo a um sucesso ainda maior".

Líderes que atingem o nível 3 sempre experimentam sucesso. Mas nem todos aproveitam o sucesso e passam para o próximo nível. Para isso, têm de permanecer focados e produtivos, enquanto cultivam e preservam relações positivas. E os realmente bons usam o nível de produção como plataforma para o nível 4, onde desenvolvem os liderados para serem bons líderes por conta própria.

As Leis da Liderança Relacionadas ao Nível da Produção

Se quiser usar as leis da liderança para ajudá-lo a crescer e ganhar a permissão no nível 3, considere o seguinte.

A Lei do Respeito

As Pessoas, naturalmente, Seguem Líderes mais Fortes que elas

As pessoas não seguem naturalmente as pessoas cuja liderança é mais fraca do que a delas. As pessoas seguem as pessoas a quem respeitam, pessoas que têm credibilidade. Se reconhecem que o sucesso de alguém é maior que o delas, então alegremente seguem a liderança dessa pessoa. Por quê? Porque o que o líder faz para a empresa é muito provável que extravase para a vida e o trabalho das pessoas que o seguem. É uma vitória para todos os envolvidos.

Quando você está trabalhando para ganhar credibilidade relacional no nível 2, os resultados positivos são intangíveis, como o moral e a confiança. Em contrapartida, os resultados da boa liderança são altamente tangíveis no nível 3. As pessoas veem que a empresa melhorou, a produtividade aumentou e a lucratividade subiu. O resultado é que veem os pontos fortes que você tem e entendem o que você pode fazer. Sua credibilidade se firma. As pessoas respeitam isso e seguem, não só porque você trata as pessoas bem, mas por causa do que você faz para a equipe e para a empresa.

A Lei do Magnetismo

Você É quem Você Atrai

Em geral, as pessoas atraem outras pessoas semelhantes a elas. Dize-me com quem andas e te direi quem és. Muitas vezes, peço que os líderes façam uma lista de três ou quatro características que mais desejam que os membros da equipe tenham. Depois de tê-las determinado, faço a pergunta: "Você possui as mesmas características?" Por quê? Porque se não as mostramos, não as atraímos. Não tendemos a atrair quem queremos. Atraímos quem somos.

Quando você alcançar o nível 3 e criar uma equipe altamente produtiva, começará a atrair outros produtores. A maravilha a esse respeito é que ajuda-o a tornar a equipe produtiva que você desenvolveu, ainda mais produtiva. Agregar à equipe outras pessoas altamente produtivas, eleva a qualidade e faz com que todos sejam mais produtivos. E se houver pessoas na equipe que não querem ou não podem produzir, outros farão fila à sua porta para tomar o lugar delas.

A Lei da Imagem

As Pessoas Fazem o que elas Veem

> NÃO HÁ NADA QUE MOTIVE AS PESSOAS DE FORMA POSITIVA DO QUE VER UM MODELO POSITIVO DE LIDERANÇA.

Líderes são altamente visíveis para as pessoas a quem lideram, sobretudo se lideram pela primeira vez. Por conseguinte, suas ações são sempre notadas. Se você é produtor, isso é bom. Não há nada que motive as pessoas de forma positiva do que ver um modelo positivo de liderança. Quando as pessoas veem os resultados dos seus líderes, sabem que também devem mostrar resultados. E sempre que resultados são a expectativa, ocorre maior produtividade. Bons líderes de nível 3 sabem que estão mostrando o que fazer, fazendo, porque as pessoas fazem o que elas veem.

A Lei da Vitória

Líderes Descobrem uma Forma de a Equipe Vencer

Se você fosse jogar basquete e pudesse escolher qualquer pessoa do mundo para estar no seu time, quem você escolheria? E se você fosse jogar futebol? Ou se você fosse abrir uma empresa? Ou começar uma organização sem fins lucrativos? É óbvio que você convocaria os principais líderes em seus respectivos campos. Por que você os quereria em seu time? Porque a probabilidade de vencer aumenta imensamente, quando você está associado com um líder que tem o histórico de descobrir formas de vencer.

Os melhores líderes de nível 3 descobrem formas de vencer. Sempre descobrem. Produzem! E fazem assim dia a dia, independentemente de probabilidades, obstáculos ou circunstâncias. Se você é uma dessas pessoas que consistentemente produzem, então todos vão querer estar na sua equipe. Isso torna a liderança muito melhor.

A Lei do Grande Impulso

O Impulso É o Melhor Amigo do Líder

A liderança no nível 3 é mais fácil do que no nível 2. Por quê? Porque no nível 3 é onde o impulso entra em operação. Bons resultados geram impulso. Ter impulso lhe dá mais resultados. Mais resultados geram ainda mais impulso. A produção gera um ciclo positivo que continua girando continuamente. Com o impulso, a empresa supera problemas, negativismo, questões passadas, mesquinharia e obstáculos futuros.

Se você está no nível 3 ganhando impulso, não é hora de descansar ou recuar. É hora de avançar. Nunca considere o impulso como algo garantido. Continue dando tudo de si. Como diria Jim Collins, mantenha o volante do motor girando.

A Lei das Prioridades

Os Líderes Entendem que Movimentação não É necessariamente Realização

De acordo com um conhecido vendedor de agendas, apenas um terço dos trabalhadores americanos planeja suas agendas diárias, e menos de 10% das pessoas fazem o que planejam. Isso não é muito animador.

Muitos líderes sentem grande pressão para fazer muito trabalho. Líderes produtivos entendem que movimentação não é necessariamente realização. É muito fácil as pessoas trabalharem duro o dia todo, todos os dias, e nunca fazerem as coisas importantes que tornam a elas e suas equipes produtivas. Qual é o segredo? Priorização. Líderes de nível 3 fazem as coisas certas da maneira certa no momento certo pelas razões certas. Sabem que a organização onde nada acontece acaba se tornando a empresa onde nada acontece. Planejam e agem de acordo.

A Lei do Sacrifício

O Líder Precisa Abrir Mão para Progredir

O radialista Paul Harvey comentou: "Você sabe quando está no caminho para o sucesso; é o caminho árduo para cima o tempo todo". Subir aos níveis mais altos da liderança não é fácil. É preciso esforço. Exige também sacrifício. Você não poderá ganhar um nível usando as habilidades que usou para ganhar o anterior. Você terá de abrir mão de alguns privilégios e recursos para mover-se para cima. Você terá de abrir mão de fazer algumas coisas que você gosta que não lhe dão um retorno suficientemente grande do seu tempo. E algumas pessoas que você gostaria de levar com você ao topo se recusarão a ir.

> "Você sabe quando está no caminho para o sucesso; é o caminho árduo para cima o tempo todo."
>
> — *Paul Harvey*

Enquanto sobem, os líderes aprendem a abrir mão de tudo, exceto das coisas essenciais. Nenhum líder que chegou ao topo jamais disse: "Foi mais fácil do que pensei e levou menos tempo". Ao trabalhar abrindo caminho para cima, prepare-se para os sacrifícios que terá de fazer a fim de tornar-se um líder melhor.

A Lei da Aquisição

As Pessoas Compram o Líder, depois a Visão

Os líderes, em sua maioria, têm uma visão para onde estão indo e como a equipe pode realizar algo em que acreditam. Você tem uma visão? Como saber se os membros da equipe a comprarão? Vendo se já compraram você!

Os liderados compram o líder e depois a visão. Essa aquisição vem de duas coisas: a relação que você tem com eles e os resultados que você demonstra na frente deles. Querem saber se você se importa com eles, e querem saber se você pode produzir. Saberão estas coisas observando você e vendo o seu exemplo. Quando gostarem de você como pessoa e perceberem você como produtor, então têm o que precisam para comprar.

Crenças que Ajudam o Líder a Subir para o Nível 4

A liderança é uma jornada emocionante. Os líderes mais talentosos e dedicados sentem-se impulsionados a ir mais alto. Ouvem a chamada de continuamente crescer e ajudar os outros a crescer também. Suas crenças lhes dão a motivação para subir, mas seus comportamentos são o que realmente os levam para o próximo nível.

Se desejar ir para o próximo nível, então adote as seguintes ideias enquanto ainda estiver no nível 3.

1. Só a Produção não Basta

Liderar uma equipe produtiva é um grande feito. Alcançar metas é muito gratificante. Mas há níveis mais altos de liderança do que apenas fazer as coisas acontecerem de forma eficaz e contribuir para o resultado final. O que é melhor do que a excelência no trabalho e a alta produtividade da equipe? Desenvolver as pessoas para que elas liderem com você. Grandes líderes se medem pelas coisas que fazem acontecer através de outros. Isso exige o desenvolvimento das pessoas em uma cultura de liderança. Este é o foco dos líderes de nível 4.

> GRANDES LÍDERES SE MEDEM PELAS COISAS QUE FAZEM ACONTECER ATRAVÉS DE OUTROS. ISSO EXIGE O DESENVOLVIMENTO DAS PESSOAS EM UMA CULTURA DE LIDERANÇA.

Por muitos anos, fiquei satisfeito em ser líder de nível 3. Para ser franco, quando aprendi a ser um líder produtivo no nível 3, pensei que chegara ao mais alto nível de liderança. Gostava de produzir e desenvolver minha equipe. Mas então senti o impulso de ir mais longe. Percebi que poderia fazer muito mais. Poderia desenvolver as pessoas para tornarem-se excelentes líderes por conta própria. Se conseguisse, não só aumentaria a capacidade da empresa e aliviaria minha carga de liderança pessoal, mas também valorizaria as pessoas de uma forma que realmente as beneficiasse. Logo isso se tornou o meu foco e a minha maior alegria.

Caso você tenha atingido o nível 3 com os membros da equipe e lidera uma equipe produtiva, parabéns. Você já conseguiu mais do que a maioria das pessoas jamais conseguirá. Mas não se contente com a produção. Procure os níveis mais altos, onde você pode ajudar a mudar a vida das pessoas.

2. As Pessoas São o Ativo que mais Aumenta de Valor em uma Empresa

Grande parte do que uma empresa possui desvaloriza. As instalações deterioraram-se. Os equipamentos ficam desatualizados. Os suprimentos são gastos. Qual ativo tem o maior potencial de subir de valor? As pessoas! Mas somente se forem valorizadas, desafiadas e desenvolvidas por alguém capaz de investir nelas e ajudá-las a crescer. Do contrário, são como dinheiro depositado no banco sem juro. Têm alto potencial, mas não estão crescendo.

Pessoas não se valorizam automaticamente ou crescem acidentalmente. O crescimento ocorre só quando é intencional. Em qual dos 5 níveis da liderança ocorre o crescimento? No nível 4. É neste nível que os líderes se envolvem no desenvolvimento de pessoas. Se você quer ir para o próximo nível da liderança, pense mais do que em produção e comece a pensar em termos de como ajudar os indivíduos da equipe a melhorarem a si mesmos e utilizarem seu potencial.

3. Líderes em Crescimento É a Maneira mais Eficaz de Concretizar a Visão

Como você melhora a empresa? Investindo nas pessoas que nela trabalham. Empresas melhoram quando seus funcionários melhoram. É por isso que investir em pessoas sempre dá um grande retorno para a empresa.

Tudo sobe e desce na liderança. Quanto mais líderes tiver uma empresa, maior será a potência. Quanto melhores líderes tiver uma empresa, maior será o potencial. Nunca é demais investir nas pessoas. Toda vez que você aumenta a capacidade de uma pessoa na empresa, você aumenta a capacidade de cumprir a visão. Tudo fica melhor quando bons líderes lideram a empresa e criam um ambiente de trabalho positivo e produtivo.

> EMPRESAS MELHORAM QUANDO SEUS FUNCIONÁRIOS MELHORAM. É POR ISSO QUE INVESTIR EM PESSOAS SEMPRE DÁ UM GRANDE RETORNO PARA A EMPRESA.

Se deseja ter um ambiente de trabalho agradável, conquiste o nível 2. Se deseja ter um ambiente de trabalho produtivo, conquiste o nível 3. Se deseja ter um ambiente de trabalho *crescente*, conquiste o nível 4.

4. O Desenvolvimento de Pessoas É a Maior Realização para o Líder

Quando estava com quase trinta anos de idade, encontrei-me tentando cumprir uma grande visão que exigia mais de mim do que me era capaz de dar. A única solução que vi foi treinar e desenvolver outras pessoas para ajudar-me a transportar a carga. Mas então aconteceu algo maravilhoso. O que começou como necessidade, logo se tornou a maior fonte de prazer na minha vida.

> É IMPOSSÍVEL AJUDAR AS PESSOAS SEM AJUDAR A SI MESMO.

Poucas coisas na vida são melhores do que ver as pessoas alcançarem o seu potencial. Se você ajudar as pessoas a tornarem-se maiores e melhores por dentro, acabarão mostrando essa grandeza e melhora. Pessoas são como árvores: dê-lhes o que precisam para crescer de forma contínua e por tempo suficiente, e crescerão de dentro para fora. E darão frutos.

Se você investir em pessoas, elas jamais serão as mesmas. E nem você. É impossível ajudar as pessoas sem ajudar a si mesmo.

Guia para Crescer no Nível 3

Ao refletir sobre as vantagens, desvantagens, melhores comportamentos e crenças relacionadas ao nível produtivo da liderança, use as diretrizes a seguir para você crescer como líder.

1. **Seja o membro da equipe que você quer em sua equipe:** Há líderes que cometem o mesmo erro que os pais. Esperam que as pessoas façam o que eles dizem, mas não o que fazem. Mas aqui está o problema: as pessoas fazem o que elas veem. Se você quer pessoas dedicadas, pensativas, produtivas em sua equipe, você deve modelar essas características. Faça uma lista de todas as qualidades que você deseja que os membros da equipe tenham. Em seguida, compare suas qualidades pessoais com as da lista. Sempre que você não estiver à altura de determinada característica, anote ao lado dela uma declaração de ação que descreva o que você tem de fazer para ter essa característica que você gostaria de ver. Por exemplo, se você quer que os liderados sejam dedicados, escreva: "Não deixarei uma tarefa inacabada ou deixarei a meio caminho a solução de um problema" ou "Chegarei mais cedo e ficarei até mais tarde para servir de exemplo para a equipe .

> HÁ LÍDERES QUE COMETEM O MESMO ERRO QUE OS PAIS. ESPERAM QUE AS PESSOAS FAÇAM O QUE ELES DIZEM, MAS NÃO O QUE FAZEM.

2. **Traduza produtividade pessoal em liderança:** Só porque você tem o histórico de ser um indivíduo produtivo não significa necessariamente que você é um líder de nível produtivo. Como saber a diferença? A prova está no impacto que você causa nos demais membros da equipe. Os outros membros da equipe estão melhorando ou produzindo mais em consequência da sua presença? Se não, por quê? Pense nas coisas que você poderia fazer para ajudar as pessoas a melhorarem individualmente e em equipe. Vire o foco para fora de sua produção e ajude os outros a tornarem-se altos produtores.

3. **Entenda o nicho de produtividade de todos:** Um dos marcos distintivos de líderes de nível 3 bem-sucedidos é saber onde valorizam mais para a equipe e onde cada membro da equipe valoriza. Defina a área de contribuição de cada membro da equipe (inclusive a sua) e descubra como todas trabalham juntas para tornar a equipe mais eficaz.

4. **Lance a visão continuamente:** Quando foi a última vez que você lançou a visão para a equipe? A menos que tenha sido hoje, você está atrasado. Os membros da equipe precisam que você descreva a visão e defina o sucesso. Elabore cuidadosamente sua mensagem e entregue-a de forma criativa sempre que possível.

5. **Construa a equipe:** Quando os membros da equipe passam a entender a visão e aprender seus pontos fortes e funções, podem ser formados em uma equipe produtiva. Isso se realiza através da criação de um ambiente de crescimento e desempenho. Planeje reunir-se com a equipe diariamente (ou pelo menos semanalmente) para dar o *feedback* sobre o desempenho. Não penalize a tomada de riscos. Elogie o esforço das pessoas, ajude-as a aprender com os fracassos e recompense os sucessos.

6. **Use o impulso para resolver problemas:** Qual é a maneira mais eficaz de resolver problemas? Usar o impulso. Como o líder cria impulso? Ajudando a equipe a conseguir vitórias por

experiência própria. Se você não está pensando em termos de ajudar a equipe a vencer, então não está pensando como líder de nível 3. Ache pequenos desafios para cada membro da equipe aceitar a fim de experimentar vitórias individuais. Depois procure desafios viáveis para os liderados vencerem juntos como equipe. Quanto mais vitórias individuais e corporativas houver, mais você pode aumentar a dificuldade dos desafios. E mais impulso você pode ganhar.

7. **Discirna como os membros da equipe afetam o impulso:** Toda equipe tem criadores, tomadores e quebradores de impulso. Como líder da equipe, seu trabalho é saber quem é quem e liderar a equipe de modo a maximizar os criadores, motivar os tomadores e minimizar os quebradores. Categorize todos da equipe.

   - Os criadores de impulso (produtores que fazem as coisas acontecerem):

   ____

   - Os tomadores de impulso (aqueles que acompanham a onda):

   ____

   - Os quebradores de impulso (aqueles que causam problemas e prejudicam o moral):

   ____

Gaste a maior parte do tempo e energia com os criadores de impulso e coloque-os estrategicamente na empresa para que causem o maior impacto. E conte com a ajuda deles para liderar os tomadores de impulso quando motivá-los. Enquanto isso, tenha conversas francas com os quebradores de impulso. Dê-lhes a chance de mudar de atitude e tornar-se membros produtivos da equipe. Contudo, se não se mostram à altura do desafio, tire-os da equipe. Se for impossível, isole-os dos demais da equipe para minimizar os danos que causam.

8. **Pratique o princípio de Pareto:** Se deseja que sua produtividade seja a mais alta possível, então trabalhe de acordo com a regra 80/20. Em primeiro lugar, concentre-se nos esforços generalizados. Faça uma lista de todas as suas responsabilidades. Depois coloque-as em ordem de importância segundo o impacto que causam para o bem da empresa. Você precisa se certificar de que a maior parte do tempo e esforço esteja concentrado nas áreas da parte superior da lista. Em segundo lugar, pratique a regra 80/20 diariamente. Todo dia faça uma lista de tarefas que você tem de fazer. Concentre 80% do tempo nos primeiros 20% dos itens da lista. Em terceiro lugar, concentre a equipe nos 20%. Regularmente (talvez diariamente ou semanalmente), reveja as prioridades da equipe com eles e certifique-se de 80% dos esforços da equipe estarem se concentrando nos 20% em termos de importância.

9. **Aceite seu papel como agente de mudança:** Líderes eficazes de nível 3 assumem a responsabilidade de tomar decisões e iniciar as mudanças necessárias para a equipe ter sucesso. Se você é líder, aceite essa responsabilidade. Esteja sempre à procura de maneiras de melhorar a equipe e iniciá-las. Comece hoje, dedicando uma hora para pensar em cinco maneiras de mudar as coisas para melhor. E se as coisas derem errado, assuma a responsabilidade por isso também.

10. **Não negligencie o nível 2:** Há muito a ser feito no nível 3. Por causa disso, muitos líderes perdem de vista o elemento humano na liderança. Ao trabalhar no nível da produção, não se esqueça de ficar relacionalmente conectado com os liderados. Misture-se entre eles e passe tempo com eles. Se necessário, marque na agenda tempos específicos para conectar-se com eles. Faça o que tiver de fazer para não perder o que ganhou no nível 2.

Nível 4: Desenvolvimento de Pessoas

Ajudar os Líderes a Crescer Amplia sua Influência e Impacto

5

4 **Desenvolvimento de Pessoas**
— REPRODUÇÃO —
As pessoas o seguem por causa do que você faz para elas pessoalmente.

3 **Produção**
— RESULTADOS —
As pessoas o seguem por causa do que você faz para a empresa.

2 **Permissão**
— RELAÇÕES —
As pessoas o seguem porque querem.

1 **Posição**
— DIREITOS —
As pessoas o seguem porque são obrigadas.

Líderes eficazes entendem que o que os levou ao seu nível atual de liderança não será suficiente para levá-los ao próximo. Entendem que se querem melhorar constantemente como líderes, têm de estar dispostos a continuar crescendo e mudando, e que cada subida nos 5 níveis da liderança exige uma mudança de paradigma e uma mudança na forma de liderar.

No nível 3, a ênfase está na produtividade pessoal e empresarial. A capacidade de criar uma equipe, departamento ou empresa de alta produtividade, indica nível de capacidade de liderança maior do que a maioria. Mas para alcançar os níveis mais altos de liderança que criam empresas de elite, os líderes têm de passar de produtores para desenvolvedores. Por quê? Porque as pessoas são o ativo que mais aumenta de valor em uma empresa.

> Para alcançar os níveis mais altos de liderança que criam empresas de elite, os líderes têm de passar de produtores para desenvolvedores.

Bons líderes de nível 4 investem tempo, energia, dinheiro e pensamento para fazer as pessoas crescerem como líderes. Olham para cada indivíduo e avaliam o potencial para crescer e liderar, independentemente de título, cargo, posição, idade ou experiência que ele tenha. Cada indivíduo é candidato em potencial para o desenvolvimento. Esta prática de identificar e desenvolver pessoas aumenta os aspectos positivos da empresa, porque extrair o melhor da pessoa é um catalisador para extrair o melhor da equipe. Desenvolver uma pessoa para a liderança e sucesso estabelece a base para desenvolver outras para o sucesso.

> Extrair o melhor da pessoa é um catalisador para extrair o melhor da equipe.

Peter Drucker observou:

> Tomar as decisões certas em relação a pessoas é o método final de controlar bem uma empresa. Tais decisões revelam o nível de competência da administração, quais são seus valores e se leva seu trabalho a sério. Por mais que os administradores tentem manter as decisões em segredo, e alguns até se esforcem ferrenhamente, as decisões relacionadas a pessoas não podem ser ocultas. São eminentemente visíveis. Executivos que não fazem o esforço de acertar as decisões relacionadas a pessoas fazem mais do que arriscar ter fraco desempenho. Arriscam perder o respeito da empresa.[1]

Como esta ênfase em pessoas e decisões relacionadas a pessoas se traduz em ação? Líderes cujo nível de liderança está no desenvolvimento de pessoas mudam o foco da produção alcançada pelas pessoas para o desenvolvimento do potencial delas. E colocam apenas 20% do foco na produtividade pessoal, enquanto os demais 80% vão para o desenvolvimento e liderança de pessoas. Pode ser mudança difícil para pessoas altamente produtivas, que estão acostumadas a sujar as mãos, mas é mudança que revoluciona a empresa e lhe dá um futuro muito mais brilhante.

As Vantagens do Desenvolvimento de Pessoas

O Potencial da Empresa Acaba de Aumentar

Quando você se capacita para liderar pessoas no nível 4, as vantagens da liderança ficam ainda mais fortes e o potencial da empresa aumenta dramaticamente. Apresento os principais benefícios positivos de liderar no nível do desenvolvimento de pessoas.

1. O Desenvolvimento de Pessoas Diferencia Você da Maioria dos Líderes

Muitos líderes buscam formas de fazer a empresa crescer. Onde geralmente focam a atenção? No nível 3. Trabalham para aumentar a produção. Este é o foco errado. Como você faz a empresa crescer? Fazendo crescer as pessoas que nela trabalham. E se você *realmente* quer expandir a empresa e o seu potencial, foque no crescimento de líderes.

O escritor e amigo Denis Waitley contou-me um *insight* maravilhoso sobre desenvolvimento pessoal. Disse que as pessoas precisam ter a convicção de que há valor em seus sonhos, e disse que é necessária "a crença de que você vale a pena o esforço, tempo e energia para desenvolver-se". O mesmo podemos dizer quando se trata de desenvolver as pessoas. Temos de acreditar no seu valor. Temos de valorizar os seus sonhos. Temos de crer que elas valem o tempo, esforço, energia e recursos necessários para desenvolvê-las. Infelizmente, muitos líderes não têm essa crença.

Um dos líderes que admiro é Jim Blanchard, por muitos anos o líder da Synovus, empresa de serviços financeiros. Em 1999, a revista *Fortune* considerou a empresa o melhor lugar para trabalhar nos Estados Unidos. Acredito que uma das principais razões de a Synovus ter tanto sucesso e ser excelente lugar para trabalhar foi por causa da dedicação ao desenvolvimento de pessoas. Isso começou com Blanchard, que disse que gostava de ler livros e de servir-se de todo tipo de oportunidade para receber treinamento de liderança. Blanchard explicou:

> Há vinte e cinco anos, decidimos que [...] colocar pessoas em cargos para os quais não estavam preparadas — porque não investimos em sua formação — era um erro que não repetiríamos. [...] Treinar e preparar líderes, ensinando-os o básico e motivando-os a buscar o seu mais alto nível de liderança era boa abordagem e bom investimento em um ambiente corporativo. Com certeza foi recompensador. Uma coisa que descobrimos é que o desenvolvimento de líderes é o benefício mais apreciado na empresa. Quando os líderes atuais ou potenciais percebem que você está investindo no crescimento deles, consideram algo mais importante do que dinheiro. É mais importante, na minha opinião, do que quando o supervisor mostra interesse pessoal na pessoa desses liderados e os incentiva ao longo do caminho na carreira a que se propõem, embora isto esteja em segundo lugar.[2]

Esta é boa descrição do salto dos níveis 2 e 3, onde o líder constrói relações com as pessoas e as ajuda a ser carreiras produtivas, para o nível 4, onde o líder as ajuda a desenvolver o potencial que têm e se tornar líderes que são capazes de ser.

Blanchard diz que a marca de alguém com potencial para crescer é a abertura para o processo. "Quando você olha para pessoas ávidas de aprenderem mais", disse Blanchard, "pode apostar que estão no caminho certo. E quando você fala com pessoas que não querem aprender mais, então praticamente atingiram o seu limite. Estão esgotadas".

> **A marca de alguém com potencial para crescer é a abertura para o processo.**

Se você quer o melhor para a empresa, precisa investir nos seus funcionários. É onde está o maior potencial. E em um mundo de negócios competitivo, a capacidade de desenvolver pessoas é a diferença entre duas empresas que competem para ter sucesso usando recursos semelhantes. Robert Reich, ex-ministro do trabalho americano, salientou: "Se os empregadores não promovem seus trabalhadores, então estão sendo competitivos apenas com o capital. Qualquer um pode replicar o capital físico. Mas o único recurso que ninguém pode replicar é a dedicação, o trabalho em equipe, a competência dos funcionários de uma empresa". Desenvolva-os, e você se tornará um líder em mil.

2. O Desenvolvimento de Pessoas Assegura que o Crescimento Seja Mantido

Alcançar o sucesso não é fácil. Milhares de novas empresas são fundadas todos os anos e, em curto tempo, pedem falência. As que têm sucesso descobrem que não é fácil mantê-lo. Muitas empresas que anunciaram ter sido "feitas para durar", não duram. Mesmo empresas gigantes que parecem invencíveis não mantêm o sucesso para sempre. O que dá à empresa a melhor chance de manter o crescimento e o sucesso? O desenvolvimento e treinamento de pessoas. Só ajudando os trabalhadores a alcançar seu potencial é que a empresa terá atingido o seu potencial.

Nos meus primeiros anos de liderança, não entendia isso. Equipar e desenvolver as pessoas não era prioridade para mim. Depois que descobri o nível produtivo da liderança, foi onde concentrei minha cota aparentemente interminável de energia. Podia trabalhar longas horas, e gostava da afirmação que os outros me davam pela minha ética de trabalho e produtividade. Palavras como "Como você consegue fazer tanto?" era música para os meus ouvidos. Só depois de ter saído da empresa é que a música parava. Percebi que quando o meu toque pessoal não estava mais em determinada tarefa ou empreendimento, não se mantinha. Por conseguinte, muitas coisas que construí paravam de prosperar ou, em alguns casos, até mesmo deixaram de existir após a minha saída. Fui reprovado no teste de liderança!

Isso me levou a ficar pensando repetidamente no assunto. O escritor e amigo Ken Blanchard diz: "O teste da liderança não é o que acontece quando você está presente, mas o que acontece quando você não está". Ficava imaginando qual era o segredo. Por que algumas empresas continuam tendo sucesso depois que seus líderes saem, ao passo que outras degringolam?

Tive um *insight* relacionado à liderança em um lugar improvável. Certa noite, Margaret e eu fomos ao circo, e no círculo central estava um homem que fazia um prato girar na ponta de uma vara colocada verticalmente (Se você é da minha geração, já deve ter visto esse número em um show de variedades.) Depois de deixar o primeiro prato girando, fazia outro prato girar em outra vara. Em seguida, outro, e mais outro, e mais outro até que tivesse seis pratos girando. Pelos próximos minutos, ele corria de vara em vara, mantendo os pratos girando para que nenhum deles perdesse o impulso e caísse. Quanto mais pratos estivessem girando, mais rápido ele corria para evitar que caíssem.

De repente, percebi: isso era eu! Eu estava fazendo tudo sozinho, e enquanto estivesse correndo suficientemente rápido, poderia manter tudo funcionando. Mas no momento em que eu parava, tudo se desmoronava. Pelo fato de não treinar alguém para girar os pratos da liderança, eu estava me desgastando e limitando o potencial da empresa. Que erro. Foi quando tornei o desenvolvimento de pessoas para a liderança uma prioridade em minha empresa. Isso revolucionou minha liderança e causa um impacto incrível em toda empresa que lidero.

Acho que muitos de nós vêm do paradigma no qual o líder está ligado a tudo de importante na empresa. Os autores James A. Belasco e Ralph C. Stayer comparam esta mentalidade a uma manada de búfalos, onde todos esperam para ver o que o búfalo-chefe pensa e quer fazer. Em vez disso, argumentam os autores, empresas eficazes precisam ser menos como manadas de búfalos e mais como bandos de gansos voando em formação de V e compartilhando a carga. O livro *O Voo do Búfalo* declara:

Em vez do velho paradigma de liderança de búfalo-chefe, desenvolvi o novo paradigma de liderança de ganso-líder. Elaborado no cadinho da experiência de liderança em tempo real, este paradigma baseia-se nos seguintes princípios de liderança:

- Líderes transferem a propriedade pelo trabalho a quem executa o trabalho.
- Líderes criam o ambiente para a propriedade, no qual toda pessoa quer ser responsável.
- Líderes treinam o desenvolvimento das capacidades pessoais.
- Líderes aprendem rápido e motivam os outros a também aprenderem rápido.[3]

Quando os líderes fazem este tipo de abordagem, todos têm o potencial de liderar, pelo menos em alguma área e capacidade.

Se você ainda não fez do desenvolvimento de líderes uma prioridade, permita-me incentivá-lo a fazer agora. Levará tempo e empenho, mas você consegue. Se você foi bem-sucedido em liderar nos níveis 1, 2 e 3, então tem o potencial para subir ao nível 4. Será necessário que você mude de fazer para desenvolver. Será necessário que você acredite nas pessoas. E será necessário que você compartilhe a carga. Mas se deseja fazer a mudança de ênfase e aprimorar o trabalho, você consegue. Nunca esqueça que liderança é a arte de ajudar as pessoas a mudar de quem elas pensam ser para quem devem ser.

> **Não se permita ser o limite da empresa. Proporcione a melhor chance para um futuro brilhante desenvolvendo outros líderes.**

Stephen Covey observa: "As pessoas e empresas não crescem muito sem delegação e completo trabalho em equipe, porque estão confinadas à capacidade do chefe e refletem os pontos fortes e fracos pessoais". Não se permita ser o limite da empresa. Proporcione a melhor chance para um futuro brilhante desenvolvendo outros líderes.

3. O Desenvolvimento de Pessoas Capacita as Pessoas a Cumprir suas Responsabilidades de Liderança

Muitos líderes tornam-se o limite em suas equipes ou empresas. O limite típico é a pessoa que não sabe liderar, mas possui uma posição de liderança. É o princípio de Pedro em ação, no qual as pessoas são promovidas até que atinjam o grau de sua incompetência. Por não poderem capacitar e motivar as pessoas, sua área de responsabilidade sofre e seus liderados não vão a lugar algum. Mas há outro tipo de pessoa que também coloca um limite naqueles a quem ele lidera: a pessoa competente que não compartilha responsabilidade.

O desenvolvimento de pessoas por sua natureza compartilha responsabilidade para fazer as coisas acontecerem. Digo isso porque desenvolver pessoas é mais do que apenas ensinar. É transformar. Convida as pessoas para o processo de liderança, porque muitas coisas só podem ser aprendidas por experiência. A história fornece numerosos exemplos de pessoas cujo maior talento foi redimir, inspirar, libertar e nutrir os talentos dos outros. John Quincy Adams disse: "Se suas ações inspiram os outros a sonhar mais, aprender mais, fazer mais e ser mais, então você é líder". Quando você dá a alguém responsabilidade e autoridade, não só aprendem, mas também cumprem suas responsabilidades de liderança. Essa ação transforma pessoas e empresas.

Quando líderes firmados focam o desenvolvimento de pessoas e capacitam as pessoas a liderar, todos ganham. O primeiro benefício ocorre para os liderados. Quando novos líderes são desenvolvidos, tornam-se melhor no que fazem e ajudam quem trabalha com eles a fazer o mesmo. Quando esses novos líderes começam a construir relações com as pessoas no nível 2, tratam-nas melhor e o ambiente de trabalho melhora. Quando conquistam o nível 3, tornam-se mais produtivos.

O segundo benefício ocorre para a empresa. Com o acréscimo de mais bons líderes, os atuais esforços da empresa melhoram. Cada líder desenvolvido adiciona mais potência à empresa. E expandir a liderança da empresa também lhe dá a habilidade de expandir seu território e tomar novas iniciativas.

O benefício final ocorre para os líderes que estão fazendo o desenvolvimento, porque os novos líderes ajudam a compartilhar a carga. Todos os líderes sentem o peso da responsabilidade ao liderar. Entendem que os líderes têm de produzir, aconteça o que acontecer. Sentem a responsabilidade pela empresa e por seus líderes para que a visão seja cumprida. Se existem acionistas, sentem-se responsáveis para que haja lucro. Sentem-se responsáveis pelas pessoas a quem lideram. Querem ajudá-las a ter sucesso. E sabem que os empregos das pessoas estão, no fim das contas, em risco.

Um dos princípios que ensino é que tudo sobe e desce na liderança. Muitas pessoas aplicam este conceito à produtividade. Mas também se aplica à responsabilidade. Quando eu tinha três empresas, sentia todos os dias o peso da responsabilidade de minha liderança. Era minha a responsabilidade pelo rumo que as empresas tomavam, os valores que estabelecíamos e o sucesso final das organizações. Todo líder que tem muita responsabilidade em uma empresa sente esse peso. (Quem não sente, precisa examinar suas motivações, porque pode estar assumindo suas responsabilidades muito levianamente.)

Ao desenvolver pessoas e elas começarem a compartilhar a carga da liderança, é importante você lhes dar as expectativas corretas. Faça-as saber que você é responsável a elas, mas não por elas. Com isso, quero dizer que você assumirá a responsabilidade de proporcionar treinamento, fornecer ferramentas, oferecer oportunidades e criar um ambiente propício para que se desenvolvam. Elas assumirão a responsabilidade pelo crescimento próprio através de escolha, atitude e compromisso. Se não assumirem, você pagará pelo fracasso que tiverem juntamente com elas. Contudo, é um risco que vale a pena correr, porque as vantagens convenientes se tiverem sucesso são muitíssimo grandes. E quando as coisas funcionam e as pessoas aproveitam a oportunidade para crescer e liderar, é fantástico.

A filantropa Melinda Gates entendeu essa dinâmica incrivelmente cedo na vida. Em 1982, no discurso de despedida na Ursuline Academy, escola de Ensino Médio, ela disse: "Se você é bem-sucedido, é porque em algum lugar, algum dia, alguém lhe deu a vida ou a ideia que fez você começar na direção certa". É uma verdade para todos nós. Nenhum líder veio do nada. Todos receberam um começo de outra pessoa. É um dom. E, por nossa vez, o dom que damos é assumir a responsabilidade e fazer tudo que pudermos para liderar os outros com eficácia e integridade.

Farzin Madjidi, professor de liderança na Universidade de Pepperdine, afirma: "Precisamos de líderes que capacitem os liderados e criem outros líderes. Já não basta que o administrador se certifique de que todos tenham algo para fazer e estejam produzindo. Hoje, todos os empregados devem 'comprar' e apropriar-se de tudo o que estão fazendo. Para estimular isso, é importante que os empregados tomem decisões que mais diretamente os afetem. É assim que as melhores decisões são tomadas. Esta é a essência do poder". O que ele está descrevendo é a liderança de nível 4, liderança que capacita os outros a compartilhar a carga. Nas empresas saudáveis, lideradas por líderes de nível 4, as recompensas são dadas por capacitar os outros, não por subir por cima deles.

"Se você é bem-sucedido, é porque em algum lugar, algum dia, alguém lhe deu a vida ou a ideia que fez você começar na direção certa."

— *Melinda Gates*>

Se deseja melhorar a empresa, melhore os líderes. Se deseja que a empresa cresça, faça os líderes crescerem. Quando você aumenta o número de líderes e melhora os líderes, o potencial da empresa aumenta muito.

4. O Desenvolvimento de Pessoas Capacita o Líder a Liderar mais amplamente

Muitos líderes não querem compartilhar a responsabilidade com os outros, porque não querem perder poder. Mas quando você compartilha a liderança com os outros, ela não lhe é tirada. Pelo contrário, lhe dá algo que você pode ter *somente* quando está desenvolvendo os outros: lhe dá tempo. Quando você desenvolve as pessoas e as capacita a liderar, os territórios delas se expandem, bem como o seu. Mas você também fica livre para fazer coisas mais importantes, as mais importantes das quais são pensar, antever e criar estratégias.

Os líderes sempre precisam de mais tempo de qualidade para pensar. Contudo, porque a maioria dos líderes tem um viés para a ação, falta-lhes esse tempo de qualidade. Quando você está desenvolvendo outros líderes e capacitando-os a liderar, eles assumem o trabalho que costumava ser seu e você pode usar esse tempo para liderar a equipe ou a empresa para o próximo nível. Todos se beneficiam.

Muitas vezes é difícil entregar a responsabilidade de uma tarefa para os outros, sobretudo se você acredita que eles não farão um trabalho tão bom como você. Mas isso não é desculpa. Você não pode se tornar um líder eficaz de nível 4, a menos que abra mão de algumas de suas responsabilidades. Então, qual é a regra prática para transferir a posse de uma responsabilidade de liderança para alguém? Uso a regra dos 80%. Se alguém de minha equipe faz uma das minhas tarefas 80% tão bem (ou melhor) do que eu, então lhe dou a responsabilidade. Se você quiser ser líder eficaz, deve passar de perfeccionista para pragmático.

SE VOCÊ QUISER SER LÍDER EFICAZ, DEVE PASSAR DE PERFECCIONISTA PARA PRAGMÁTICO.

5. O Desenvolvimento de Pessoas Proporciona Grande Realização Pessoal

No livro *Man, The Manipulator* (Homem, o Manipulador), Everett Shostrom cita um professor que aprendeu o segredo de alcançar as pessoas e mudar-lhes a vida:

Senti grande alívio quando comecei a entender que os jovens precisam mais do que matéria para estudar. Sei matemática muito bem e ensino muito bem. Outrora, pensava que era tudo que eu precisava fazer. Hoje ensino crianças, não matemática. Aceito o fato de que só posso ter sucesso parcialmente com algumas delas. Quando não tenho de saber todas as respostas, parece que tenho mais respostas do que quando tentava ser especialista em tudo. O jovem que me fez entender isso foi Eddie. Perguntei-lhe um dia por que pensava que ele estava indo muito melhor que no ano passado. Ele deu pleno sentido à minha nova orientação. "É porque agora gosto de mim, quando estou com você", disse ele.[4]

A maior satisfação da vida vem de dar aos outros. Ficamos mais satisfeitos quando esquecemos de nós mesmos e nos concentramos nos outros. E o que é realmente maravilhoso é que quando adicionamos o dar que vem do desenvolvimento de pessoas no nível 4 com as relações sólidas que desenvolvemos no nível 2, a proximidade e o calor resultantes fornecem as mais ricas experiências de nossa vida. Somos mais próximos às pessoas quando as ajudamos a crescer.

Meus melhores amigos são as pessoas que me fizeram mostrar o melhor de mim e as pessoas que ajudei a serem melhor. Nossa jornada de crescimento é repleta de risos e lágrimas, vitórias e derrotas, esperanças e dores, perguntas e respostas. Valorizo as observações que recebo de pessoas que generosamente partilham comigo o crédito por crescerem e terem sucesso.

> "A vitória é muito mais significativa quando não vem apenas de uma pessoa, mas das realizações conjuntas de muitas. A euforia é duradoura quando todos os participantes lideram de coração, ganhando não apenas para si mesmos, mas para uns aos outros."
>
> — *Howard Schultz*

Howard Schultz, fundador da Starbucks, disse: "A vitória é muito mais significativa quando não vem apenas de uma pessoa, mas das realizações conjuntas de muitas. A euforia é duradoura quando todos os participantes lideram de coração, ganhando não apenas para si mesmos, mas para uns aos outros". Esta é boa descrição de como me sinto acerca das pessoas mais próximas a mim: minha família e meu círculo íntimo. Noite passada, saboreei um jantar com um grupo dessas pessoas, todas as quais desenvolvi de alguma forma. Rimos, compartilhamos fotos, contamos histórias e trocamos ideias. A noite passou muito rápido.

Mark e Stephanie Cole estavam presentes. Ajudei-os na cerimônia no dia em que se casaram. Hoje, anos mais tarde, Mark tornou-se meu apagador de incêndios e confidente. Muitos projetos que precisam da atenção de um bom líder eu lhe dei. Stephanie livremente o deixa viajar comigo sempre que preciso dele. Que dádiva. O que eu faria sem eles?

David e Lori Hoyt estavam presentes. David trata de todas as contratações de minhas palestras com muito cuidado e profissionalismo, representando-me muito bem para muitas pessoas. Lori expressa seu amor e apoio por mim toda vez que estou com ela.

Charlie e Stephanie Wetzel estavam presentes. Charlie tem me ajudado a escrever há mais de dezessete anos. Com mais de 20 milhões de livros vendidos, reconheço que ele se tornou o maior influenciador de todos no meu círculo íntimo. Stephanie é a Sra. Rede Social. Gerencia o meu blog, bem como minhas contas de Twitter e Facebook. Alguns da indústria editorial a responsabilizam por grande parte do sucesso recente de meus livros.

E finalmente Patrick e Linda Eggers estavam presentes. Patrick era membro da minha diretoria. Tem sido um bom amigo por mais de trinta anos. É suficientemente grande para ser o meu guarda-costas e tão inteligente que outrora trabalhou como cientista de foguetes. Linda é minha assistente executiva há quinze anos. É grande amiga de minha esposa Margaret e de mim. Linda sabe o que estou pensando antes mesmo de eu pensar, e cuida de tudo para nós.

Ao olhar para essas pessoas sentadas à mesa ontem à noite pensei em três coisas. Em primeiro lugar, essas pessoas que ajudei a desenvolver realmente me fizeram crescer. No início, ajudei-as mais do que elas a mim. Hoje, me ajudam mais do que as ajudo. Há um enorme retorno no desenvolvimento de pessoas!

Em segundo lugar, são pessoas verdadeiras amigas. Nossos melhores momentos são quando estamos juntos. Em 2010, fomos todos juntos a Israel e foi uma experiência altamente prazerosa. A jornada da vida não tem o propósito de ser feita sozinha. Sou grato por estar grande parte dessa jornada com elas.

Em terceiro lugar, minha maior realização não vem dos livros que escrevo, das empresas que fundei ou do reconhecimento que recebo. Minha maior realização vem das pessoas que amo e especialmente das pessoas que ajudei a desenvolver.

O rabino Harold Kushner afirmou: "O propósito da vida não é ganhar. O propósito da vida é crescer e compartilhar. Quando chegar a hora de você olhar para trás para tudo que fez na vida, você terá mais satisfação dos prazeres que trouxe para a vida das pessoas do que terá das ocasiões em que você as superou e derrotou". Que grande sabedoria. Ajudar os outros a crescer e desenvolver-se traz grande alegria, satisfação e energia para o líder. Se conseguir chegar ao nível 4 como líder, você criará um senso de comunidade, onde as vitórias são celebradas, a gratidão é evidenciada e a lealdade é compartilhada. O nível 4 é o mais doce de todos os níveis que um líder pode alcançar.

> O propósito da vida não é ganhar. O propósito da vida é crescer e compartilhar. Quando chegar a hora de você olhar para trás para tudo que fez na vida, você terá mais satisfação dos prazeres que trouxe para a vida das pessoas do que terá das ocasiões em que você as superou e derrotou."
>
> — *Harold Kushner*

As Desvantagens do Desenvolvimento de Pessoas

Liderar no Nível 4 Requer Elevado Grau de Maturidade e Habilidade

Há uma razão pela qual muitos líderes não desenvolvem pessoas. Não é fácil! E não há garantia de que vai dar certo. Todo líder tem histórias horripilantes de investimento em outros que acabaram mal. Você se dedica totalmente a algumas pessoas e nada acontece. Algumas pessoas tomam sem dar nada em troca. Outras se esforçam, mas ficam aquém das expectativas. Às vezes, você dá o seu melhor para alguém, que acaba sendo um sucesso total, para em seguida ele se demitir e se tornar parte de outra empresa! O que pode ser pior do que isso? Que tal não treiná-las para fazer com que fiquem? Se pensar a respeito, verá que tem apenas uma grande escolha como líder, se deseja liderar ao máximo do seu potencial; você precisa investir nos seus liderados.

O desenvolvimento de pessoas requer um grau muito alto de maturidade. Requer também um grau muito alto de habilidade. Isso pode criar problemas para alguns líderes, e impedir muitos de continuar desenvolvendo pessoas. Apresento as principais causas de interrupções e transtornos no nível 4.

1. O Egocentrismo Leva os Líderes a Negligenciar o Desenvolvimento de Pessoas

Maturidade é a capacidade de pensar além de si mesmo, ver as coisas do ponto de vista dos outros e colocar as necessidades dos outros acima das próprias. O egoísmo impede as pessoas de atingir esse grau de maturidade.

O meu amigo Gerald Brooks diz: "Quando você se torna líder você desiste do direito de pensar em si mesmo". Tornar-se líder de nível 4 requer que reconheçamos que agora temos autoridade para servir as pessoas de maneira especial e que precisamos exercer essa capacidade. Você não pode fazer isso se você tiver uma atitude egoísta.

Se deseja liderar no nível 4, você precisará focar 80% da atenção nos outros e ajudá-los a crescer, aprender e ter sucesso. Se o foco sempre estiver em você mesmo e no que você quer, as pessoas se tornam um obstáculo para os seus objetivos. As necessidades *delas* são vistas como interferência aos *seus* objetivos. E você passa a maior do tempo decepcionado com as pessoas, porque elas não estão na sua agenda egoísta e sempre deixam você frustrado.

Max Depree, escritor e especialista de liderança, diz: "O líder é o servo que remove os obstáculos que impedem as pessoas de fazerem seu trabalho". Que excelente descrição. Esse tipo de mentalidade de nível 4 requer maturidade. Significa irmos trabalhar todos os dias colocando as pessoas em primeiro lugar nos nossos pensamentos e ações. Significa perguntar: "A quem posso agregar valor hoje?" e "O que posso fazer pelos outros?". Esta não é a mentalidade de um líder imaturo. É a mentalidade de um desenvolvedor de pessoas.

> **"Quando você se torna líder você desiste do direito de pensar em si mesmo."**
>
> — *Gerald Brooks*

Portanto, se deseja subir para a liderança de nível 4, supere o egoísmo, disponha-se e adote a atitude do palestrante e mestre de vendas Zig Ziglar, que disse: "Se você ajudar os outros a conseguir o que querem, eles ajudarão você a conseguir o que você quer".

2. A Insegurança Faz os Líderes se Sentirem Ameaçados pelo Desenvolvimento de Pessoas

O meu amigo Wayne Schmidt, vice-presidente do Seminário Wesley da Universidade Wesleyana de Indiana, disse-me: "Não há quantidade de competência pessoal que compense a insegurança pessoal". Ele tem razão. Líderes inseguros continuamente sabotam a si mesmos e aos outros. E por se preocuparem com posição e cargo, acham muito difícil investir em outras pessoas. Por quê? Porque temem que alguém lhes tome o lugar. Por essa razão, os líderes que não tratam das suas inseguranças e as vencem raramente atingem o nível 4 como líderes.

Se você suspeita que suas inseguranças impedem você de subir para o nível da liderança relacionado ao desenvolvimento de pessoas, então prepare-se para trabalhar nas três áreas que apresento a seguir.

Ego

Líderes que são honestos consigo mesmos sabem que não têm todas as respostas. Reconhecem que o sucesso sempre vem das contribuições combinadas de todos da equipe. O sucesso ocorre quando as pessoas trabalham juntas, cada uma fazendo a sua parte. E devido a isso, não tentam responder todas as perguntas. Não tentam tomar todas as decisões. Veem a vitória como esforço colaborativo. E o objetivo não é fazer com que os outros tenham elevada opinião sobre elas. É fazer com que os liderados tenham elevada opinião sobre si mesmos.

Como saber se o ego está se intrometendo na capacidade que você tem de subir para o nível 4? Considere o que acontece quando você se reúne com a equipe.

- Os membros da equipe compartilham pensamentos e ideias livremente?
- As melhores ideias raramente são suas ideias?
- Se você contribui com ideias, a discussão logo se move da sua ideia para a melhor ideia e você fica feliz com isso?

E quanto ao trabalho da equipe?

- Quando a equipe tem sucesso, os outros membros da equipe recebem a maior parte do crédito?

- Existe um sentimento comum de orgulho pelo trabalho que está sendo feito?
- Quando as coisas dão errado, você pessoalmente aceita a maior parte da culpa?

Se sua resposta sincera a estas perguntas for *sim*, o ego pode não ser o problema. Se respondeu *não* a muitas dessas perguntas, cuidado. Talvez você precise tratar do seu ego. Ambientes de trabalho positivo liderados por líderes seguros permitem que os membros da equipe recebam o crédito. Líderes de nível 4 sentem alegria genuína pelo sucesso dos outros. Quando os outros brilham, eles brilham.

> **"O LÍDER É O SERVO QUE REMOVE OS OBSTÁCULOS QUE IMPEDEM AS PESSOAS DE FAZEREM SEU TRABALHO."**
>
> — *MAX DEPREE*

Controle

O escritor Tom Peters observou: "Não há nada mais inútil do que a pessoa que diz no final do dia: 'Ufa, consegui passar o dia inteiro sem estragar nada'". Por que alguém teria esse tipo de objetivo? Porque tem medo de cometer erros. Muitos trabalhadores inseguros procuram não cometer erros, fazendo o mínimo possível ou mantendo um perfil baixo. Líderes inseguros lidam com a questão diferentemente. Valem-se do controle. Pensam que se controlarem os liderados nos mínimos detalhes, podem mantê-los livres de cometer erros.

Infelizmente, líderes controladores não entendem que o progresso vem somente por correr riscos e cometer erros. Seria melhor aceitar o conselho de alguém como Chuck Braun, da Idea Connections Systems, firma de consultoria, que desenvolveu o conceito de "cota de erros". Quando treina as pessoas, diz aos estudantes que espera que cometam trinta erros por aula de treinamento. Braun diz que quase ouve suspiros de alívio pela sala quando as pessoas relaxam e começam a participar.

Bons líderes seguem adiante, são inovadores e cometem erros. E esperam o mesmo dos liderados. Os escritores James M. Kouzes e Barry Z. Posner dizem a mesma coisa deste jeito: "Líderes são pioneiros, pessoas que querem sair do anonimato. São pessoas que assumem riscos, inovam e experimentam para encontrar novas e melhores formas de fazer as coisas". Para ter sucesso como líder de nível 4, você tem de adotar essa atitude e desistir de controlar os outros.

Tendo em vista que não há como evitar cometer erros, por que não adotar a atitude em que você e a equipe aprendam com os erros? Esta é a única maneira em que podemos nos beneficiar com os erros. Portanto, não tente colocar as pessoas em uma redoma. Ajude-as a tirar o máximo proveito de seus erros, fracassos e falhas. Como disse Jack Welch, ex-CEO da General Electric: "O papel do líder não é controlar pessoas ou ficar no topo, mas sim orientar, motivar e impulsionar". É o que os líderes de nível 4 fazem.

> "O PAPEL DO LÍDER NÃO É CONTROLAR PESSOAS OU FICAR NO TOPO, MAS SIM ORIENTAR, MOTIVAR E IMPULSIONAR."
>
> — *Jack Welch*

Confiança

Diferentes líderes veem a confiança de diferentes maneiras. Líderes seguros a veem como a cola que mantém as relações unidas e faz o negócio funcionar. Stephen M. R. Covey, autor de *A Velocidade da Confiança*, diz que a confiança produz velocidade, porque alimenta a colaboração, a lealdade e, em última análise, os resultados. Que contraste com as palavras de Al Neuharth, ex-CEO da Gannett, cadeia de jornais, e autor de *Confissões de um F. da P.* Escreveu: "Agora que eu estava no topo, eu sabia que os outros iriam querer me derrubar... Acredito em praticar a regra de ouro do f. da p.: *Espere que os outros façam com você o que você faria com eles*". Não sei quanto a você, mas não quero viver com esse tipo de atitude.

Líderes inseguros não confiam nos outros, nem atraem a confiança dos outros. Por conseguinte, não investem nas pessoas. E não se tornam líderes de nível 4. Como líder, você nunca deve contar como certo que tem a confiança das pessoas. Só quando você a perde é que você compreende como a confiança é valiosa. Foi o que a minha filha Elizabeth aprendeu na escola quando era líder de torcida. Por ser de pequena estatura, era a voadora. Isso significava que ela sempre estava ou no topo da pirâmide ou sendo lançada pelo ar à grande altura. Com temerário abandono, ela planava. Como conseguia assumir esses riscos? Confiança. Praticava com as companheiras de equipe por horas, tendo sido lançada e pega com segurança centenas de vezes. Mas em um lance, durante o último ano, uma companheira da equipe se distraiu e não consegui pegá-la, deixando-a cair. Não foi mais a mesma depois disso. Daí em diante, sentia momentos de hesitação sempre que era lançada.

Se você deseja se tornar líder em desenvolvimento de pessoas, precisa confiar nas pessoas e ganhar-lhes a confiança. Não há outra maneira de ter sucesso no nível 4.

3. A Miopia Impede os Líderes de Ver a Necessidade do Desenvolvimento de Pessoas

Quantas vezes você pensou em dar a alguém algo para fazer e, logo em seguida, refletiu: *É mais fácil eu mesmo fazer.* Tenho certeza de que já pensou assim muitas vezes. Por quê? Porque *é mesmo* mais fácil. Fazer você mesmo o trabalho é sempre mais rápido e mais fácil do que desenvolver outras pessoas para fazer a mesma tarefa. Mas este é um pensamento de curto prazo! Para tornar-se desenvolvedor de pessoas, você tem de adotar uma mentalidade de longo prazo. Se você pagar o preço na linha de frente, o retorno é grande na retaguarda. No nível 4, a questão não é "O que

> PARA TORNAR-SE DESENVOLVEDOR DE PESSOAS, VOCÊ TEM DE ADOTAR UMA MENTALIDADE DE LONGO PRAZO.

você pode fazer?". A questão é "Quem você pode desenvolver?". Investir nas pessoas exige muito tempo e energia.

A miopia, como o egoísmo e a insegurança, é outro sinal de líder imaturo. Desenvolver pessoas requer pensar amplamente no quadro geral. É preciso ter paciência. Ajudar outra pessoa a tornar-se líder competente quase sempre leva mais tempo do que você pensa e é mais difícil do que o esperado. Mesmo assim, você tem de fazer. Caso contrário, você limita o potencial para si mesmo, para os liderados e para a empresa.

4. A Falta de Compromisso Obstrui os Líderes de Fazer o Trabalho Duro do Desenvolvimento de Pessoas

Quase todo mundo pode liderar as pessoas posicionalmente. Muitos podem liderar as pessoas relacionalmente. Alguns podem ser produtivos e formar uma equipe de pessoas para atingir metas. Mas muito poucos podem e querem desenvolver pessoas para tornarem-se líderes. É por isso que a maioria dos líderes só lidera seguidores. Quem se relaciona bem com pessoas, produz pessoalmente e comunica a visão, atrai seguidores. No entanto, atrair, desenvolver e liderar outros líderes é muito mais difícil. E a maioria dos líderes não quer fazer o esforço tremendo e os sacrifícios necessários para isso.

Nas empresas que lidero, desenvolver pessoas é alta prioridade. Digo para os líderes que trabalham para mim: "O seu trabalho é trabalhar-se por seu trabalho". Com isso quero dizer que quero que os líderes descubram como fazer o trabalho com o mais alto nível de qualidade, recrutem uma equipe, desenvolvam-na, modelem liderança, encontrem um sucessor potencial, treinem e desenvolvam esse indivíduo e o capacitem para liderar em seu lugar. Quando as pessoas fazem isso, elas se trabalham pelo trabalho e estão prontas para passar para o próximo trabalho.

Esta é alta expectativa para os líderes. Em algumas empresas, os líderes sequer conseguem fazer o trabalho sozinhos, muito menos desenvolver uma pessoa para fazê-lo. Mas isso é necessário para a liderança de nível 4. No meu mundo de liderança, desenvolver pessoas é o destino de todo líder que emprego. E se não querem ou podem trabalhar-se por seu trabalho, tenho de tirar o trabalho deles e dá-lo a alguém que queira e possa. O objetivo dos meus líderes nunca é manter o emprego. A questão para eles é: "Você quer perder o emprego por ter desenvolvido pessoas, ou quer perdê-lo por não as ter desenvolvido?". A escolha sempre é do líder.

A EQUIP, minha organização sem fins lucrativos, existe para ajudar os líderes em países de todo o mundo a desenvolver pessoas para liderar a nível 4. A cada seis meses, a EQUIP envia dois instrutores associados a um lugar para treinar líderes. Por dois dias, ensinam os líderes locais servindo-se de material de treinamento em um ambiente de conferência, equipando-os para a liderança. No final da conferência, esses líderes recebem materiais de treinamento em sua língua para repassarem e usarem no treinamento de líderes potenciais em sua esfera de influência. Recebem também outros livros para ajudá-los a continuar crescendo durante os seis meses entre as sessões com os instrutores associados da EQUIP. Enquanto esses líderes locais estiverem empenhados em treinar sua própria gente e tornarem-se líderes de nível 4, serão bem-vindos em participar no processo de treinamento da EQUIP. Desta forma, a EQUIP tem treinado milhões de líderes internacionalmente durante a última década.

Em muitos países onde funciona a EQUIP, este conceito pareceu inicialmente estranho para as pessoas. Muitos líderes, sobretudo nas nações em desenvolvimento, são muito posicionais e territoriais. Seu objetivo é obter uma posição de poder, atrair tantos seguidores quantos possível e fazer o que for necessário para manterem-se no poder. A ideia de abrirem-se para desenvolver e capacitar outras pessoas os deixa muito confusos. Mas muitos aceitam. Fazem. E veem o incrível impacto que desenvolver pessoas causa. Transforma organizações e até impacta culturas. Mas para isso é preciso elevado grau de segurança e habilidade. E requer elevado grau de compromisso.

Os Melhores Comportamentos para o Nível 4

Como Desenvolver Pessoas

Só líderes podem desenvolver pessoas para tornarem-se líderes. Uma pessoa bem-intencionada mas sem conhecimento e experiência de liderança não pode treinar outra pessoa para liderar. Os teóricos que estudam a liderança sem praticá-la não podem equipar alguém para liderar, não mais do que um leitor de livro de receitas que não tem experiência na cozinha seria capaz de ensinar alguém a cozinhar. Ninguém entende a liderança, até que lidere. Dito de outra forma...

- É preciso ser líder para IDENTIFICAR outro líder (recrutamento e posicionamento).
- É preciso ser líder para MOSTRAR a outro líder (modelagem e equipagem).
- É preciso ser líder para FAZER CRESCER outro líder (desenvolvimento, delegação e medição).

À luz dessa verdade, meu objetivo nesta seção de desenvolvimento de pessoas é apresentar um caminho claro para você seguir enquanto desenvolve outras pessoas para liderar. Minha suposição ao tratar deste assunto é que você já lidera pessoas em algum lugar de alguma forma. Se lidera (ou já liderou no passado), as sete etapas a seguir farão sentido. Caso contrário, você precisa ganhar experiência, liderando nos níveis 1, 2 e 3 antes de implementar estes melhores comportamentos para o nível 4.

Se desejar tirar o máximo proveito do desenvolvimento de pessoas e levantar outras pessoas para liderar, siga estas diretrizes.

1. Recrutamento — Encontre as Melhores Pessoas Possíveis

O recrutamento é a primeira e mais importante tarefa no desenvolvimento das pessoas e na criação de organizações vencedoras. Bobby Bowden, técnico de futebol americano universitário, diz: "Se você conseguir os melhores jogadores e treiná-los corretamente, você vence". Nos esportes universitários, os técnicos mais bem-sucedidos são os melhores recrutadores. Não é possível desenvolver pessoas sem que tenham potencial, pouco importando o quanto você se esforce. As pessoas que você recrutar têm de possuir a capacidade natural na área em que serão desenvolvidas, apresentar o desejo de crescer e ser um bom ajuste para a empresa.

> **Só líderes podem desenvolver pessoas para tornarem-se líderes.**

A chave para o sucesso no recrutamento é a imagem clara do que você está procurando. Há muitos anos, Charlie Grimm foi o gerente do Chicago Cubs da liga de basquete profissional americano e canadense. A palestrante Linda Ellerbee conta a história de que, em certa temporada, o time estava tendo muita dificuldade para vencer, porque não tinha bons rebatedores. Dizem que certo dia Grimm recebeu o telefonema de um olheiro animado, que disse entusiasmado:

— Charlie, descobri o melhor e mais jovem arremessador do mundo. Ele venceu todos que foram rebater. Vinte e sete vezes seguidas. Ninguém sequer conseguiu uma falta, até que duas bolas estivessem fora na nona entrada. O arremessador está bem aqui do meu lado. O que devo fazer?

— Ache o cara que conseguiu a falta — respondeu Grimm. — Estamos procurando rebatedores.

Pode soar simplista, mas é verdade. É mais fácil encontrar algo quando você sabe o que está procurando. Digamos que você esteja procurando uma ferramenta em uma bancada de trabalho desarrumada. Se você sabe que forma a ferramenta tem, você a encontra em muito menos tempo e com muito mais facilidade do que se não soubesse. Se você está procurando uma lata na despensa, você a encontra mais rápida e facilmente se souber qual é a cor e tamanho.

O mesmo ocorre para os líderes potenciais. Se você sabe o que está procurando, a chance de encontrar sobe astronomicamente. Recrutar um não-líder para ser desenvolvido na liderança é como pedir a um cavalo que suba em uma árvore. Não vai acontecer. Se você quer um animal que tenha o potencial de subir em árvores, encontre um esquilo. Se você quer uma pessoa que tenha o potencial de ser líder, encontre alguém com as características de um bom líder.

> "Se você conseguir os melhores jogadores e treiná-los corretamente, você vence."
> — *Bobby Bowden*

Quando procuro líderes potenciais, olho para estas quatro características que chamo de Quatro Cs.

Conexão

Comecemos com o mais fácil. Não demora muito para descobrir se você gosta da pessoa que está procurando emprego ou pedindo para ser mentoreada. Gostar é importante? Totalmente. Se não gosta da pessoa, você não será um mentor eficaz. É muito difícil passar tempo com alguém, ser aberto com ele e investir nele, se você não gosta dele e quer estar perto dele.

Se você está considerando seriamente a contratação ou promoção de alguém, peça que os membros da sua equipe passem um tempo com esse indivíduo, de preferência em um ambiente social, se possível. Depois de terem estado com essa pessoa, descubra se a equipe gosta dela e gostaria de trabalhar com ela. Se não, pode não haver um bom ajuste. O princípio da camaradagem, que descrevo no meu livro *Vencendo com as Pessoas*, sempre é aplicável: "Em igualdade de condições, as pessoas tendem a trabalhar com aquelas das quais mais gostam; quando não há igualdade de condições, acontece a mesma coisa". A conexão emocional entre as pessoas é importante.

Caráter

O bom caráter possibilita a confiança. A confiança possibilita as relações fortes. As relações fortes possibilitam o mentoreamento. Você não conseguirá desenvolver alguém em cujo caráter você não confia.

> O BOM CARÁTER POSSIBILITA A CONFIANÇA. A CONFIANÇA POSSIBILITA AS RELAÇÕES FORTES. AS RELAÇÕES FORTES POSSIBILITAM O MENTOREAMENTO.

O caráter é o que preenche a lacuna entre o saber e o fazer. Alinha as intenções e a ação. Essa consistência é atraente, e também é essencial para a liderança boa e acreditável. Se suspeito que alguém em quem estou pensando recrutar não tem caráter forte, desisto dele.

> "BOAS PESSOAS SÃO ENCONTRADAS, NÃO MUDADAS."
> — *JIM ROHN*

Jim Rohn observou: "Boas pessoas são encontradas, não mudadas". Disse que topou com o slogan de uma empresa, que dizia: "Não ensinamos as pessoas a serem boas. Nós contratamos boas pessoas". Pensou que era um atalho inteligente. É também boa liderança. Se você vai entrar em uma relação de mentoreamento com alguém esperando mudar-lhe o caráter, você corre o risco sério de se decepcionar.

Capacidade

Durante os playoffs da NBA, ouvi o comentador e ex-jogador Charles Barkley distinguir a diferença entre as estrelas e os apoiadores do time. "As estrelas *a qualquer momento* preenchem os requisitos necessários para ajudar o time", explicou Barkley. "Os apoiadores *às vezes* fazem isso" (grifos meus). O que determina a diferença entre estes dois tipos de jogadores? A capacidade.

Realizar-se no nível 4 é extrair o melhor das pessoas. Frustrar-se é tentar extrair algo que não existe. Se quiser desenvolver os liderados e ajudá-los a tornar-se bons líderes, você não deve perguntar o que *desejam* dar, mas o que *têm* o potencial de dar. Nem sempre me é fácil avaliar a capacidade de outra pessoa. Foi-me especialmente difícil quando comecei minha carreira de liderança. Mas com experiência, comecei a ver os padrões nas pessoas.

Quando procurar líderes potenciais, avalie-lhes a capacidade nas seguintes áreas.

- **Gerenciamento de estresse:** A capacidade de suportar e superar obstáculos, fracassos, prazos e pressões.
- **Habilidade:** A capacidade de fazer com que tarefas específicas sejam feitas.
- **Pensamento:** A capacidade de ser criativo, desenvolver estratégia, solucionar problemas e adaptar-se.
- **Liderança:** A capacidade de reunir seguidores e construir uma equipe.
- **Atitude:** A capacidade de manter-se positivo e tenaz em meio a circunstâncias negativas.

Como líder, o seu objetivo é identificar qual é a capacidade da pessoa, determinar o que *ela* acha que é a capacidade que ela tem e motivar, desafiar e equipá-la de tal forma que preencha a lacuna entre os dois.

Contribuição

Há pessoas que possuem o fator X. São vencedoras. Contribuem acima de suas responsabilidades de trabalho e elevam o desempenho de todos na equipe. Quando você achar pessoas com essas características, recrute-as. É uma alegria desenvolvê-las, e seja o que for que você investir nelas retorna para você multiplicadamente.

> "Já tive bons jogadores e já tive maus jogadores. Sou um técnico melhor com os bons jogadores."
>
> — *Lou Holtz*

Uma dessas pessoas na minha vida é Mark Cole, que mencionei anteriormente. Trabalha comigo há doze anos e tem o histórico de melhorar tudo o que toca. Todos os que trabalham com ele trabalham melhor por terem contato com ele. Foi uma alegria desenvolvê-lo por causa do seu coração de servo e habilidades superiores. Que combinação!

Certa vez, quando almoçava com o técnico Lou Holtz, ele me disse com um sorriso: "Já tive bons jogadores e já tive maus jogadores. Sou um técnico melhor com os bons jogadores". O mesmo diz respeito aos líderes. Se deseja ser um líder melhor, recrute pessoas melhores. Se deseja desenvolver líderes melhores, recrute pessoas com potencial de acordo com os Quatro Cs.

2. Posicionamento — Coloque as Pessoas Certas nas Posições Certas

Red Auerbach ganhou nove campeonatos da NBA como técnico do Boston Celtics e dezesseis campeonatos gerais como técnico, gerente geral e presidente do escritório principal. Poucos líderes nos esportes chegaram perto disso em suas realizações. Quando lhe perguntaram sobre o sucesso do seu time, Auerbach disse:

> Quando comecei a treinar, as pessoas me diziam para colocar os cinco melhores jogadores na quadra. Mas logo descobri que esta não era a chave para o sucesso. Não foi colocar os cinco melhores jogadores na quadra que nos levou a ganhar. Foi colocar os cinco jogadores na quadra que trabalhassem melhor juntos. Ganhamos campeonatos, porque juntávamos os jogadores certos. Nem sempre eram nossos melhores jogadores.

Em outras palavras, não basta recrutar as melhores pessoas. O líder tem de compreender como essas pessoas melhor se encaixam na equipe e colocá-las nessas posições. Para isso, tem de ter uma visão clara dos pontos fortes e fracos de cada pessoa e entender como tudo isso se encaixa nas necessidades da equipe.

O escritor Jim Collins nos ajuda a entender este princípio. No livro *Empresas Feitas para Vencer: Good To Great*, ele escreve sobre a importância de ter as pessoas certas nos lugares certos no conjunto. Pessoas de sucesso encontram seus lugares certos. Líderes de sucesso ajudam os liderados a encontrar seus lugares certos. Às vezes, isso exige trocar as pessoas de lugar para descobrir onde fazem a melhor contribuição. Às vezes, isso significa tentar e errar. Como líder, você tem de procurar fazer de tudo um pouco. Posicionar as pessoas corretamente é um processo, e você tem de tratá-lo dessa forma. Mas se não fizer, você nunca ajudará os liderados a alcançar o potencial que tiverem, nem você criará uma equipe do calibre de ganhar campeonatos, como fez Red Auerbach.

3. Modelagem — Mostre às Pessoas como Liderar

Certa feita li a história sobre uma mulher que levou seu filho para ver o líder indiano Mahatma Gandhi.

— Mahatma — pediu ela —, diga ao meu filho para parar de comer doces.

— Voltem em três dias — determinou Gandhi.

Três dias se passaram e a mulher voltou com o filho.

— Menino, pare de comer doces. Não fazem bem para você — disse Gandhi para o menino.

Intrigada, a mulher perguntou:

— Por que será que o senhor pediu para voltarmos depois de três dias? Não entendo.

— Pedi para voltar com o menino em três dias — respondeu o líder —, porque há três dias eu também comia doces. Eu não podia pedir que ele parasse de comer doces, enquanto eu não tivesse parado de comer doces[5].

Já escrevi sobre como é importante modelar o que você quer ver nas pessoas. Portanto, não vou dizer muito mais sobre esse assunto aqui. Porém, quando penso no desenvolvimento de pessoas, são estas as coisas que acredito que tenho de modelar com integridade a fim de ajudar as pessoas a desenvolver-se o nível 4:

- **Autenticidade:** Esta é a base para o desenvolvimento de pessoas.
- **Serviço:** Este é a alma para o desenvolvimento de pessoas.
- **Crescimento:** Este é a medida para o desenvolvimento de pessoas.
- **Qualidade:** Esta é o padrão para o desenvolvimento de pessoas.
- **Entusiasmo:** Esta é o combustível para o desenvolvimento de pessoas.
- **Sucesso:** Este é o propósito para o desenvolvimento de pessoas.

E permita-me mencionar mais uma coisa: Quando falamos sobre o nível 3, onde você foca a produção, mencionei que é importante não negligenciar as relações de nível 2. Da mesma forma, quando focar o desenvolvimento de pessoas no nível 4, não menospreze a modelagem que você trabalhou para estabelecer-se no nível 3.

4. Equipagem — Ajude as Pessoas a Fazer bem o Trabalho

O comediante Jack Benny foi nomeado gerente honorário do Hollywood All-Stars, time de beisebol. Enquanto o time se preparava para fazer um jogo de exibição contra um time de profissionais em Los Angeles, Jack entregou o bastão ao primeiro rebatedor e disse:

— Vá para a base e faça um *home run.*

O rebatedor foi eliminado, e Jack Benny, com atitude exageradamente dramática, demitiu-se como gerente.

— Como geri-los — brincou ele —, se não seguem as minhas ordens?

Não basta dizer às pessoas o que precisam fazer. Isso não é desenvolver-lhes o potencial. O líder tem de *ajudar* as pessoas a fazer o trabalho delas e fazê-lo bem. Peter Drucker destacou: "A maior fonte de promoções fracassadas é a incapacidade de refletir e ajudar os outros a refletir sobre o que um novo emprego requer".

> "A MAIOR FONTE DE PROMOÇÕES FRACASSADAS É A INCAPACIDADE DE REFLETIR E AJUDAR OS OUTROS A REFLETIR SOBRE O QUE UM NOVO EMPREGO REQUER."
> — *Peter Drucker*

Como o líder equipa as pessoas para que façam o trabalho e tenham sucesso? O melhor método que já encontrei é um processo de equipagem em cinco etapas. Veja como funciona:

- Etapa 1: Eu faço (competência).
- Etapa 2: Eu faço e você está comigo (demonstração).
- Etapa 3: Você faz e eu estou com você (treinamento).
- Etapa 4: Você faz (autonomia).
- Etapa 5: Você faz e alguém está com você (reprodução).

Se você adotar este método, você equipará os líderes e os ensinará a equipar os outros, o que os prepara para tornarem-se líderes de nível 4.

5. Desenvolvimento — Ensine as Pessoas a Saírem-se bem na Vida

Uma das coisas recorrentes que ouço de líderes nos Estados Unidos que trabalham com pessoas que estão na casa dos vinte é como são talentosas e como possuem poucas habilidades relacionadas à vida. Há quem especule que a dificuldade desta geração em lidar com os fundamentos da vida deve-se à desagregação da família e à ausência de pais fortes em casa. Pouco importando qual seja a causa, é responsabilidade do líder de nível 4 ajudar os liderados a aprender a sair-se bem na vida. Se a única coisa que você está ajudando um novo líder a aprender é como progredir no local de trabalho, você não está desenvolvendo essa pessoa para ter sucesso, porque há muito mais na vida do que trabalho e carreira.

O filósofo grego Sócrates disse: "O indivíduo lidera para que os liderados desenvolvam o seu potencial como seres humanos e, assim, prosperem". Este deve ser o seu objetivo no desenvolvimento de pessoas.

> "O indivíduo lidera para que os liderados desenvolvam o seu potencial como seres humanos e, assim, prosperem."
>
> — *Sócrates*

O Centro para Liderança Criativa observou que três elementos-chave dirigem a liderança do desenvolvimento nos outros: avaliação, desafio e apoio. O que essas coisas significam para você como líder desenvolvedor?

Avaliação

Como líder de nível 4, você sempre tem de estar à procura de furos nas habilidades relacionadas à vida da pessoa a quem você está liderando e desenvolvendo. Pergunte-se:

- Em que esta pessoa parece estar fracassando?
- Onde estão os pontos cegos desta pessoa?
- O que a minha intuição diz que está "desligado" no pensamento desta pessoa?
- Por que esta pessoa não está atingindo o seu potencial?
- A quem esta pessoa está seguindo que possa estar liderando-a na direção errada?
- Quando esta pessoa sai-se bem?
- Quando esta pessoa fracassa?
- Que indícios intrigantes encontro que me dão discernimento de onde esta pessoa precisa de ajuda?
- Onde é o ponto ideal desta pessoa?

O bom líder de nível 4 está sempre à procura de pontos fracos e pensamentos errados que a pessoa tenha, não para explorá-la, mas para fortalecer e ajudá-la a ter sucesso.

Desafio

Se você já fez o trabalho no nível 2 para construir uma relação forte com as pessoas e já se firmou no nível 3, modelando o sucesso e a produtividade, é alta a probabilidade de que comprarão a sua liderança e aceitarão o desafio de melhorarem. Para isso, peça que os liderados façam o seguinte:

- Leiam livros relacionados aos seus pontos fortes.
- Participem de conferências que os inspirem.
- Assumam tarefas novas e desafiadoras ligadas ao seu ponto ideal.
- Pratiquem disciplinas difíceis que lentamente lhes construam o caráter.
- Reúnam-se com você regularmente para mentoreamento.

A ideia é desafiá-los em cada área da vida em que você veja que precisam de melhoria. Apenas obtenha a permissão deles para fazer isso antes de iniciar o processo.

Apoio

Ninguém progride na vida sem a ajuda e apoio de outras pessoas. Um dos grandes privilégios de liderar no nível de desenvolvimento de pessoas é ajudar novos líderes a navegar pelas dificuldades da vida. A principal maneira de prestar essa ajuda é permitir que as pessoas que mentoreio solicitem uma reunião comigo, sempre que necessário. Nessas ocasiões, dirigem a reunião, fazendo perguntas específicas e difíceis. Respondo da melhor maneira que posso, e, em troca, na próxima vez que nos reunimos, peço que a pessoa me diga como aplicou o que aprendeu.

É difícil para alguém tirar o máximo do potencial de sua liderança quando as demais áreas da vida estão em ruínas. As habilidades da boa vida ajudam a pessoa a criar uma base sólida sobre a qual edificam a família, a carreira e a vida espiritual. Admito que tenho a maior alegria de ver as pessoas alcançarem seu potencial de liderança, mas também é muito gratificante saber que ajudei alguém a aproveitar a vida e a viver melhor.

6. Delegação — Capacite as Pessoas a Ter Sucesso

O presidente Theodore Roosevelt é citado por ter dito: "O melhor executivo é aquele que tem sensibilidade suficiente para escolher bons homens que façam o que ele quer que seja feito e autodomínio suficiente para evitar intrometer-se enquanto estão fazendo". O que ele está descrevendo é a delegação. É ajudar as pessoas a ver o que podem fazer sem ajuda e liberá-las para que façam.

Tenho de admitir que, como líder, é difícil não se intrometer. Esta é uma verdade, sobretudo quando você sabe muito bem o trabalho que você está delegando, mas a pessoa que o recebe não. Contudo, liberar o trabalho a ser feito por outra pessoa é uma conexão fundamental para capacitar e, no fim das contas, desenvolvê-la como líder.

Quando liberar tarefas para os líderes que você está desenvolvendo, você precisa confiar neles, acreditar neles e responsabilizá-los. A confiança cria um vínculo entre você e eles. Quando você confia nas pessoas que capacitará, você coloca um pedaço de você nas mãos delas. Quando respondem de modo semelhante, a vulnerabilidade compartilhada cria um vínculo entre vocês que aprofunda a relação.

QUANDO VOCÊ CONFIA NAS PESSOAS QUE CAPACITARÁ, VOCÊ COLOCA UM PEDAÇO DE VOCÊ NAS MÃOS DELAS.

Quando você acredita nas pessoas, você as motiva. Poucas coisas animam as pessoas do que acreditar nelas. E a crença deve ser verdadeira. Fingir que acredita não fornece entusiasmo para a capacitação. Nem você pode exigir a crença de outra pessoa, porque não será eficaz. Você deve recorrer às experiências que você tem com elas e ao crescimento que já demonstraram. Além de ajudá-las, você também será ajudado. Se não acredita nelas, você não conseguirá delegar e liberá-las para serem bem-sucedidas.

Quando você responsabiliza as pessoas, você aumenta as chances de resultados positivos. Por quê? Porque todos acham o foco em objetivos. Trabalham melhor em relação a prazos. E normalmente sobem ao nível das expectativas do líder. Sem responsabilidade, as pessoas derivam. Com ela, atingem resultados.

7. Medição — Avalie as Pessoas a quem Você Desenvolve para Maximizar os Esforços

Muitas pessoas olham os times vencedores, e tendem a atribuir o sucesso do time ao tanto que o técnico é versado no assunto. Mas as partidas não são ganhas de acordo com o que o técnico sabe. As partidas são ganhas de acordo com o que os jogadores aprendem com o técnico. Como fazer essa medição como líder? Julgando o quanto os membros da equipe conseguem agir independentemente.

O Centro para a Eficácia Organizacional em Cincinnati, Ohio, sugere que existem diferentes graus de habilidade quando se trata de delegação, baseado em quanto o membro da equipe pode trabalhar independentemente. Apresento os seis graus que eles reconhecem, do menos independente para o mais independente:

1. Olhe. Faça um relatório. Decidirei o que fazer.
2. Olhe. Faça um relatório apresentando alternativas com prós e contras e sua recomendação.
3. Olhe. Informe-me o que você pretende fazer, mas não faça a menos que eu diga que faça.
4. Olhe. Informe-me o que você pretende fazer e faça, a menos que eu diga não.
5. Aja. Informe-me o que você fez.
6. Aja. Não é necessário outro contato.

Ao trabalhar no desenvolvimento de pessoas com os membros da equipe, você pode medir onde estão no desenvolvimento de liderança baseado no ponto em normalmente agem de acordo com os seis pontos de referência. Obviamente, o objetivo é ajudá-los a tornarem-se líderes que ajam sem a necessidade de sua contribuição. Quando os líderes que você desenvolve chegam ao topo desse referencial, então eles — e você — estão prontos para serem liderados ao mais alto nível de liderança, o nível 5, que analisaremos na seção final do livro.

As Leis da Liderança Relacionadas ao Nível do Desenvolvimento de Pessoas

Ao trabalhar para dominar o nível da liderança pertinente ao desenvolvimento de pessoas, tenha em mente como as seguintes leis da liderança entram em operação.

A Lei do Processo

A Liderança se Desenvolve diariamente, não em um Dia

Pouco importando o quanto você deseja ser um bom líder, levará tempo para melhorar a liderança. A liderança se desenvolve diariamente, não em um dia. Da mesma forma, o desenvolvimento de pessoas também leva tempo. Você pode fazer com que aconteça usando uma mentalidade de "micro-ondas". Você tem de estar disposto a levar o processo de desenvolvimento passo a passo. Você tem de investir muitas horas de mentoreamento e aguardar meses, anos e, às vezes, décadas para as pessoas desenvolverem-se em bons líderes. Mas vale a pena o esforço. Lembre-se: o mentoreamento não é uma corrida. Se correr rápido e tentar chegar em primeiro lugar, você chegará sozinho. Líderes que chegam ao nível 4 cruzam a linha de chegada na companhia das pessoas que eles desenvolveram.

A Lei da Adição

Líderes Agregam Valor ao Servir aos Outros

Como jovem líder pensei: *Será maravilhoso ter pessoas me seguindo em direção à minha visão e me ajudando a alcançá-la.* Mal podia esperar para os outros me colocarem em primeiro lugar em suas vidas. Estava liderando por todas as razões erradas. Bons líderes põem as pessoas em primeiro lugar, não ele mesmo.

> O MENTOREAMENTO NÃO É UMA CORRIDA. SE CORRER RÁPIDO E TENTAR CHEGAR EM PRIMEIRO LUGAR, VOCÊ CHEGARÁ SOZINHO.

Se você quer se tornar um grande líder, sirva as pessoas a quem você lidera. Faça do sucesso delas o seu sucesso. Limpe o caminho delas para a realização. Invista nelas para que consigam. Mantenha a mentalidade de servo. Muitos líderes perseguem o sucesso. Poucos perseguem o sucesso para os liderados.

A Lei do Círculo Íntimo

O Potencial do Líder É Determinado por aqueles mais Próximos a ele

Os mais altos níveis de realização na vida não podem ser atingidos pela pessoa que trabalha sozinha. As pessoas precisam umas das outras. Se você é líder com grande visão, não conseguirá realizá-la sem uma equipe de líderes, que é o seu círculo íntimo. Estas pessoas ajudam você a liderar e obter sucesso, e são quase como uma família estendida. Se você deseja ter um grande círculo íntimo, então comece a desenvolver pessoas. Somente levantando líderes e convidando-os a realizar a visão com você é que você alcançará grandes coisas.

> "O PRIMEIRO MÉTODO DE ESTIMAR A INTELIGÊNCIA DE UM GOVERNANTE É OLHAR AS PESSOAS QUE O ACOMPANHAM."
> — *NICOLAU MAQUIAVEL*

Nicolau Maquiavel disse: "O primeiro método de estimar a inteligência de um governante é olhar as pessoas que o acompanham". Olhe para as pessoas mais próximas de você. Qual é a qualidade delas? O que se pode dizer sobre a integridade delas? O círculo íntimo de um líder é a imagem mais fiel de sua vida. Se não gostar do que vê, invista mais de si mesmo em líderes potenciais e levante-os para terem sucesso. Eles, por sua vez, farão o mesmo por você.

A Lei do Fortalecimento

Só Líderes Seguros Dão Poder aos Outros

Certa vez ouvi Jack Welch dizer em uma entrevista que, quando estava na GE, percebeu que havia dois tipos de líderes: os que escondem as suas pessoas chaves e os que as promovem. Disse que os líderes que escondem suas melhores pessoas tinham um espírito egoísta. Em contrapartida, os que promoviam e fortaleciam as pessoas tinham um espírito generoso.

As pessoas não alcançam o nível 4 a menos que estejam dispostas a fortalecer líderes, promovê-los e liberá-los para liderar. Isso requer forte senso de segurança e uma mentalidade de abundância. Se você quiser ter sucesso no nível da liderança pertinente ao desenvolvimento de pessoas, trabalhe para tratar de suas inseguranças a fim de que você se torne um fortalecedor de outros líderes.

A Lei do Crescimento Explosivo

Para Aumentar o Crescimento, Lidere os Seguidores; para Multiplicar, Lidere os Líderes

A produtividade de liderança e o impacto organizacional ocorrem quando o líder atinge o nível 3. Essas coisas se multiplicam no nível 4. Toda vez que você desenvolve pessoas e as ajuda a tornarem-se líderes, você não só ganha a capacidade delas e coloca a potência delas para uso na empresa, mas também envolve as habilidades de todos que elas lideram. Não há maneira mais rápida ou mais eficaz de combinar tempo, esforço e recursos do que desenvolver líderes.

A Lei da Aquisição

As Pessoas Compram o Líder, depois a Visão

Pode ser que você tenha notado que esta é a terceira vez que cito a lei da aquisição. Por quê? Porque desenvolver influência nas pessoas é um processo contínuo de ganhar a compra delas.

Poucas coisas são mais inspiradoras e estimulantes do que líderes que procuram servir as pessoas e vê-las subir de potencial e tornar-se líderes. Quando os líderes agem de modo digno de suas posições no nível 1, constroem boas relações no nível 2, modelam produtividade no nível 3 e investem nos liderados, desenvolvendo-os no nível 4, as pessoas fazem muito mais do que apenas conhecer a visão. Sentem a visão. Por quê? Porque ela passa a existir no líder. As pessoas acham isso inspirador e estimulante. E compram.

Crenças que Ajudam o Líder a Subir para o Nível 5

Se você conseguiu chegar ao nível 4, está liderando em um nível muito alto, mais alto do que 90% de todos os outros líderes. Mas ainda há um nível mais alto que está ao seu alcance. Menos de 1% de todos os líderes o alcançam. Para preparar-se para fazer essa subida final e ter a melhor chance de chegar ao topo, primeiro você deve adotar as seguintes crenças.

1. O Objetivo mais Elevado da Liderança É Desenvolver Líderes, não Ganhar Seguidores ou Fazer o Trabalho

Fazer o trabalho acontecer é importante e gratificante. E liderar as pessoas e ter a ajuda delas para concretizar uma visão é maravilhoso. Mas desenvolver as pessoas é ainda mais maravilhoso. E este deve ser o seu objetivo como líder.

Acredito que já apresentei boa defesa de como os líderes se tornam mais produtivos, concentrando-se no desenvolvimento da liderança. Mas acho que vale a pena dizer que a melhoria na vida dos líderes é o maior objetivo do desenvolvimento da liderança. Quando você ajuda os liderados a tornarem-se líderes, você muda-lhes a vida. Você muda a maneira como veem o mundo. Você muda-lhes a capacidade. Você aumenta-lhes o potencial. Você muda a maneira como interagem com as pessoas. Caso se tornem bons

> A MELHORIA NA VIDA DOS LÍDERES É O MAIOR OBJETIVO DO DESENVOLVIMENTO DA LIDERANÇA.

líderes, você os ajuda a melhorar não só a vida deles, mas também a vida de todos com quem entram em contato. Acredito que é assim que mudamos o mundo para melhor.

Como é que o líder faz isso? Aplicando o princípio de Pareto. Descrevi no nível 3 como a regra 80/20 é usada para aumentar a produtividade. Este mesmo princípio é usado durante o desenvolvimento de líderes. Como líder de nível 4, você deve concentrar 80% da atenção para desenvolver os melhores 20% dos líderes que você tiver. Este foco lhe dará o maior retorno. Um punhado de líderes dá à empresa um retorno muito maior do que centenas de seguidores.

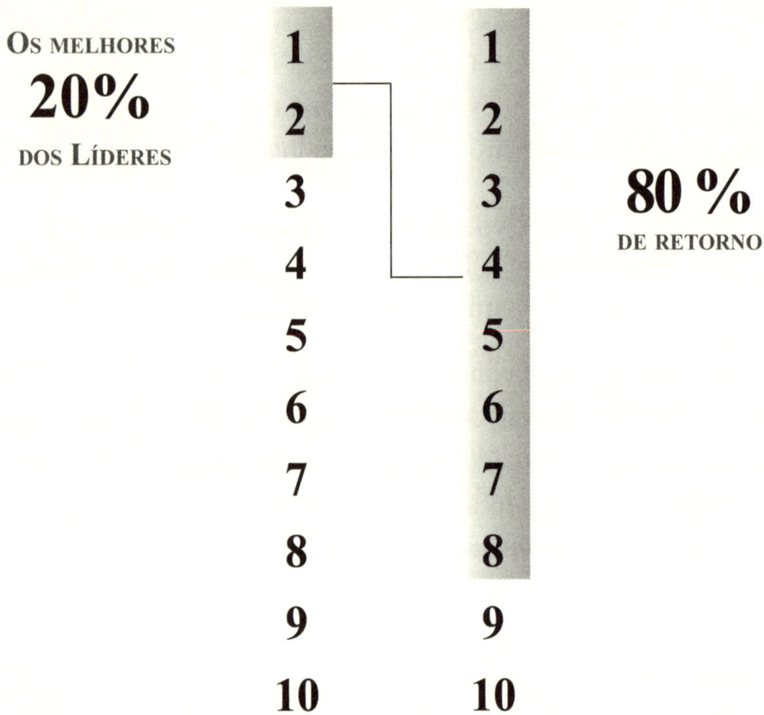

Concentrar o desenvolvimento nos melhores 20% também prepara você para o sucesso no nível 5, porque os líderes com maior potencial e que lhe darão a maior taxa de retorno sobre o investimento também têm a maior probabilidade de melhorar e levantar outros líderes, que é a ênfase no nível 5.

2. Para Desenvolver Líderes, Você Tem de Criar uma Cultura de Liderança

Mesmo que você enfatize grandemente o desenvolvimento de líderes e a prática da regra 80/20, você não conseguirá subir para o nível 5, a menos que você crie uma cultura de liderança. Foi o que Jim Blanchard fez na Synovus. Em entrevista dada a George Barna, Blanchard disse: "Acho que o mais importante e difícil é criar uma cultura na empresa, onde a liderança seja realmente importante. É essencial que as pessoas da empresa percebam que esta é uma empresa orientada para o crescimento e que a coisa mais importante que há para crescer é o indivíduo, porque é o indivíduo que torna a empresa melhor através do crescimento que ele tem. [...] Portanto, penso que conscientizar a cultura da importância de desenvolver líderes é valioso". Em seguida, Blanchard fez algumas perguntas críticas para ajudar os líderes a examinar se estão, de fato, trabalhando para criar uma cultura de liderança e colocando a ênfase certa no desenvolvimento de líderes. Perguntou:

- Que porcentagem da folha de pagamento é destinada para o desenvolvimento da liderança?
- Que tipos de treinamento formal são feitos?
- Em que medida a liderança é recompensada?
- Há um repertório de bons mentores?[6]

Se você deseja iniciar a criação de uma cultura de desenvolvimento da liderança que cultive líderes de nível 5, faça o seguinte:

- **Promova a liderança:** Defina e modele a boa liderança.
- **Ensine a liderança:** Treine os líderes de forma regular, consistente e frequente.
- **Pratique a liderança:** Ajude os líderes emergentes a planejar e executar, fracassar e ter sucesso.
- **Supervisione a liderança:** Revise o desempenho dos novos líderes e corrija os erros.

- **Recompense a liderança:** Recompense a boa liderança com pagamento, recursos e reconhecimento.

Se você tornar o propósito da empresa promover, ensinar, praticar, treinar, supervisionar e recompensar a liderança, então os liderados desejarão tornar-se bons líderes. Procurarão ajudar os outros a tornarem-se bons líderes. E o potencial da empresa para cumprir a visão aumentará imensamente.

3. Desenvolver Líderes É um Compromisso de Vida, não um Compromisso de Trabalho

Líderes de nível 4 desenvolvem pessoas. Líderes de nível 5 desenvolvem consistentemente líderes ao longo da vida, e os líderes que levantam também desenvolvem líderes. Torna-se um estilo de vida que praticam em todos os lugares e em todos os momentos. Não é um programa que implementam ou uma tarefa que praticam ocasionalmente. O mentoreamento é uma postura que mantêm de bom grado, e se esforçam para agregar valor aos outros. Valorizam porque deixaram de perseguir uma posição de sucesso para perseguir um papel de importância.

Vivemos em um mundo muito necessitado. Se você se pergunta: *Como atender tantas necessidades?*, perceba que as maiores necessidades nunca serão atendidas até que equipemos líderes que trabalhem para atender essas necessidades. Esta é uma das razões de eu treinar líderes. Creio que é uma causa digna de um compromisso de vida. Espero que você aceite o desafio de desenvolver pessoas e levantar líderes. Se fizer isso, você não se arrependerá.

Guia para Crescer no Nível 4

Ao refletir sobre as vantagens, desvantagens, melhores comportamentos e crenças relacionadas ao nível da liderança pertinente ao desenvolvimento de pessoas, use as diretrizes a seguir para você crescer como líder.

1. **Disponha-se a continuar crescendo:** Poucas coisas são piores do que o professor que não quer ser ensinado. Como líder, você reproduzirá o que você é. Se você permanecer ensinável, seus liderados permanecerão ensináveis. Se sua mente estiver fechada, a mente das pessoas que você mentoreia também estará. Como continuar crescendo e tendo uma mente aberta? Primeiro, mantenha um espírito ensinável, que diz: *Todos podem me ensinar alguma coisa. Tudo pode me ensinar alguma coisa.* Segundo, mantenha-se em um plano de crescimento. É impossível ajudar os outros a crescer intencionalmente se você não está crescendo intencionalmente. E aqui está a boa notícia: se você já está investindo em seu desenvolvimento pessoal, adivinhe? Você já fez grande parte do trabalho duro. Basta continuar aprendendo.

> POUCAS COISAS SÃO PIORES DO QUE O PROFESSOR QUE NÃO QUER SER ENSINADO.

2. **Tome a decisão de que as pessoas valem a pena o esforço:** David Sedaris, escritor e comediante, disse: "Não tenho a menor ideia de como mudar as pessoas, mas ainda guardo uma

> "Não tenho a menor ideia de como mudar as pessoas, mas ainda guardo uma longa lista de possíveis candidatos, apenas no caso de algum dia eu descobrir."
>
> — *David Sedaris*

longa lista de possíveis candidatos, apenas no caso de algum dia eu descobrir".[7] Esta não é a maneira de abordar o desenvolvimento de pessoas. Você não deve se dedicar a esta prática, porque as pessoas lhe causam problemas e você quer mudá-las. Você deve se dedicar a esta prática, porque as pessoas valem a pena e você está disposto a ajudá-las. Se já não tomou esta decisão, tome antes de se envolver nesta prática.

3. **Trate de suas inseguranças:** Líderes que têm medo de parecerem duros ou de serem substituídos raramente desenvolvem outros líderes. Se esta descrição se aplica a você, então você precisa processar devidamente essas questões para que possa abrir caminho até aos níveis da liderança mais elevados. Passe um tempo com pessoas em quem você confia e que o conhecem suficientemente bem para falarem sobre seus problemas. Peça ajuda e preste contas a essas pessoas. Procure aconselhamento profissional. Faça terapia, se necessário. Faça o que for preciso, porque líderes inseguros não desenvolvem os liderados e líderes que não desenvolvem os liderados nunca tornam-se líderes de nível 4.

4. **Recrute as melhores pessoas para desenvolver:** Muitos líderes gastam tempo e energia com as pessoas erradas: os últimos 20%. Os indivíduos que tomam a maior parte do tempo do líder são os encrenqueiros, os queixosos e os que têm dificuldades. Essas pessoas têm *menos* potencial para liderar e fazer a empresa avançar. Líderes de nível 4 concentram o tempo e energia nos primeiros 20%, as pessoas

que não *precisam* de atenção, mas que mais se beneficiariam dela. Dê uma olhada em todas as pessoas de sua esfera de influência. Quem são as pessoas com o maior potencial para liderar e causar impacto? São estas que devem ser desenvolvidas.

5. **Comprometa-se em passar o tempo necessário para desenvolver líderes:** O desenvolvimento de pessoas exige muito tempo. Para liderar no nível 4, talvez precise dedicar tanto quanto a metade do tempo ao desenvolvimento de pessoas, se quiser que o investimento seja correto. Para isso, primeiro forme um sistema de apoio para você ter tempo livre. Quando você tem de fazer tudo sozinho, resta-lhe pouco tempo para mentorear os outros. Segundo, determine a quantidade de tempo que você dá a alguém com base no potencial que tiver. O valor do líder está no investimento que ele faz nos outros, não no que ele faz pessoalmente. Esse investimento tem de ser feito com sabedoria e ser prioritário.

6. **Crie um processo de desenvolvimento pessoal:** Benjamin Franklin observou: "Os olhos do mestre fazem mais trabalho do que ambas as mãos". A capacidade de ver, discernir e analisar é essencial para o desenvolvimento de pessoas. Líderes de nível 4 reconhecem as habilidades nas pessoas e trabalham flexivelmente com elas. Mentoreiam as pessoas com diferentes talentos, diferentes temperamentos e diferentes estilos. Enquanto líderes medianos lideram todos da mesma forma, líderes de nível 4 lideram todos de forma diferente. Isso exige criatividade e confiança.

   Tendo dito isso, preciso acrescentar que os líderes de nível 4 também trazem estrutura e estabilidade ao processo de desenvolvimento. Quando desenvolver líderes, tenha em mente as seguintes diretrizes:

   - ***O processo deve ocorrer diariamente.*** O segredo do sucesso é determinado pela sua agenda diária. Ninguém jamais ficou bom em alguma coisa que raramente praticou.

- ***O processo deve ser mensurável.*** Ainda que o crescimento comece interiormente, deve ser comprovado exteriormente. Portanto, as metas de crescimento têm de ser algo que seja visto e verificado por você e a pessoa que você mentoreia. Se não sabem como estão indo, como saberão se chegaram?

- ***O processo deve incluir coisas que as pessoas valorizam.*** Se você incluir coisas que elas desejam, as pessoas se sentirão motivadas a alcançar.

- ***O processo deve se alinhar com os pontos fortes que você tiver.*** Quando as pessoas me pedem para mentoreá-las, minha primeira pergunta é: "Em que área?". Só faço algumas coisas bem e posso ajudar as pessoas somente na área dos meus pontos fortes. Ao preparar-se para desenvolver pessoas, ensine-as a partir desses pontos fortes e incentive as pessoas que você mentoreia a procurar outras pessoas que as ajude nas áreas em que você não pode.

- ***O processo deve caber no plano dos sonhos das pessoas.*** Declaro no meu livro *Jornada de Sucesso* (CPAD) que quantos mais razões válidas a pessoa tiver para realizar os seus sonhos, maior a probabilidade de que os realizarão. Razões válidas também aumentam a probabilidade de que a pessoa persistirá com o crescimento pessoal.

7. **Nunca trabalhe sozinho:** Um dos segredos do desenvolvimento de líderes no nível 4 é ter as pessoas que você mentoreia ao seu lado sempre que possível, para que aprendam como pensar e agir em situações diversas. Seu objetivo em primeiro lugar é que observem como você modela a liderança. Mas tão logo seja possível, dê-lhes tarefas que você possa monitorar. E assim que estiverem prontas, dê-lhes autonomia para agirem por conta própria.

8. **Misture o lado mole e duro do desenvolvimento:** Líderes de nível 4 têm de lidar simultaneamente com os problemas de pessoas e os problemas de negócios, e precisam tratar de ambos de

forma eficaz. É uma arte. Quando trabalhar para desenvolver pessoas, mantenha uma abordagem relacional, valorizando-as e agregando valor a elas. Ao mesmo tempo, faça o que você tem de fazer para conseguir um bom resultado final. Escreva uma filosofia que ajude você a fazer as duas coisas. Se ajuda, escreva suas prioridades e coloque-as em ordem de importância, como guia.

9. **Assuma a responsabilidade de motivar as pessoas:** Ainda que seja verdade que as pessoas que você desenvolve precisam ter motivação própria, também é verdade que os líderes criam energia e inspiram os outros a serem bem-sucedidos. Ao trabalhar para desenvolver pessoas, esforce-se para criar um processo emocionalmente envolvente que incentive aqueles que você mentoreia a assumir riscos e gostar do que experimentarem. Muitos líderes se desligam. Têm a mentalidade de "já passei por isso e fiz" que é alienante, não atrativa. Por outro lado, se você tiver o modo de pensar de "já passei por isso e gostei", as pessoas serão atraídas a você e quererão fazer o melhor que puderem quando se envolverem com você.

10. **Permaneça acessível como líder, modelo e treinador:** A porta aberta e o coração aberto convidam as pessoas a entrar na vida do líder. Essa abertura ocorre somente quando o líder inicia e assume a responsabilidade de fazê-lo. Encorajo você a assumir essa responsabilidade, porque quando você assume, você desenvolve uma ligação especial com seus liderados. Abertura, humildade e transparência são sempre muito atraentes. Estas qualidades dão às pessoas a permissão para fazer perguntas, assumir riscos e ser elas mesmas. E isso requer o desenvolvimento de liderança para um nível totalmente novo.

Nível 5: O Pináculo

A Maior Realização da Liderança É Desenvolver outros Líderes até ao Nível 4

5 **Pináculo**
— RESPEITO —
As pessoas o seguem por causa de quem você é e do que representa.

4 **Desenvolvimento de Pessoas**
— REPRODUÇÃO —
As pessoas o seguem por causa do que você faz para elas pessoalmente.

3 **Produção**
— RESULTADOS —
As pessoas o seguem por causa do que você faz para a empresa.

2 **Permissão**
— RELAÇÕES —
As pessoas o seguem porque querem.

1 **Posição**
— DIREITOS —
As pessoas o seguem porque são obrigadas.

É raro o líder que alcança o nível 5 — o pináculo. A liderança neste nível não só é a culminância da boa liderança nos outros quatro níveis, mas também requer alto grau de habilidade e certa quantia de talento natural de liderança. Muitas coisas são necessárias para desenvolver outros líderes, de modo que cheguem ao nível 4. Mas é o que os líderes de nível 5 fazem. Os indivíduos que chegam ao nível 5 lideram tão bem por tanto tempo que criam um legado de liderança na empresa em que servem.

> **Os indivíduos que chegam ao nível 5 lideram tão bem por tanto tempo que criam um legado de liderança na empresa em que servem.**

Os líderes pinaculares se destacam de todos os demais. São fora do comum, e trazem o sucesso consigo por onde quer que vão. A liderança neste nível elevado levanta a empresa toda e cria um ambiente que beneficia a todos, contribuindo para o sucesso. Líderes de nível 5 possuem uma influência que transcende a empresa e o campo de atividade no qual o líder trabalha.

Muitos líderes que alcançam o pináculo chegam quase no fim de suas carreiras. Mas o nível do pináculo não é um lugar de descanso para os líderes pararem e verem o sucesso. É um lugar de reprodução, de onde causam o maior impacto de suas vidas. É por isso que os líderes que alcançam o pináculo devem tirar o máximo proveito disso, enquanto puderem. Com gratidão e humildade, devem levantar tantos líderes quantos puderem, enfrentar tantos desafios grandes quantos possíveis e estender sua influência para fazer a diferença positiva muito além de sua empresa e campo de atividade.

As Vantagens do Pináculo

Sua Influência se Expande além do seu Alcance e Tempo

Quando escrevi sobre o nível 1, disse que à medida que você fosse subindo os 5 níveis da liderança, as vantagens aumentariam e as desvantagens diminuiriam. No entanto, o nível 5 não se ajusta a esse padrão. No pináculo, vejo apenas três vantagens principais. Mas ainda que sejam poucas, cada uma carrega tremendo peso e causa enorme impacto.

1. A Liderança Pinacular Cria uma Empresa de Nível 5

Muitas empresas lutam para continuar existindo. Outras trabalham duro para mover-se gradualmente na direção do crescimento ou aumento de rentabilidade. Enquanto isso, poucas empresas elevam-se acima das demais e funcionam em nível extraordinariamente alto. Qual é o segredo? Liderança. Grandes empresas têm grandes líderes e as melhores empresas que funcionam com a mais alta capacidade — empresas de nível 5 — tornam-se o que são, porque são lideradas por líderes de nível 5.

A General Electric é considerada modelo de empresa há décadas. Ano após ano é citada pela revista *Fortune* como uma das dez melhores empresas em liderança. Por quê? Porque por muitos anos foi liderada por Jack Welch, líder de nível 5, e sua ênfase era o desenvolvimento de outros líderes a fim de tornarem-se líderes de nível 4, ou seja, líderes que produzem outros líderes.

Pelo fato de os líderes de nível 5 capacitarem muitas pessoas para liderar mais amplamente, eles levantam o limite da liderança para todos na empresa. Pelo fato de produzirem muitos líderes e continuarem a produzir por longo período em suas carreiras, suas empresas desenvolvem uma mentalidade de abundância. As pessoas na empresa recebem muitas oportunidades e esperam continuar recebendo-as. Com o desenvolvimento de cada líder e a busca de cada oportunidade, a empresa continua ficando mais forte. E com o tempo, a liderança torna-se parte de seu DNA. E mesmo quando o líder se demite ou se aposenta, há muitos líderes prontos e aptos para assumir o lugar, porque empresas de nível 5 têm um fluxo de líderes sendo produzidos.

Pelo fato de os líderes de nível 5 terem aberto caminho para cada nível até chegarem à posição pinacular, entendem e praticam liderança de alto nível. A cada transição de um nível para o outro experimentaram uma transformação de algum tipo outro, e por conseguinte, têm um discernimento que lhes facilita reconhecerem onde os outros líderes estão no processo, bem como ajudarem os líderes a lidar com as diversas mudanças necessárias para passar para o próximo nível.

2. A Liderança Pinacular Cria um Legado dentro da Empresa

Líderes de nível 5 querem mais do que apenas administrar bem uma empresa. Querem mais do que ter sucesso. Querem criar um legado. O jornalista Walter Lippmann estava certo quando disse: "O teste final de um líder é que ele deixa para trás de si nas pessoas as convicções e a vontade de avançar". Se você alcançar o pináculo da liderança, você tem a oportunidade de causar um impacto que rompe os limites de sua gestão e, possivelmente, de sua vida. Isso acontece quando você desenvolve uma geração de líderes *que desenvolverão a próxima geração de líderes*.

> "O TESTE FINAL DE UM LÍDER É QUE ELE DEIXA PARA TRÁS DE SI NAS PESSOAS AS CONVICÇÕES E A VONTADE DE AVANÇAR."
> — *Walter Lippmann.*

Líderes de nível 5 são medidos pelo calibre dos líderes que desenvolvem, não pelo calibre de sua própria liderança. Sua abordagem à liderança muda proporcionalmente. Larry Bossidy, ex-CEO da AlliedSignal, entendeu isso, quando perguntou:

> Como estou me saindo como líder? A resposta é como estão se saindo as pessoas que você lidera. Aprendem? Gerenciam o conflito? Iniciam a mudança? Quando você se aposentar, você não se lembrará do que fez no primeiro trimestre de 1994. [...] O que você se lembrará é quantas pessoas você desenvolveu.

Não só isso, você se lembrará de como os desenvolveu e como efetivamente conseguiram avançar depois que você já não está liderando. Em empresas de nível 5, quando o líder da mais alta posição se demite, há muitos líderes prontos para levantar-se e tomar as rédeas. E a empresa experimenta uma continuidade desconhecida a empresas com líderes de menor gabarito.

3. A Liderança Pinacular Fornece Ampla Plataforma para Liderar

Nos Estados Unidos, acreditamos que todos têm o direito de falar. Mas mesmo em uma sociedade livre, a pessoa tem de ganhar o direito de ser ouvido. Líderes de nível 5 cumpriram com suas obrigações e ganharam esse direito. E porque lideram bem e desenvolvem outros para liderar bem, sua influência ultrapassa seu alcance atual. Pessoas fora de sua direta esfera de influência os ouvem e buscam seus conselhos. Líderes de nível 5 cruzam os limites de seu setor ou área de atuação para falar com autoridade. As pessoas os respeitam pelo que são e pelo que representam. Isso lhes dá uma plataforma maior e influência estendida. Têm, muitas vezes, a chance de causar um impacto mais amplo na sociedade ou promover a causa da liderança, redefini-la e dedicar-se inteiramente para a próxima geração de líderes.

Pense nos grandes líderes nas áreas governamentais, comerciais, educacionais e religiosas. Sua influência ultrapassa as organizações que lideraram. A autoridade de Nelson Mandela tem poucos limites. Todos o respeitam. Jack Welch já não lidera a General Electric, mas seus conselhos de liderança são procurados internacionalmente. Por décadas, os presidentes dos Estados Unidos procuraram os conselhos de Billy Graham. A influência desses líderes é extensa e sua reputação é lendária.

> **Pense nos grandes líderes nas áreas governamentais, comerciais, educacionais e religiosas. Sua influência ultrapassa as organizações que lideraram.**

Com esta influência estendida vem a responsabilidade de administrá-la com integridade. Líderes de nível 5 entendem que a mais alta posição de liderança não é lugar para ser servido pelos outros, mas para servir aos outros. Não é lugar de receber, mas de dar.

Margaret e eu vimos provas desse gerenciamento, quando visitamos o Museu Nobel em Estocolmo, Suécia. Nosso guia contou-nos histórias de grandes homens e mulheres que fizeram do nosso mundo um lugar melhor para viver. Um dos laureados com o Prêmio Nobel foi Albert Einstein, que disse:

> É estranha nossa situação aqui na terra. Cada um de nós vem para uma visita curta, sem saber porquê, mas às vezes parecendo adivinhar o propósito. Contudo, do ponto de vista da vida diária, há uma coisa que sabemos: que o homem está aqui para o bem dos outros homens, sobretudo, daqueles de cujo sorriso e bem-estar depende nossa felicidade, e também das inúmeras pessoas desconhecidas a cujo destino estamos ligados por um vínculo de simpatia. Muitas vezes por dia percebo o quanto a minha vida interior e exterior está fundamentada no trabalho dos meus semelhantes, vivos e mortos, e quão tenazmente devo me empenhar para dar em troca tanto quanto tenho recebido.

A reputação de Einstein ultrapassou a galeria do mundo acadêmico e o campo da física. Sua influência continua muito depois da morte. É o que acontece com líderes e pensadores do seu calibre. É o que acontece com líderes que chegam ao pináculo.

A jornada de liderança tem o potencial de levar os indivíduos através de um processo ao longo da vida dividido em três fases: *aprendizado*, *ganho*, *retorno*. No início da jornada, as pessoas que recebem uma posição de liderança são confrontadas com uma decisão. Agora vão aprender a liderar melhor, ou vão se valer da posição, proteger seu território e bancar o rei da montanha para manter o que conseguiram? Os que optam por aprender entram na fase do *aprendizado* e começam lentamente a subir os níveis da liderança. Quando atingem o nível da produção, recebem reconhecimento e as recompensas da liderança. É quando a maioria dos líderes entra na fase do *ganho*. Muitos se contentam em ficar por aí. Sobem hierarquicamente na empresa, têm o respeito dos colegas e vivem uma boa vida. Só os líderes que decidem devolver aos outros e desenvolver líderes entram na fase do *retorno*. Líderes que se dedicam ao desenvolvimento de mais líderes e entregam-se ferrenhamente à tarefa, dando o melhor de suas forças e recursos para levantar outros líderes, são os únicos que têm a chance de chegar ao pináculo.

Pouco importando onde você esteja em sua jornada de liderança, incentivo-o a aprender tudo o que puder e continuar aprendendo. E quando chegar à fase do *ganho*, não pare. Não lidere unicamente para benefício próprio. Comece a dar aos outros e a ensiná-los a liderar para que você entre na fase do *retorno*. Faça isso por tempo suficiente e suficientemente bem e você se dará a oportunidade de chegar ao nível 5 e experimentar suas vantagens.

As Desvantagens do Pináculo

Você Pode Começar a Acreditar que tudo Diz Respeito a Você

Cada nível de liderança tem desvantagens. Este nível não é exceção. Mas aqui está a boa notícia: menos líderes tornam-se vítimas das desvantagens do nível pinacular do que de qualquer outro. Por quê? Porque é difícil chegar ao pináculo sem grande medida de maturidade. Cada lição que os líderes aprendem nos níveis anteriores, torna-se um parâmetro que os ajuda a manter no curso. No entanto, aqui está a má notícia. Aqueles que são suscetíveis às desvantagens do pináculo caem drasticamente. Podem inviabilizar tudo pelo que trabalharam até chegar a este ponto.

Apresento as três coisas negativas das quais você precisa ter cuidado se alcançar o pináculo.

1. Estar no Pináculo Faz Você Achar que Chegou ao Apogeu

É irônico, mas um dos maiores perigos para os líderes pinaculares é semelhante a uma desvantagem para os líderes posicionais no nível inicial: pensam que já conseguiram o que tinham de conseguir. Se você entrou na liderança com a mentalidade de destino, e a levou consigo enquanto subia os 5 níveis da liderança, você pode pensar que o pináculo é um lugar para descansar, sentir o cheiro das flores e aproveitar ao máximo dos seus privilégios. Se você pensa assim, cuidado!

No livro *How the Mighty Fall* (Como os Poderosos Caem), Jim Collins escreveu que os que caem têm uma mentalidade de direito adquirido, reforçada pela arrogância. Foi o que escreveu para tais líderes: "O sucesso é visto como 'merecido' em vez de fortuito, fugaz ou mesmo duramente ganho em face das probabilidades desencorajadoras. As pessoas começam a acreditar que o sucesso continuará, quase não importando o que a empresa decida fazer ou não".

> É IRÔNICO, MAS UM DOS MAIORES PERIGOS PARA OS LÍDERES PINACULARES É SEMELHANTE A UMA DESVANTAGEM PARA OS LÍDERES POSICIONAIS NO NÍVEL INICIAL: PENSAM QUE JÁ CONSEGUIRAM O QUE TINHAM DE CONSEGUIR.

As decisões do líder sempre causam impacto para melhor ou para pior. Líderes que chegaram ao auge da profissão ou ao topo da empresa não podem tomar nada como garantido. Pouco importando como foram bem no passado, ainda precisam criar estratégias, pesar decisões, planejar e trabalhar em alto nível. O impulso pode vencer muitos problemas, mas mesmo o grande impulso não consegue compensar permanentemente a estupidez, a arrogância ou a negligência.

Nem devem tratar a empresa como propriedade pessoal, mesmo que *seja* de sua propriedade. Cada empresa para a qual as pessoas trabalham é uma relação de confiança. Se você é o líder, você não pode tomar decisões tendo apenas você e os seus interesses pessoais em mente. A quem muito é dado, muito lhe será exigido.

As pessoas que chegam ao topo do seu ramo de atividade sempre estão em perigo de pensar que não têm mais nada para aprender. Se isso acontece com você, é o começo do fim. Para serem eficazes, os líderes sempre devem ser estudantes. Pode ser que você nunca chegue ao topo, que você só esteja se esforçando para melhorar. Esta é a mentalidade que você deve ter a cada dia de sua liderança. Se você parar de aprender, você está acabado.

> SE VOCÊ PARAR DE APRENDER, VOCÊ ESTÁ ACABADO.

2. Estar no Pináculo Leva Você a Acreditar no que Dizem de Você

Poucas coisas são mais ridículas do que líderes que se levam muito a sério e acreditam que são o presente de Deus para os outros. Contudo, é o que acontece continuamente. A história está repleta de histórias de pessoas que se empolgaram com o poder e a posição.

Um desses líderes foi Gustavo Adolfo, rei da Suécia. Foi conhecido como brilhante comandante militar, e durante o seu reinado elevou a Suécia ao *status* de grande potência europeia e marcou o início do que se conhece por a idade de ouro da Suécia. Mas, como muitos líderes fortes, acreditou que qualquer coisa que desejasse fazer automaticamente teria sucesso.

Quando o rei lutou na Guerra dos Trinta Anos, desejou governar o mar Báltico. Para isso, estava resoluto a construir um navio que sobrepujasse os outros navios em tamanho e beleza. Determinou as medidas e o armamento do navio, embora não tivesse especialização naval, e deu para os construtores. As seguintes palavras foram escritas sobre este empreendimento: "Nada pode ser mais impressionante e mais dedicado a glorificar vossa majestade real do que o vosso navio trazer a mais magnífica decoração já feita para singrar os oceanos".

O navio foi chamado de *Vasa*, em homenagem à casa real do monarca. Conforme a guerra avançava em fúria, o rei ficou impaciente para que o navio fosse lançado. Testes foram marcados para verificar a estabilidade, mas o monarca não toleraria atrasos. Assim, em 10 de agosto de 1628, Vasa *foi* lançado em sua viagem inaugural. Milhares de pessoas viram o navio partir lentamente do porto em Estocolmo. Mas assim que o navio foi exposto a uma rajada de vento, começou a balançar. Virou para a esquerda, fez água e afundou a algumas centenas de metros da costa, pouco mais de um quilômetro de onde partiu! É claro que a confiança do rei não foi suficiente para manter o sonho flutuando.

Toda vez que o líder acredita no que dizem dele, ele está em apuros. Quando as pessoas sobressaem-se a elevado nível em sua profissão, um tipo de mitologia cresce em torno delas. Tornam-se maiores do que a realidade na mente dos outros. Grande parte do tempo é badalação. Nenhum líder de nível 5 é tão bom como as pessoas lhe creditam. E, pouco importando o tempo e a perfeição com que já liderou, nenhum líder está acima das leis da liderança. As leis são como a gravidade. Aplicam-se a você, quer acredite nelas ou não.

Se você se tornar líder de nível 5, nunca esqueça que, como todo mundo, você começou na parte de baixo como líder posicional. Você teve de trabalhar para construir relações. Você teve de provar sua produtividade. E investir na vida dos outros ocorreu apenas com esforço. Seja confiante, mas também seja humilde. Se você se tornar bem-sucedido, é só porque muitas outras pessoas ajudaram você ao longo do caminho.

3. Estar no Pináculo Faz Você Perder o Foco

Quando os líderes chegam ao nível 5, o número de oportunidades que recebem se torna extraordinário. Todos querem ouvir o que esses líderes têm a dizer. Mas muitas destas oportunidades são pouco mais que distrações. Não ajudam a empresa ou a causa do líder.

Em *Empresas Feitas para Vencer: Good To Great*, Jim Collins conta a história que ilustra como isso acontece. O exemplo que dá é do ex-presidente da Chrysler, Lee Iacocca. Collins escreve:

> Lee Iacocca, por exemplo, salvou a Chrysler da beira da catástrofe, realizando uma das mais célebres (e merecidas) inversões na história das empresas americanas. Na metade de sua gestão, a Chrysler subiu à altura de 2,9 vezes o mercado. Mas então, concentrou a atenção para tornar-se um dos CEOs mais famosos da história das empresas americanas. O Investor's Business Daily e o Wall Street Journal registraram que Iacocca compareceu regularmente em programas de entrevistas, como o Today Show e o Larry King Live, estrelou pessoalmente em mais de oitenta comerciais, entreteve a ideia de concorrer à presidência dos Estados Unidos (citou em determinado momento: "Administrar a Chrysler é um trabalho maior do que governar o país. [...] Posso sanar a economia nacio-

> nal em seis meses") e promoveu amplamente sua autobiografia. O livro Iacocca vendeu sete milhões de exemplares e o elevou ao *status* de estrela de rock. [...] Os títulos pessoais de Iacocca subiram vertiginosamente, mas, na segunda metade de sua gestão, as ações da Chrysler caíram 31% abaixo do mercado em geral.[1]

Se os líderes que chegam ao pináculo querem aproveitar ao máximo o tempo que ali ficarem, devem permanecer focados na visão e propósito e continuar fazendo liderança do mais alto nível.

Lamento em confessar que perdi ocasionalmente o foco na minha liderança. Aconteceu na EQUIP há vários anos. Durante os primeiros oito anos de existência da empresa, estávamos focados em treinar um milhão de líderes internacionalmente. Chamamos o empreendimento de Gestão de Um Milhão de Líderes. Isso consumiu nossa atenção, e colocamos todos os nossos recursos ao trabalho de fazer isso acontecer. Quando atingimos o objetivo, comemoramos. Dei a cada membro do pessoal, instrutor de liderança e aos principais doadores um anel em agradecimento pela ajuda. Mas então, perdemos o foco. Continuamos a treinar líderes, mas tivemos uma queda. Como eu não estava focado em um novo alvo, a equipe também não estava. Esse foi um grande erro e significava que não usamos o impulso que tínhamos construído para continuar avançando no mesmo ritmo anterior. A boa notícia é que os líderes da EQUIP se reuniram, identificaram nossa próxima grande montanha e reconcentraram o foco de nossas energias para fazer a escalada.

Pouco importando onde você esteja na jornada de liderança, nunca esqueça que o que levou você para onde você está não o levará para o próximo nível.

Pouco importando onde você esteja na jornada de liderança, nunca esqueça que o que levou você para onde você está não o levará para o próximo nível. Cada passo à frente exige foco e a vontade de continuar aprendendo, adaptando, elaborando estratégias e trabalhando. Você não fica no topo sem foco, humildade e trabalho duro.

Os Melhores Comportamentos para o Nível 5

Como Usar o Pináculo como Plataforma para Fazer Algo Maior que Você Mesmo

Liderança sempre diz respeito aos outros, não ao líder. Esta é uma verdade em todos os níveis, e é especialmente importante no nível 5, porque ter pessoas seguindo você por profundo respeito é o ápice da liderança. Os líderes pinaculares têm muita potência, e precisam fazer bom uso dela enquanto estão no topo, para que façam mais do que ajudarem a si mesmos. Apresento minhas sugestões.

1. Abra Espaço para outros no Topo

Uma das coisas mais importantes que o líder de nível 5 pode fazer é dar espaço no topo para outros líderes. A maioria dos líderes tem o objetivo de cultivar *seguidores*. Mas reunir seguidores não cria espaço para outros líderes. Como líder pinacular, você deve criar esse espaço. Isso começa no nível 4, quando você inicia o desenvolvimento de líderes. Se assim você faz continuamente e promove bons líderes sempre que possível, você gera um ciclo de mudança positiva na empresa que cria espaço para líderes. Parece contraintuitivo. Ter mais líderes não criaria menos espaço? Não. E veja a razão: quando você desenvolve um líder que desenvolve outros líderes, você cria mais espaço na parte de cima, porque

> **"O LÍDER FINAL É AQUELE QUE ESTÁ DISPOSTO A DESENVOLVER AS PESSOAS ATÉ AO PONTO EM QUE O SUPEREM EM CONHECIMENTO E CAPACIDADE."**
>
> — ***Fred A. Manske Jr.***

você aumenta o tamanho e o poder da empresa inteira. Cada vez que você desenvolve bons líderes e encontra um lugar para liderarem e causarem impacto, eles reúnem mais pessoas boas para eles. Como resultado, a empresa cresce (juntamente com o seu potencial), e precisa de mais bons líderes. Esse processo cria um ciclo de expansão e um tipo de impulso em direção ao topo para outros líderes, que ajuda a impulsionar a empresa para a frente.

Desenvolver líderes do nível pinacular requer intencionalidade e grande habilidade. Não é fácil desenvolver líderes. É ainda mais difícil desenvolver líderes que se dedicarão a desenvolver outros líderes em vez de apenas liderar. Ao estudar os líderes que tinham apenas seguidores *versus* líderes que desenvolveram líderes, percebi algumas diferenças sutis, mas claras. Apresento as características do líder de nível 5 que desenvolve líderes.

O desejo do líder: Ser bem-sucedido em vez de ser necessário

No início de minha carreira de liderança eu gostava quando as pessoas precisavam de mim. E era música para os meus ouvidos quando me diziam isso. Gostava de ouvir coisas como "Não teríamos conseguido sem você. O que faríamos se você fosse embora? Você é o único líder que realmente nos entende". Infelizmente, acreditei nelas!

A realidade é que ninguém é indispensável. Pior ainda, permitir que os outros se tornem dependentes faz pouco mais do que satisfazer o ego do líder. É um estilo de liderança muito limitante que tem vida útil muito curta.

O primeiro passo no desenvolvimento de líderes é ter o desejo de desenvolver as pessoas para que tenham sucesso sem você. Fred A. Manske Jr., escritor de temas de liderança e ex-executivo da FedEx, observou: "O líder final é aquele que está disposto a desenvolver as pessoas até ao ponto em que o superem em conhecimento e capacidade". No nível do pináculo, este sempre deve ser o seu objetivo.

O foco do líder: Trabalhar nos pontos fortes das pessoas em vez trabalhar nos pontos fracos

Há líderes que adotam a abordagem de aconselhamento para o desenvolvimento de pessoas. Com isso, quero dizer que eles se concentram no que a pessoa está fazendo mal ou errado e focam a atenção em ajudá-las a fazer as correções nessas áreas. De fato, quando comecei minha carreira, passei muito tempo aconselhando pessoas. Mas, para minha grande frustração, via pouca melhora nas pessoas com quem trabalhava. Para ser justo, eu não era um bom conselheiro. Mas também tive um momento de eureca quando descobri o principal motivo de não estarmos fazendo progressos. Eu estava focado nos pontos fracos das pessoas. Não é assim que desenvolvemos pessoas.

Se você quer desenvolver as pessoas, você deve ajudá-las a descobrir e utilizar os pontos fortes que tiverem. É onde as pessoas têm o maior potencial para crescer. Ajudar a desenvolver seus pontos fortes é a única maneira de ajudar os líderes a tornarem-se de classe internacional.

A atitude do líder: Abrir mão do poder em vez de acumulá-lo

Você brincou de seguir o líder quando era criança? O objetivo da brincadeira era manter a primeira posição da fila tanto quanto possível. As crianças que ganhavam eram mais arrojadas na tentativa de fazer algo que ninguém mais conseguisse imitar. Como líder de nível 5, você precisa ser tão arrojado no que tange a dar poder a outros líderes, quanto estivesse acumulando-o quando era criança. Isso requer atitude de abundância, em que a mentalidade é: "Vamos liderar juntos". Você tem de ser um delegante de poder

> "O MODELO DE LIDERANÇA QUE DELEGA PODER DESLOCA-SE DO 'PODER DA POSIÇÃO' PARA O 'PODER DAS PESSOAS', EM QUE TODAS AS PESSOAS RECEBEM PAPÉIS DE LIDERANÇA DE MODO A CONTRIBUÍREM À SUA MÁXIMA CAPACIDADE."
>
> — *LYNNE JOY MCFARLAND*

de classe internacional. Como Lynne Joy McFarland afirmou no livro *21st Century Leadership: Dialogue with 100 Top Leaders* (Liderança do Século XXI: Diálogo com 100 Principais Líderes): "O modelo de liderança que delega poder desloca-se do 'poder da posição' para o 'poder das pessoas', em que todas as pessoas recebem papéis de liderança de modo a contribuírem à sua máxima capacidade".

A perspectiva do líder: Ver os líderes potenciais como podem ser em vez de como são

Uma das chaves para o desenvolvimento de líderes em qualquer nível é ver as pessoas não como são ou como os outros as veem, mas como poderiam ser. Ter participação em preencher o espaço entre como alguém é e a realização do seu potencial é o que motiva os líderes de nível 5 a levantarem outros líderes de nível 4. Ver *o que é* requer muito pouco talento. Ver *o que poderia ser* e ajudar a tornar real requer visão, imaginação, habilidade e empenho. É o que o líder pinacular precisa trazer à mesa.

O impacto do líder: Saber disso requer que o líder de nível 5 desenvolva o líder de nível 4

Liderar e desenvolver líderes não é fácil. Líderes com alto potencial só seguirão líderes que estejam à frente deles em termos de capacidade e experiência ou em ambos os quesitos. Alguém que é 9 na liderança não seguirá alguém que é 5. Por essa razão, os líderes pinaculares não podem delegar o processo de desenvolvimento de liderança de líderes potenciais a outros que sejam menos talentosos do que aqueles que estão sendo mentoreados. Não funciona. Se existem líderes potenciais de nível 4 ou nível 5 em sua empresa e você é líder de nível 5, você tem de dedicar tempo e esforço para mentoreá-los. Caso contrário, irão para outro lugar a fim de encontrarem um líder de nível 5 que queira mentoreá-los. Os melhores líderes potenciais não permanecerão na empresa, a menos que você vá onde eles estão, estenda a mão e os ajude a subir até o nível que você está.

2. Mentoreie continuamente os Líderes Potenciais de Nível 5

Tenho ensinado e escrito sobre temas de liderança ao longo de três décadas e meia. Nesse tempo, tive o privilégio de trabalhar com uma série de empresas. Cada uma delas é única com problemas, necessidades e condições diferentes umas das outras. No entanto, todas tinham uma coisa em comum. Precisavam de mais e melhores líderes! Ninguém de nenhuma dessas empresas jamais disse: "Temos líderes demais. E os que temos são melhores do que queremos. Pode nos ajudar a nos livrar de alguns?".

Recentemente, assisti a uma entrevista entre meu amigo Bill Hybels e o ex-CEO da General Electric Jack Welch. Bill fez algumas perguntas a Welch sobre sucessão (assunto que tratarei especificamente mais tarde). Welch disse que alguns anos antes de sair da General Electric, ele fez uma lista de sucessores potenciais. A lista tinha três categorias: líderes com posição privilegiada, líderes com potencial e líderes com poucas chances, e citou vários nomes.

Enquanto falava, comecei a me perguntar como escolheu o sucessor entre os líderes com posição privilegiada. Mas antes que meus pensamentos fossem muito longe, Welch me surpreendeu, mencionando que o sucessor viera da categoria dos líderes com poucas chances. E isso me fez pensar sobre a importância do mentoreamento. Cheguei a estas conclusões:

1. Você tem de ter muitos bons líderes para escolher os melhores líderes.

2. Você tem de dar o seu melhor a todos os líderes potenciais de nível 5, porque você pode ficar surpreendido por quem termina como o mais forte.

Pouco importando qual seja o seu potencial de liderança, você tem de esforçar-se para abrir caminho até ao nível 4, de modo que possa investir nos outros. Mas se você atingir o nível 5, você tem uma responsabilidade muito maior. Ninguém mais do que um líder de nível 5 pode levantar outros líderes de nível 5. Se você chegar ao pináculo, dê o seu melhor para os seus melhores líderes potenciais e nunca pare de mentoreá-los.

3. Crie um Círculo Íntimo que Mantenha Você com os Pés no Chão

Quando os líderes chegam ao nível 4, o seu círculo íntimo os torna melhor. A lei do círculo íntimo diz que aqueles mais próximos dos líderes determinam seu potencial. Os membros do círculo íntimo ajudam os líderes a levar a empresa para um nível mais alto. Isso ainda é verdade no nível 5, mas o círculo íntimo também tem de cumprir outra função: manter o líder com os pés no chão. Como já expliquei, é muito fácil os líderes de nível 5 começarem a acreditar no que se dizem deles. Um bom círculo íntimo ajuda os líderes no nível pinacular a evitar essa armadilha.

Jim Collins em *How the Mighty Fall* (Como os Poderosos Caem), escreve sobre a dinâmica da erosão da equipe saudável que pode ocorrer em empresas altamente bem-sucedidas. "Há um acentuado declínio na qualidade e na quantidade de diálogo e debate. Há uma mudança em relação ou ao consenso ou gestão ditatorial, em vez de haver um processo de argumentação e desacordo seguido pelo compromisso unificado de executar as decisões". Quando essas coisas ocorrem, o líder e a empresa são dirigidos ao problema.

No nível 5, um bom círculo íntimo permite que os líderes sejam eles mesmos, mas os membros do círculo íntimo também lhes dirão a verdade sobre eles mesmos. Estas coisas mantêm a jornada agradável, evitam a solidão e guardam os líderes de cultivarem o excesso de confiança. E aqui está a boa notícia. As pessoas em seu círculo íntimo podem se tornar suas pessoas favoritas, como uma família.

4. Faça Coisas para a Empresa que só Líderes de Nível 5 Fazem

Estar no nível 5 permite que o líder veja e faça coisas que não podem ser feitas de outro lugar na liderança. Algumas dessas coisas são óbvias. Se você é o principal líder em sua empresa, você precisa guiá-la. Você precisa ser um bom modelo para todos na empresa, valorizando as pessoas, continuando a crescer, praticando a regra de ouro, sendo autêntico, exibindo bons valores e vivenciando as prioridades certas.

Outras coisas são menos óbvias e muito específicas para a sua situação e empresa. Você pode criar um produto ou serviço inovador. Você pode defender um valor ou causa que ninguém mais pode defender com tanta eficácia. Você pode ajudar as pessoas a melhorar de vida. Você pode impactar a comunidade de uma forma única. Você pode ter relações com pessoas que podem ajudá-lo a fazer algo importante. Todo trabalho que você fez e toda influência que você ganhou ao longo dos anos estão em suas mãos para que você faça algo maior. Você tem de manter os olhos, ouvidos e coração abertos para as possibilidades. O sucesso que você tem não lhe foi dado só para você mesmo. Líderes de nível 5 têm uma plataforma da qual lideram e persuadem. Sempre que possível, use-a para repassar as coisas que o ajudaram. Liderança é influência. Aproveite-a para agregar valor aos outros.

5. Planeje a Sucessão

Em meados da década de 1980, tive o privilégio de passar alguns dias com Peter Drucker, especialista em gestão. Um grupo de líderes teve a oportunidade de sentar-se com ele, ouvir, tomar notas e fazer perguntas. Aprendi muitas coisas maravilhosas com Drucker, mas houve uma pergunta que ele fez que me desafiou mais do que qualquer outra coisa. Durante a sessão, perguntou a cada um de nós: “Quem vai substituir você?”.

Antes desse tempo, nunca tinha pensado a respeito. Quando Drucker perguntou, não soube responder. Mas saí dali determinado a viver de tal forma que eu fosse capaz de responder. E desse dia em diante, dediquei-me a desenvolver líderes em minha esfera de influência e ajudá-los a estarem prontos para liderar em nível tão elevado quanto possível.

Deixar um sucessor é o último grande presente que o líder dá para a empresa. As dificuldades da transição de liderança são muito comuns, e, como passar o bastão em uma corrida de revezamento, a transição de liderança tem de ser cuidadosamente planejada e bem executada. O sucesso depende de o líder passar o bastão para o próximo líder quando ambos estiverem correndo a toda velocidade. O escritor Lorin Woolfe diz: "O derradeiro teste para o líder não é se ele toma decisões inteligentes e age com decisão, mas se ensina os outros a serem líderes e constrói uma empresa que sustente o sucesso, mesmo quando ele, o líder, não estiver mais presente". Os verdadeiros líderes colocam o ego de lado e esforçam-se para criar sucessores que façam mais do que eles. E planejam entregar o bastão da liderança alegremente, quando ainda estão trabalhando no seu pico. Se o líder já começou a desacelerar, o bastão está sendo passado tarde demais. Nenhum líder deve prejudicar o impulso da empresa ficando por tempo demais apenas por gratificação própria. O problema número um na empresa liderada por líderes de nível 5 é que eles ficam por tempo demais. Portanto, se você é líder de nível 5 que dirige a empresa, planeje a sucessão e saia *antes* de sentir que você tem de sair.

6. Deixe um Legado Positivo

Alguém perguntou a Billy Graham o que mais o surpreendeu na vida. "A brevidade da vida", respondeu. Agora que já estou na casa dos sessenta, tenho de concordar com ele. Quando somos jovens, mal podemos esperar para chegar a algum lugar na vida — ter sucesso, subir de hierarquia, causar impacto. Se você tem uma personalidade ousada, você age sem demora e conquista terreno tanto quanto possível. Mas à medida que envelhece, você percebe que há muito mais na vida do que sucesso. Você quer fazer a diferença. E se pensar a respeito suficientemente cedo na vida, você terá a oportunidade de deixar um legado positivo. É o que desejo fazer. Espero que você também.

Uma das chaves para chegar ao fim da vida sem arrependimento é fazer o trabalho de criar um legado duradouro. Se você é líder de nível 5, incentivo-o a usar a influência que você tem agora para criar um mundo melhor. Como? Primeiro, reconheça que o que você faz diariamente, ao longo do tempo, torna-se o seu legado. Quer seja ter tempo de qualidade com a família todos os dias, economizar dinheiro e investir todo mês, falar palavras gentis e motivadoras para aos outros todo dia são ações que resultam em um legado de impacto positivo.

ALGUÉM PERGUNTOU A BILLY GRAHAM O QUE MAIS O SURPREENDEU NA VIDA. "A BREVIDADE DA VIDA", RESPONDEU.

Segundo, decida hoje o que você quer que seja seu legado. Como você quer ser lembrado? O que você gostaria que as pessoas dissessem sobre você no seu funeral? Você tem uma visão do impacto positivo que você quer deixar para trás de você? Você sabe o que investir em líderes potenciais que quererão ajudá-lo a construir esse impacto positivo?

Por fim, entenda que o legado é a soma de sua vida inteira, não apenas retalhos. Se fracassou, está tudo bem. A vida tomou um rumo que foi menos do que o ideal? Deixe isso para trás. Ponha-se na direção certa e, a partir de hoje, comece a mudar o modo em que você vive. Cumpra sua missão e visão de vida. Faça agora antes que seja tarde demais para mudar.

Não se deixe chegar ao final da vida imaginando como ela deveria ser. Resolva hoje o que a vida será, e então aja a cada dia para viver os seus sonhos e deixar um legado!

As Leis da Liderança Relacionadas ao Nível do Pináculo

Ao considerar os diferentes aspectos do nível 5, tenha em mente como as seguintes leis da liderança entram em operação.

A Lei do Respeito

As Pessoas, naturalmente, Seguem Líderes mais Fortes que elas

Quando escrevi a visão geral dos 5 níveis da liderança no primeiro capítulo, usei a palavra *respeito* para descrever o nível 5. No pináculo, os líderes lideram tão bem por tanto tempo que se tornam imponentes e as pessoas são influenciadas por sua reputação, mesmo antes que haja contato direto entre os líderes e seus seguidores. Ralph Waldo Emerson disse: "Toda grande instituição é a sombra alongada de um único homem". Esse sentimento é boa descrição dos líderes de nível 5. Sua presença causa impacto.

É verdade que líderes ganham respeito a cada nível. Ganham mostrando merecimento pela chance de liderar no nível 1, desenvolvendo relações no nível 2, formando uma equipe produtiva no nível 3 e desenvolvendo pessoas no nível 4. Mas no nível 5, o respeito que ganharam começa a aumentar. Todos querem seguir um verdadeiro líder de nível 5.

> "TODA GRANDE INSTITUIÇÃO É A SOMBRA ALONGADA DE UM ÚNICO HOMEM."
> — *RALPH WALDO EMERSON*

A Lei da Intuição

Líderes Avaliam tudo em Função da Liderança

Todo mundo é intuitivo. Todos temos forte intuição na área de nossos talentos. O que os líderes de nível 5 possuem em abundância é a intuição da liderança, e por consequência, veem tudo em função da liderança. Bons líderes aprendem a confiar no que Emerson chamou de "impulso abençoado". É o palpite que informa a você que algo está certo. Líderes de nível 5 aprendem a confiar nesses instintos e agir de acordo.

De todas as leis da liderança que ensino, a lei da intuição é a mais difícil. Por quê? Porque as pessoas, em sua maioria, têm dificuldade em ensinar as áreas em que são intuitivas. A intuição é a habilidade de ter um *insight* imediato sem pensamento racional. Se você realiza tarefas de liderança, sabendo que são certas, mas não as tendo examinado com o pensamento racional, é difícil explicar por que você fez o que fez.

Quanto mais naturalmente talentoso você for na liderança, mais forte será sua intuição de liderança. Aprenda a confiar nela. E se seu talento na liderança não é muito, não perca a esperança. Mesmo que seja verdade que sua intuição de liderança nunca será tão alta quanto a de um líder natural, você ainda pode desenvolver a intuição de liderança com base na experiência de liderança e no pensamento reflexivo sobre seus fracassos e sucessos.

A Lei do Momento

Quando Liderar É tão Importante quanto o que Fazer e para onde Ir

Estreitamente relacionada com a lei da intuição está a lei do momento, porque o momento é também amplamente instintivo. Saber o que fazer pode ser relativamente fácil para um líder eficaz no nível 3. Saber o momento certo pode ser muito mais difícil. Por quê? Porque existem muitos fatores intangíveis. Muitas vezes, um palpite é tudo o que temos em que nos apoiar para tomar uma decisão relacionada ao momento e isso é difícil de explicar. As pessoas tendem a ouvir fatos duros e respeitar o ponto de vista da pessoa que os expressa. A intuição não tem tanta influência, a menos que você tenha um histórico comprovado de avaliações certas para lhe dar respaldo.

Os líderes no nível 5 têm tanta experiência e credibilidade que outros ouvem seus palpites quando se trata do momento certo. Se você ainda não está no nível 5, então saiba que as pessoas podem não confiar no seu conselho quando se trata do momento certo. Mas não se desespere. Ouça sua intuição, anote quando está certa ou errada e desenvolva uma reputação que lhe dará a credibilidade que você deseja.

> O OBJETIVO NA VIDA NÃO É VIVER PARA SEMPRE. O OBJETIVO NA VIDA É CRIAR ALGO QUE DURE.

A Lei do Legado

O Valor Duradouro de um Líder É Medido pela sua Sucessão

Já falei sobre a importância do legado no nível 5, portanto não preciso dizer muito aqui. Permita-me deixar você com este pensamento: O objetivo na vida não é viver para sempre. O objetivo na vida é criar algo que dure. A melhor maneira de fazer isso como líder de nível 5 é investir o que você tem na vida das pessoas.

A Lei do Crescimento Explosivo

Para Aumentar o Crescimento, Lidere os Seguidores; para Multiplicar, Lidere os Líderes

Toda vez que você desenvolve um líder potencial de nível 4, você muda a empresa para melhor e aumenta o potencial dela. Por quê? Porque...

> Quando você desenvolve um seguidor, você ganha um seguidor.
>
> Quando você desenvolve um líder, você ganha um líder e todos os seus seguidores.
>
> Quando você desenvolve um líder de nível 4, você ganha um líder que cria outros líderes e você ganha todos os líderes e todos os seguidores que eles tiverem.

É por isso que líderes de nível 5 são tão poderosos e suas empresas têm potencial ilimitado!

Ajude as Pessoas a Subir para os Níveis 4 e 5

Crie Momentos de Cadinho para os Líderes que Você Desenvolve

Neste ponto das seções anteriores do livro, tratei das crenças que ajudam você a subir para o próximo nível de liderança. No entanto, quando você está no nível do pináculo, não há lugar para subir na liderança. Então, o que vou fazer nesta seção? Ensiná-lo a ajudar as *pessoas* a subir para os níveis mais elevados de liderança. Assim que você chegar ao nível 5, o foco não deve ser promover-se a todo custo; deve ser ajudar as *pessoas* a subir tão alto quanto puderem.

Qual é o segredo para aprender a liderar? Liderar. É o mesmo que dizer que você aprende a dirigir um carro dirigindo um carro. Ou que você aprende a cozinhar cozinhando. Todas são verdadeiras. Como o escritor Mark Twain disse ironicamente: "Conheço uma pessoa que pegou um gato pela cauda e aprendeu 40% mais sobre gatos do que quem não o pegou". Pode parecer uma situação absurda, como o velho lamento que você não consegue um emprego sem primeiro ter experiência, mas você não consegue experiência sem primeiro ter um emprego. É onde você entra.

Como mentor, você pode dar a líderes inexperientes as experiências de liderança que os tornam melhor. Uma pequena experiência faz muito mais do que um monte de teoria. Você já ouviu o ditado: "Quando a pessoa com dinheiro encontra a pessoa com experiência, a pessoa com experiência recebe o dinheiro e a pessoa com dinheiro recebe a experiência". Como líder experiente, você pode identificar líderes potenciais, pode descobrir que tipos de experiências eles necessitam e pode lhes oferecer essas experiências em um ambiente controlado, onde seus erros e fracassos não os tire completamente do jogo da liderança.

Você consegue identificar as experiências que lhe ensinaram lições de liderança inestimáveis e o moldaram como pessoa e líder? Eu consigo. Estes são momentos de cadinho. Enquanto escrevia *As 21 Irrefutáveis Leis da Liderança*, fiquei surpreso ao descobrir que conseguia me lembrar de uma experiência específica para cada lei que a reforçava em minha consciência de liderança. Por exemplo, a lei da vitória tinha-se tornado em realidade para mim em 1970, quando levei minha empresa a alcançar um objetivo que quase todos acreditavam ser impossível. A lei do círculo íntimo tornou-se clara para mim no meu quadragésimo aniversário, quando tive de admitir para mim mesmo que eu não era tão bem-sucedido quanto esperara ser, e se era para eu realizar tudo o que eu desejava, precisava desenvolver um círculo íntimo de outros líderes para trabalharem ao meu lado.

Os incidentes-chave de sua vida — os momentos de cadinho — moldaram você. Geraram avanços extraordinários para você. E as experiências de liderança que você teve, boas e más, fizeram de você o líder que você é hoje. O mesmo acontecerá com aqueles que você liderar e desenvolver. Por que não ajudar os outros a ter tantos avanços positivos quantos possíveis enquanto estão sob seus cuidados?

Recentemente li um artigo de Robert J. Thomas no *MIT Sloan Management Review* que confirma minhas observações sobre o desenvolvimento de liderança. Thomas argumenta que as empresas que fazem um bom trabalho em desenvolver líderes usam as experiências de cadinho como "uma espécie de forma superconcentrada de desenvolvimento de liderança". Escreve:

> Cadinhos ocorrem dentro e fora do trabalho. Alguns tomam a forma de revés, como morte na família, divórcio, perda de emprego. Outros envolvem uma suspensão, um período de transição que as pessoas atravessam enquanto fazem pós-graduação, estão em campo de treinamento, desempregadas ou até presas. Uma terceira forma é o cadinho do novo território, em que o indivíduo é arrastado para uma nova função social ou solicitado a assumir um cargo no exterior em um país desconhecido[2].

Em seguida, Thomas descreve duas organizações muito diferentes que orquestram e gerenciam experiências de cadinho para ajudar seus líderes a desenvolverem-se e crescerem: a Igreja Mórmon e os Hells Angels, clube de entusiastas de motocicletas. Thomas afirma:

> Ambas as organizações são entidades grandes, duráveis, complexas, multiunitárias e multinacionais que têm crescido rapidamente nas últimas três décadas. Ambas têm fronteiras fechadas e promovem o recrutamento seletivo de novos membros, raramente admitindo conversos nos altos escalões da liderança. Contudo, nenhuma sofre de um acervo genético de fraca liderança. Cada grupo utiliza uma determinada atividade como experiência de cadinho para o desenvolvimento do líder.
>
> Para a Igreja Mórmon, o cadinho mais visível é a experiência missionária, um teste de fé, identidade e talento de liderança que também serve de principal motor de crescimento para o rol de membros da igreja. Para os Hells Angels, assume a forma de "corrida" de motocicleta, um evento marcante em sua semelhança funcional ao de um tempo de serviço missionário. Uma breve análise destes cadinhos organizacionalmente instigados mostra como contribuem para a desenvolvimento do líder fundamentado na experiência[3].

Thomas também destaca menos dramaticamente que a Toyota, a Boeing, a General Electric e a MIT também têm uma abordagem experimental para o desenvolvimento da liderança.

Se você deseja tirar o máximo proveito de sua influência no nível 5, então precisa criar momentos de cadinho que permitam que os seus melhores líderes alcancem seu potencial de liderança. Apresento algumas sugestões de como você pode cuidar desta questão.

1. Identifique e Crie Lições de Liderança de Cadinho para os Líderes Aprenderem

Comece identificando as qualidades e habilidades essenciais que todo bom líder deve possuir. Este será o seu esquema para apresentar experiências-chave e testar líderes potenciais enquanto estão se preparando. Esta é a lista que desenvolvi após meu quadragésimo aniversário, quando percebi que precisava me dedicar ao desenvolvimento de meu círculo íntimo de líderes:

Integridade	Solução de problemas
Visão	Comunicação
Influência	Criatividade
Entusiasmo	Trabalho em equipe
Serviço	Atitude
Confiança	Autodisciplina

Assim que compus a lista, procurei oportunidades para colocar os líderes em situações onde possam aprender lições baseadas em experiência nessas áreas. Por exemplo, sempre que havia um problema na empresa, eu não o resolvia. Em vez disso, enviava um dos líderes sob meu desenvolvimento para achar uma solução. Depois, conversávamos sobre como ele resolveu o problema e o que aprendeu. Para ajudar na comunicação, quando os líderes estavam prontos, dava-lhes a oportunidade de falar: a grupos diversos, aos líderes ou a toda a empresa. Em seguida, falávamos sobre o que deu errado e o que deu certo e o que poderíamos fazer na próxima vez para melhorar. Se meu objetivo fosse que desenvolvessem a influência e melhorassem o trabalho em equipe, pedia que recrutassem uma equipe de voluntários para um evento ou programa e trabalhassem com essa equipe até o fim. Já deu para entender. Quando você lidera uma empresa, você não pode estar focado apenas no cumprimento da visão ou na realização do trabalho. Cada desafio, problema, oportunidade ou iniciativa é uma chance para você emparelhar líderes potenciais a uma experiência de desenvolvimento de liderança que mudará quem são. Procure pensar nesses termos todos os dias.

2. Procure Momentos de Cadinho Inesperados para os Líderes Aprenderem com eles

As pessoas não aprendem as coisas só porque queremos que aprendam. Líderes de nível 5 entendem que momentos ensináveis vêm em consequência de "alavancas" em suas vidas. A mudança ocorre na vida das pessoas quando...

Sofrem suficientemente para que a tenham (dor e adversidade),

Aprendem suficientemente para que a desejem (educação e experiência), ou

Recebem suficientemente para que fiquem aptas para ela (apoio e equipagem).

Líderes sábios procuram momentos que se enquadrem nas três categorias. Alguns podem ser criados, mas muitos simplesmente ocorrem. Bons líderes ajudam as pessoas a quem estão mentoreando a aprender com esses momentos e tirar o maior proveito deles, explicando a experiência e fazendo as perguntas certas.

Por exemplo, quando as pessoas me contam uma perda que sofreram, faço mais do que apenas demonstrar simpatia. Peço-lhes que me digam o que aprendem com isso. Na vida, esta é a única forma de transformar a perda em ganho. Quanto maior a perda, maior a lição potencial e a oportunidade de cadinho para o desenvolvimento da liderança. Todos sofremos muito mais do que entendemos. Como líder de nível 5, seu trabalho é ajudar as pessoas de alto nível que você está desenvolvendo a entenderem o que sofrem e encontrarem valor nisso.

3. Use seus Próprios Momentos de Cadinho como Diretrizes para Ensinar os Líderes

Cada líder precisa basear-se em suas próprias experiências de cadinho e avanços extraordinários como material para ajudar a próxima geração de líderes liderar. Para isso, você já deve ter examinado essas experiências e identificado as lições que você aprendeu com elas. É muito provável que as experiências e lições que lhe capacitaram a romper os limites da liderança em sua vida ajudarão os outros a romper o limite deles.

Minha recomendação é que você use caneta e papel (ou computador) para identificar seus momentos de cadinho. Em seguida, descubra como podem ajudar as pessoas que você está desenvolvendo. Apresento as categorias que uso para analisar minhas experiências de cadinho ligadas à liderança.

> **As experiências e lições que lhe capacitaram a romper os limites da liderança em sua vida ajudarão os outros a romper o limite deles.**

Quebradoras de solo

Estas experiências incentivam as pessoas a começar a desenvolver uma qualidade ou disciplina de liderança. Em 1972, quando alguém me desafiou a articular um plano concreto de desenvolvimento pessoal que eu estava usando para crescer e não vinha tendo sucesso, assumi o compromisso de adotar um plano de crescimento pessoal e segui-lo diariamente.

Quebradoras de gelo

Estas experiências ajudam os líderes a avançar após um período de estagnação. Em 1980, tomei a difícil decisão de deixar a empresa na qual estive durante toda minha carreira para trabalhar em outra diferente, pois eu acreditava que ela me proporcionaria mais oportunidades para atingir o meu potencial.

Quebradoras de nuvem

Estas experiências erguem os líderes, permitindo-lhes ver coisas conforme poderiam ser. Como pastor de uma igreja pequena, comecei a visitar igrejas grandes e entrevistar seus líderes. Isso me deu uma visão de um mundo muito maior fora de minha própria experiência limitada.

Quebradoras de vínculo

Estas experiências permitem que as pessoas tomem a decisão que determinará a direção de sua liderança. Em 1995, deixei uma empresa que eu liderara com êxito para fundar e liderar uma empresa própria que tivesse potencial ilimitado.

Quebradoras de coração

Estas experiências fazem os líderes pararem e avaliarem onde estão e o que estão fazendo. Sofri um ataque cardíaco em 1998, que mudou minha perspectiva de vida, família, trabalho e liderança. Voltei a atenção para minha saúde, e planejei como propositadamente viveria meus dias.

Quebradoras de recorde

Estas experiências são emocionantes, pois permitem que os líderes rompam seus limites de liderança. Quando a EQUIP chegou a seu alvo de um milhão de líderes, que parecia quase impossível quando o definimos, percebi que eu e a equipe éramos mais capazes do que imaginávamos se trabalhássemos juntos.

A finalidade de refletir e listar os seus avanços de liderança é compartilhá-los com outros líderes potenciais. Por que os técnicos trazem ao time os antigos jogadores de sucesso para contarem histórias de vitórias passadas? Por que as empresas elevam os líderes do passado que construíram a empresa, tornando-os lendas que vivem além de seus anos de serviço? Por que a igreja se lembra dos heróis da fé? Por que estudamos os grandes líderes da história? A propósito, por que conto tantas de minhas histórias? Os líderes fazem essas coisas, porque esperam que as histórias inspirem a nova geração de líderes a alcançar o seu potencial.

Encorajo você a identificar suas experiências de grande avanço e contá-las como histórias aos líderes que você deseja desenvolver. Ao mesmo tempo, tenho de avisá-lo: quando você contar as histórias, algumas pessoas dirão que você é arrogante ou egocêntrico. Não deixe que isso o intimide. Não conheço melhor maneira de comunicar verdades importantes para os outros. As pessoas têm usado histórias para ensinar lições de vida desde que os seres humanos têm andado na terra. Conte as histórias e ajude a próxima geração a assumir seu lugar como líderes.

4. Exponha os Líderes a outras Pessoas e Empresas que os Impactem

Uma das melhores maneiras que encontrei para inculcar qualidades e habilidades de liderança em meus líderes em desenvolvimento foi pedir-lhes que entrevistassem bons líderes. Fazer perguntas e procurar maneiras de desenvolver uma qualidade é excelente método de crescimento. Primeiro, eles têm de manter os olhos abertos para achar bons líderes e empresas bem dirigidas. É como começam a desenvolver uma consciência de liderança. Segundo, têm de tomar a iniciativa (e às vezes ser persuasivos) para obter a entrevista. Terceiro, têm de preparar-se para a entrevista, o que faz com que aprofundem o pensamento sobre liderança. Quarto, a experiência da entrevista os coloca no mundo do outro líder e os expõe a outra cultura que os ajuda a crescer. E por fim, a análise da entrevista e a conversa sobre ela com a pessoa que lhes deu a tarefa ajudam a tornar as lições concretas, sobretudo se forem solicitados a implementar e ensinar o que aprenderam. Muitas vezes, depois que pedi que meus líderes em desenvolvimento fizessem uma entrevista, voltaram e disseram: "Pensei que esta qualidade de liderança era forte em minha vida, até que a vi na vida daquele líder. Tenho um longo caminho a percorrer".

Aprendi o valor das experiências com grandes líderes e as empresas bem dirigidas de meu pai, Melvin Maxwell. Papai me apresentou a Norman Vincent Peale, quando eu tinha cerca de treze anos. Peale era excelente comunicador com atitude positiva. Ele causou forte impressão em mim para que eu mantivesse uma atitude positiva. Papai também me apresentou a E. Stanley Jones, quando eu estava com uns dezessete anos. Este gigante da fé cristã foi missionário, escritor e fundador de um movimento de renovação. Estas e outras experiências por iniciativa de meu pai marcaram minha vida como pessoa muito jovem.

Semelhantemente, procurei imitar papai com minha família e os líderes de minhas empresas. Por exemplo, quando meu filho Joel tinha dezesseis anos, Margaret e eu providenciamos para que conhecesse outros cristãos que se dedicavam a ajudar o próximo. E durante a década de 1990, quando minha igreja precisava expandir a visão para ser desafiada a crescer, levei cem líderes para a Coréia do Sul a fim de visitar o que era então a maior igreja do mundo. Isso lhes mudou inteiramente a perspectiva.

Líderes de nível 5 têm acesso a lideranças, empresas, oportunidades e experiências que os seus líderes emergentes não têm. Tire o máximo proveito disso em benefício deles. Mesmo que você não esteja no nível do pináculo, você ainda tem acesso que seus líderes não têm. Compartilhe. Você pode dar aos seus líderes experiências que terão impacto neles pelo resto da vida e que continuarão a gerar efeitos de liderança nas gerações futuras. Não desperdice essa oportunidade.

Como líder de nível pinacular, você nunca sabe o impacto que causará toda vez que desenvolver um líder de nível 4. Pense. Na Grécia antiga, havia um líder chamado Sócrates. Claro que você já ouviu falar dele. Talvez você se surpreenda ao saber que, mesmo tendo sido um filósofo importante, alguém que ainda é influente hoje, Sócrates nunca escreveu nada. No entanto, uma das pessoas que ele mentoreou escreveu. O nome do líder era Platão. Ao contrário de seu mentor, Platão fundou sua própria academia, onde ensinava e mentoreava outros líderes e pensadores. Um desses jovens líderes chamava-se Aristóteles, talvez o indivíduo mais influente hoje de todos os pensadores e filósofos da Grécia antiga.

Quando Aristóteles era jovem, foi abordado por Filipe da Macedônia, que procurava um tutor para o filho de treze anos. Esse menino era Alexandre, que se tornou um dos maiores generais e governantes da história do mundo ocidental. Hoje, o conhecemos por Alexandre, o Grande. Especialistas discordam sobre quanto tempo Aristóteles mentoreou o jovem Alexandre. Alguns dizem que foi um ano; outros falam que foi oito. Seja como for, o aluno de Platão causou profundo impacto em seu encargo jovem.

Dizem que Alexandre perguntou a Aristóteles:

— Quanto é um?

A pergunta era muito simples, mas o menino não era bobo. Então, Aristóteles ficou imaginando como deveria responder. A resposta deveria ser filosófica? Matemática? Teológica? Dramatúrgica?

— Vou lhe dar uma resposta amanhã — respondeu o professor.

No dia seguinte, Aristóteles deu-lhe a resposta:

— Um pode ser um grande muitos. — Em outras palavras, um pode causar um impacto enorme, sobretudo quando o um é um líder! E no caso de Alexandre, um causou mesmo um grande impacto. Antes da idade de trinta anos, Alexandre tinha conquistado o mundo ocidental.

Cada vez que você desenvolve um líder, você faz a diferença no mundo. E se você desenvolver líderes que tomem o que aprenderam e o usem para desenvolver outros líderes, não se sabe que tipo de impacto que você causará ou por quanto tempo durará esse impacto.

Guia para Estar no seu Melhor no Nível 5

Ao refletir sobre as vantagens, desvantagens, melhores comportamentos e crenças relacionadas ao nível pinacular da liderança, use as diretrizes a seguir para você crescer como líder e desenvolver outros líderes para tornarem-se líderes de nível 4.

1. **Mantenha-se humilde e ensinável:** Ao abrir caminho até ao nível 5, o maior perigo interno potencial é pensar que você chegou ao apogeu e tem todas as respostas. Isso pode gerar uma arrogância que tem o potencial de atrapalhar você e sua empresa. A melhor maneira de proteger-se disso é continuar sendo ensinável. Para ajudá-lo a desenvolver e manter essa atitude, faça três coisas:

   - Escreva um credo de aprendizagem para você seguir todos os dias; deve conter descrição de atitudes e ações que você adotará para permanecer ensinável.
   - Encontre uma ou mais pessoas que estejam à sua frente na liderança, com quem você possa se reunir periodicamente para aprender.
   - Dedique-se a um hobby, tarefa ou atividade física que você considere digno do seu tempo, mas que também desafie você grandemente e humilhe você.

   Estas três atividades o ajudam a lembrar que você ainda não chegou ao apogeu e que você ainda tem muito a aprender.

2. **Mantenha o seu foco principal:** Se você chegou ao nível pinacular da liderança, você possui um conjunto primário de habilidades — um ponto ideal ou zona de pontos fortes — que o levou onde você está. Não se distraia e deixe de usá-lo. Identifique essa força nuclear e escreva um plano para tirar o máximo disso nos próximos anos.

3. **Crie o círculo íntimo certo para manter você com os pés no chão:** Todos os líderes de sucesso precisam de um círculo de pessoas com quem trabalham para realizar a visão, ajudá-los a aproveitar a jornada e mantê-los com os pés no chão. Quem são as pessoas que preencherão essas funções em sua vida? Identifique-as e convide-as a entrar em sua vida e liderança. Meu círculo íntimo tornou-se uma das minhas maiores alegrias na vida. Aqui está o que peço que façam:

   - Amem-me incondicionalmente.
   - Representem-me de acordo com os meus valores.
   - Cuidem dos meus pontos cegos.
   - Compensem os meus pontos fracos.
   - Continuem crescendo.
   - Cumpram suas responsabilidades com excelência.
   - Sejam honestos comigo.
   - Digam-me o que preciso ouvir, não o que quero ouvir.
   - Ajudem a carregar o peso, não sejam um peso extra.
   - Trabalhem juntos como equipe.
   - Agreguem valor a mim.
   - Aproveitem a jornada comigo.

   As pessoas do meu círculo íntimo me dão estas coisas e, em troca, dou-lhes a minha lealdade, amor e proteção. Recompenso-os financeiramente. Desenvolvo-os na liderança. Dou-lhes oportunidades. E compartilho as minhas bênçãos.

4. **Faça o que só você pode fazer:** Sempre há um punhado de coisas que só os principais líderes podem fazer pela empresa, departamento ou equipe. Quais são as suas? Você se dedica a considerá-las extensivamente? Se não, faça agora. E certifique-se de torná-las alta prioridade.

5. **Crie um ambiente supercarregado de desenvolvimento de liderança:** Um dos fatores mais importantes na criação de uma empresa de nível 5 é desenvolver e manter um ambiente onde os líderes estejam sendo constantemente desenvolvidos. Se você lidera uma empresa, deve assumir a responsabilidade de criar esse ambiente. Elabore estratégias para criar esse ambiente e promover o desenvolvimento de liderança em todos os níveis da empresa. E certifique-se de liberar seus melhores líderes para passar tempo desenvolvendo os outros. Não deve ser um trabalho extra; deve ser parte das principais responsabilidades desses líderes.

6. **Crie espaço no topo:** Dê uma olhada no organograma da empresa. Existem vagas disponíveis para líderes talentosos que desejam subir? Olhe os líderes que estão no topo do organograma. De que calibre são? Quanto tempo faz que estão na empresa? Quanto tempo tendem a permanecer? Estão firmemente entrincheirados de modo que os líderes talentosos abaixo deles na empresa têm pouca esperança de subir? Se não há abertura e os líderes que você tem não vão a lugar nenhum, então não há espaço no topo para outros líderes potenciais. Como criar espaço? Que novos desafios você pode dar aos seus principais líderes existentes para abrirem suas atuais posições para os outros? Que tipo de expansão ou de iniciativa a sua empresa poderia empreender que exigiria mais líderes? Se você não criar espaço no topo para o desenvolvimento de líderes, você perderá muito do potencial de sua potência e acabará perdendo seus novos talentos.

7. **Desenvolva seus principais líderes:** Líderes de nível 5 precisam dedicar-se a desenvolver os principais líderes da empresa. Quem tem o potencial para liderar tão bem (ou melhor) como

você, deve estar em seu radar para mentoreamento particular. Comece com os melhores dos melhores. Se você não está dedicando tempo toda semana para trabalhar com esses líderes, comece hoje. E não deixe de usar os momentos de cadinho para desenvolvê-los, fazendo o seguinte:

- Identifique as lições que todos os bons líderes precisam aprender.
- Encontre maneiras de ensinar cada uma dessas lições.
- Ensine a partir dos seus próprios momentos de cadinho.
- Exponha-os a pessoas que positivamente os impactarão.
- Aproveite ativamente os momentos de cadinho que surgem inesperadamente.

8. **Planeje sua sucessão:** Como já mencionei, foi Peter Drucker que me fez pensar sobre a sucessão em minha empresa. Antes de ter me perguntando, sinceramente não tinha dado muita atenção a respeito. E você? Já pensou quem poderia estar em sua posição de liderança, se você não estivesse nela? Se você desenvolveu muitos líderes de nível 4, comece focando nos poucos que têm o melhor potencial para suceder você. Se ainda não desenvolveu líderes de alto calibre, então comece por aí. Ajude os líderes de nível 3 a subir para o nível 4.

9. **Planeje seu legado:** Dizem que Alfred Nobel leu o próprio obituário, que fora erroneamente publicado no jornal, e resolveu fazer uma mudança. Deixou de ser fabricante de explosivos para ser premiador de cientistas e homens de estado que promoviam a paz e o desenvolvimento. Confessou que queria criar um legado positivo durante o tempo em que estivesse neste mundo. Que legado você quer deixar? Qual será o resultado final de seus esforços de liderança e carreira? Não espere que alguém determine o que representava a sua vida. Identifique-a enquanto você ainda pode afetá-la e faça tudo o que tiver de fazer para realizar o seu legado.

10. **Use o seu sucesso de liderança como plataforma para algo maior:** Se você é líder pinacular, então as pessoas respeitam você fora de sua empresa e campo de atividades, e você goza de uma reputação que lhe dá elevado grau de credibilidade. Como usar isso? Que oportunidades você tem para contribuir a causas maiores que a sua? Pense a respeito e sirva-se de suas habilidades em benefício de outras pessoas fora de sua direta esfera de influência.

Retrato de um Líder de Nível 5

Técnico John Wooden

Meu aniversário predileto de todos os tempos foi 20 de fevereiro de 2003. Foi o dia em que conheci e almocei com um dos meus heróis. Não, não era um general ou político ou estrela de cinema. Passei algumas horas com um professor chamado John Wooden, que veio a ser o mais bem-sucedido e bem conhecido técnico de basquete universitário do mundo. Ensinava os jovens da Universidade da Califórnia em Los Angeles (UCLA) a jogar basquete e, mais importante, a ter uma vida bem-sucedida. Era líder de nível 5 de ponta a ponta.

Minha admiração e respeito por John Wooden começaram quando eu era garoto. Veja bem, o basquete foi minha primeira paixão. Nunca esquecerei o dia dos meus dez anos, quando participei de um jogo de basquete da escola. Fiquei fascinado. Pelos próximos doze anos, joguei basquete praticamente todos os dias. E porque era grande fã desse esporte, conhecia a fama de Wooden. Como não poderia! Durante o tempo em que foi técnico do UCLA Bruins, Wooden ganhou 620 jogos em vinte e sete temporadas. Durante as doze últimas temporadas, seus times ganharam dez campeonatos da Associação Atlética Universitária Nacional (sigla em inglês, NCAA), inclusive sete em sequência de 1967 a 1973. Em certo período, suas equipes tinham um recorde de 88 vitórias consecutivas. Tinham também quatro temporadas perfeitas de 30-0.[1] Ganharam também 38 jogos seguidos em torneios da NCAA e obtiveram um recorde de 98 vitórias sequenciais de partidas vencidas em casa no Pauley Pavilion. John Wooden foi nomeado Técnico do Ano de Basquete Universitário pela NCAA em 1964, 1967, 1969, 1970, 1971, 1972 e 1973. Em 1967, foi laureado com o Prêmio Henry Iba como Técnico do Ano de Basquete Universitário pela USBWA (Associação de Escritores Americanos de Basquete). Em 1972, recebeu o prêmio Esportista do Ano pela revista *Sports Illustrated.* Entrou para o Hall da Fama do Basquete como técnico em 1973, tornando-se o primeiro a ser homenageado como jogador e como técnico.[2] Quando tive a chance de conhecê-lo pessoalmente, fiquei em estado de completa extasia. Admirara a pessoa por quase quarenta anos! Quantas vezes temos a oportunidade de conhecer um dos nossos grandes heróis? E o fato de acontecer justamente no meu aniversário foi simplesmente maravilhoso.

Um Dia com o Técnico

Meu dia com o técnico Wooden começou em seu restaurante predileto. Durante os primeiros trinta minutos do almoço, conversamos e nos conhecemos. O técnico era uma pessoa fascinante e muito fácil de se falar. Sem perda de tempo, abri o *notebook* que levara comigo e perguntei:

— Sr. Wooden, se importaria se eu lhe fizesse algumas perguntas?

Passei várias horas me preparando para a reunião, já que havia muitas coisas que eu queria aprender com ele. Depois de gentilmente concordar em responder às perguntas, pacientemente respondeu-as pelas próximas três horas, começando do restaurante e terminando em sua casa nas proximidades.

John Wooden era mais que professor e técnico. Era filósofo caseiro. Seus pensamentos e teorias foram publicados em dezenas de livros. Mas ler sobre ele e conhecer suas citações não se compara com ouvi-lo em pessoa. O técnico exalava uma dignidade interior que me fez sentir digno e humilde ao mesmo tempo. A sabedoria de suas palavras foi amplificada pelo caráter extraordinário que demonstrou na vida. Não apenas me reuni com o técnico; senti-o.

À medida que o técnico falava, eu anotava cuidadosamente, e suas ideias tinham credibilidade extra para mim, porque eu sentia a sua preocupação por mim e desejo de ser útil. Integridade, respeito e bondade permeavam tudo o que ele dizia. Sua sabedoria era o resultado de ter vivido por seus princípios durante noventa e três anos. Ainda mais impressionante, tudo o que ele fazia parecia fácil.

Durante nossa conversa, o técnico mostrou-me um cartão que era importante para ele. Disse que tinha doze anos quando o seu pai lhe deu. (Isso teria sido em 1922!) O técnico disse que o lia todos os dias, e sempre fazia o seu melhor para viver o que estava escrito. No cartão estava escrito:

Tirando o Máximo Proveito de si Mesmo

- Seja verdadeiro com você mesmo.
- Faça de cada dia uma obra-prima.
- Ajude os outros.
- Leia bons livros aos montões.
- Faça da amizade uma obra de arte.
- Construa abrigos para os dias chuvosos.
- Ore pedindo orientação e dê graças pelas bênçãos todos os dias.

Acredito que as pessoas que o conheceram concordariam que ele teve sucesso em seguir os conselhos de seu pai, e os esforços causaram impacto extraordinário na vida de muitas pessoas. Naquele dia, quando me despedi de John Wooden, percebi que tinha estado na presença de uma pessoa extraordinária — um verdadeiro líder de nível 5.

Fiquei feliz por ter a oportunidade de conhecer John Wooden. Fiquei ainda mais feliz por ter tido o privilégio de encontrá-lo várias vezes ao longo dos próximos sete anos e continuar aprendendo com ele, pois embora tivesse causado grande impressão em mim de longe, causara impressão ainda maior de perto. Na verdade, quando ensino os 5 níveis da liderança e as pessoas me pedem para dar um exemplo de um líder de nível 5, John Wooden é a pessoa que mais cito, porque acredito que estudando a sua vida, qualquer pessoa pode aprender importantes lições de liderança. E como pensamentos finais para este livro, gostaria de mostrar-lhe como a vida de John Wooden exemplificou os 5 níveis da liderança.

Nível 1: Posição — As Pessoas Seguem Você porque São Obrigadas

John Wooden foi técnico de basquete por trinta anos. Como todos os líderes, começou por receber uma posição de liderança e ter a oportunidade de tirar o máximo do que recebera. Muitos técnicos valem-se extremamente de suas posições. Sua atitude é: *Sou o técnico; você é o jogador. Faça o que eu mando*. Esta nem sempre é a melhor abordagem, mas há momentos em que é apropriada. E o técnico Wooden servia-se de sua posição quando necessário, embora o fizesse com um toque de classe.

Por exemplo, os treinos de John Wooden não eram longos, mas ele exigia que todos os jogadores dessem atenção total cada vez que treinavam. Se um jogador estava desconcentrado e fazia corpo mole, o técnico o expulsava do treino.

O técnico Wooden disse-me que o banco era a melhor ferramenta que um técnico tinha para tirar o máximo dos jogadores. Se não jogavam do jeito que ele pedia, ele se servia da posição como técnico para colocá-los no banco e não permitia que jogassem. Foi o que aconteceu com Sidney Wicks, um jogador de basquete muito talentoso da UCLA. O primeiro dia que Sidney se juntou ao time para treinar, todos sabiam que ele era o mais talentoso jogador da equipe. No entanto, também veio para o plantel com uma atitude muito egoísta. Queria jogar do seu jeito e não fazia o que o técnico Wooden pedia.

O técnico disse que Sidney passou muito tempo sentado no banco no primeiro ano no time. Sidney ficou frustrado, porque não estava jogando tanto quanto queria. O técnico me disse que Sidney dizia: “Por que não posso jogar mais? Você sabe que sou o melhor jogador do time!” O técnico respondia: “É verdade, Sidney. Você é o melhor jogador do time, mas o time não joga bem quando você está jogando”.

Ser o técnico do time deu autoridade a Wooden, e com alguém como Sidney, ele teve de usar de autoridade, pelo menos no início. Quando necessário, o técnico não hesitava em servir-se da sua posição. Mas, como todos os grandes líderes, ele percebia as limitações da liderança posicional e fazia tudo o que podia para aumentar sua influência com os jogadores. A posição pode dar ao líder a obediência dos jogadores, mas não vence campeonatos. Para o time ser melhor, o técnico sabia que tinha de atuar a um nível de liderança mais elevado. Foi o que fez.

Nível 2: Permissão — As Pessoas Seguem Você porque Querem

“Uma vida não vivida para os outros não é uma vida.” Essa frase era citada com frequência pelo técnico John Wooden, e ele também viveu essas palavras. Construiu fortes relações com seus jogadores, e sempre fazia o que era certo para eles. Por exemplo, o primeiro emprego de Wooden como técnico universitário foi no Estado de Indiana em 1947, depois de servir a Marinha dos Estados Unidos durante a Segunda Guerra Mundial. Naquele primeiro ano, seu time de basquete conquistou o campeonato da Conferência Universitária de Indiana (na sigla em inglês, ICC). Como resultado, recebeu o convite para entrar na Associação Nacional de Basquete Interuniversitário (na sigla em inglês, NAIB) em Kansas City. Mas Wooden recusou o convite. Por quê? Naquela época, a NAIB tinha a política que proibia afro-americanos de jogar no torneio, e o técnico Wooden não estava disposto a impedir que Clarence Walker, um dos seus jogadores negros, jogasse. Entretanto, no ano seguinte, quando o técnico levou novamente o Estado de Indiana a vencer o campeonato da ICC, ele aceitou o convite para participar desse mesmo torneio, depois de saber que a organização revertera sua política de banimento de jogadores afro-americanos. Wooden levou o time ao final do torneio, quando seus jogadores perderam para Louisville. (Este foi o único jogo final de campeonato que seu time perdeu durante a carreira do técnico). E Clarence Walker tornou-se o primeiro jogador afro-americano em jogos de torneio pós-temporada.[3]

Ao longo de sua longa carreira, as relações do técnico com todos os seus jogadores foram especiais. E depois que sua carreira como técnico se completou, ele manteve estreito vínculo com os homens que liderou na quadra. Toda vez que o visitei, nossa conversa era interrompida por um telefonema de um dos seus jogadores só para saber como ele estava. E toda vez que andávamos de carro, ele pedia para parar nos correios para mandar cartas que fizera em resposta a alguém que lhe escrevera para pedir que autografasse algo. Mais de uma vez me disse: "Se, como líder, você os ouvir, então eles ouvirão você". Ele entendia que líderes ouvem, aprendem e, depois, lideram.

> A POSIÇÃO PODE DAR AO LÍDER A OBEDIÊNCIA DOS JOGADORES, MAS NÃO VENCE CAMPEONATOS.

Depois que morreu, tive o privilégio de assistir a cerimônia em memória do técnico John Wooden no Pauley Pavilion da UCLA, em 26 de junho de 2010. O seu pastor, Dudley Rutherford, disse:

> Durante sua última semana de vida, perguntei ao técnico: "Você se lembra de todos os autógrafos que deu?" E a resposta foi: "Sim". (Foi neste momento que soubemos que ele não ficaria muito mais tempo com a gente.) Eu disse: "Todas essas pessoas estão orando por você agora. Todo o amor que você deu, toda a bondade que você demonstrou fazem com que todas essas pessoas estejam orando por você neste momento". E sorriu. O técnico Wooden se sentiria envergonhado hoje por toda a atenção que está recebendo, mas não tínhamos escolha, não é mesmo? Por estarmos reunidos hoje aqui para celebrar a sua vida, fiquei lembrando que o técnico sempre era generoso em cumprimentar e dar seu autógrafo... todos os autógrafos que deu. E fiquei ima-

> ginando hoje... apenas levante a mão: Quantos de vocês têm em casa, em seus pertences mais preciosos, alguma coisa que ele autografou para você? Levante a mão se você tem algo que o técnico autografou.

Olhei ao redor da arena e milhares de mãos se levantaram. Estimaria que 80% das pessoas presentes levantaram a mão. Era um reflexo da bondade do técnico e sua vontade de fazer os outros se sentirem especiais.

O técnico com certeza me fez sentir especial. Fui especialmente honrado quando me pediu para escrever o prefácio do seu livro *A Game Plan for life* (Um Plano de Jogo para a Vida). Que privilégio! Era minha chance de fazer algo por alguém que tinha feito tanto por mim. Semelhantemente, fiquei muito feliz quando o técnico se ofereceu para escrever o prefácio do meu próximo livro *Sometimes You Win, Sometimes You Learn* (Às Vezes Você Ganha, Às Vezes Você Aprende). Com a ajuda de Don Yeager, seu coescritor, foi uma das últimas coisas que escreveu antes de morrer.

O técnico Wooden tinha grande toque pessoal. Cada vez que o visitava, depois que nos despedíamos, eu descia pelo elevador de seu condomínio e andava para fora até ao estacionamento dos visitantes. Quando chegava ao meu carro, eu me virava e olhava para cima, em direção da varanda do seu apartamento. E lá estava o técnico, vendo-me sair e acenando adeus para mim. Esta será sempre minha mais preciosa recordação que terei dele — conectando-se calorosamente como qualquer bom líder de nível 2.

Nível 3: Produção — As Pessoas Seguem Você por Causa do que Você Faz para a Empresa

Líderes de nível 3 produzem — algo que certamente podemos dizer a respeito de John Wooden. Tanto como jogador quanto como técnico, ele foi um vencedor. Aprendeu a fazer cestas em um aro que seu pai tinha feito. Levou seu time de basquete da escola de Ensino Médio três vezes para as finais do Campeonato Estadual de Indiana, ganhando uma vez. Ganhou três vezes o título All-American Athletes na Universidade de Purdue, levando o time a dois títulos da Divisão Big Ten e um campeonato nacional. E foi nomeado oficialmente ao Hall da Fama do Basquete do Memorial Naismith como jogador muito antes de sua nomeação como técnico.

O técnico Wooden foi excelente atleta que sabia jogar muitos esportes. Ganhou campeonatos de basquete como jogador, mas seu maior feito atlético pode ter ocorrido em um campo de golfe. A revista *Golf Digest* relaciona John Wooden como uma das quatro únicas pessoas a fazer um albatroz (três tacadas abaixo do par) e um *hole in one* (acertar a bola no buraco com apenas uma tacada) em uma mesma rodada de golfe. Essa façanha foi realizada em 1947 em South Bend Country Club, em South Bend, Indiana.

Wooden começou a carreira na escola de Ensino Médio como técnico e professor de inglês. No primeiro ano como técnico de basquete, o time teve um registro perdedor. Este dado é significativo, porque foi a única vez *em toda a sua carreira como técnico* que teve um registro perdedor! Em seus onze anos treinando jogadores da escola de Ensino Médio, seu recorde foi de 218-42.[4]

Depois de ser técnico de escola de Ensino Médio na temporada de 1947-1948, Wooden tornou-se técnico da UCLA. Originalmente, buscara a posição de técnico principal da Universidade de Minnesota, visto que ele e a esposa Nell queriam permanecer no centro-oeste americano. De fato, o Golden Gophers lhe ofereceram a posição, mas ele só fixou sabendo depois de ter aceitado o emprego na UCLA. E tendo em vista que dera a palavra para a Universidade da Califórnia, recusou a oferta de Minnesota.

O técnico Wooden mudou o programa de basquete da UCLA em uma temporada. Antes de sua chegada, tinham perdido uma temporada. No primeiro ano como técnico da UCLA, o time venceu o Campeonato da Divisão Sul da Conferência de Costa do Pacífico (na sigla em inglês, PCC) com um recorde de 22-7. Foi o maior número de vitórias em uma temporada que a UCLA obteve desde que começara seu programa de basquete em 1919.[5] O restante da carreira profissional de Wooden tornou-se lendária. Um recorde de carreira de 885-203 (.813 porcentagem de vitórias). Dez campeonatos nacionais. Quatro temporadas invictas. Laureado sete vezes como Técnico do Ano pela NCAA.[6] E em 2009, foi nomeado pela revista *Sporting News* como o maior técnico de todos os tempos em qualquer modalidade esportiva.[7]

Tendo em vista que experimentara uma carreira tão produtiva como líder, eu ficava imaginando do que mais sentia falta como técnico. Então lhe perguntei. A resposta me surpreendeu:

— O que mais sinto falta são os treinos, não os jogos.

Explicou:

— Eu queria ganhar todo jogo que jogava ou no qual era técnico. Mas entendi que, no fim, ganhar ou perder não estava sob meu controle. O que estava sob meu controle era como eu me preparava e preparava o time. Era nisso que eu julgava o meu sucesso, as minhas "vitórias". Era o que fazia mais sentido.

O técnico resumiu:

— Ganhar jogos, títulos e campeonatos não é tão bom quanto as pessoas dizem que é, mas chegar lá, ou seja, o trajeto até chegar lá é muito melhor do que as pessoas dizem que é.

Esta é excelente perspectiva de um grande líder que sempre produziu no nível 3.

Nível 4: Desenvolvimento de Pessoas — As Pessoas Seguem Você por Causa do que Você Faz para elas pessoalmente

O técnico Wooden disse: "Sucesso é a paz de espírito, que é resultado direto da autossatisfação em saber que você fez o seu melhor para ser o melhor que você pode ser". É o que líderes de nível 4 querem para si e para os liderados: cada um alcançando o seu potencial.

Semelhante a todo líder que já estudei, o técnico Wooden escolhia as pessoas mais talentosas que encontrava e depois as desenvolvia para serem as melhores que poderiam ser. A lista de jogadores em seus times da UCLA é um Quem é Quem de grandes jogadores: Kareem Abdul-Jabbar, Bill Walton, Sidney Wicks,

Walt Hazzard, Gail Goodrich, Keith Wilkes, Curtis Rowe, Marques Johnson, Dave Meyers e Lucius Allen. Contudo, o técnico Wooden tinha mais orgulho das realizações dos seus jogadores na vida do que das realizações que faziam em uma quadra de basquete. Seu rosto se iluminava, quando falava sobre os homens que cumpriam responsabilidades de liderança na educação, governo, religião e negócios. Eram estas as pessoas que ele desenvolveu. Ocasionalmente, seus jogadores diziam que o desejo do técnico era usar o basquete para ensiná-los a viver e liderar, não para ganhar campeonatos.

Como o técnico Wooden foi tão bem-sucedido no nível 4? Aqui está minha opinião a respeito.

Era bem-sucedido em analisar e escolher os jogadores

O técnico Wooden sempre escolhia os jogadores que não apenas jogariam basquete bem, mas também seriam bons cidadãos, bons alunos e bons membros de equipe. Fazia isso, analisando quatro áreas.

- **Histórico acadêmico:** O técnico Wooden queria bons alunos em seu time. Acreditava que o principal objetivo de entrarem na faculdade era receber uma boa educação, não jogar basquete. Procurava e encontrava os verdadeiros alunos-atletas.

- **Vida familiar:** O técnico Wooden sempre dizia que as prioridades da pessoa devem ser a família, a fé e os amigos. E quanto a colocar a família à frente da fé, ele dizia com um brilho nos olhos: “Deus entende”. Com isso acho que queria dizer que aprendemos muito sobre o caráter de uma pessoa pelo modo em que ela trata os seus familiares. Por exemplo, contou-me sobre uma viagem de recrutamento feita ao interior do país, na qual ele e um assistente visitaram um candidato ao recebimento de uma bolsa de estudos para a universidade. O técnico tinha consigo os papéis da bolsa de estudos para dar ao jovem se a visita fosse bem. Não foi. Durante a entrevista, o menino falou desrespeitosamente várias vezes da sua mãe. O técnico voltou sem oferecer a bolsa de estudos. Depois, o assistente manifestou surpresa. O técnico respondeu: "Todo jogador que não respeita a mãe, também não respeitará o técnico".

- **Combinação de avaliação de técnicos:** O técnico Wooden costumava dizer: "Se você vê um jogador apenas em uma oportunidade, então é melhor nunca tê-lo visto". Para obter uma perspectiva clara dos jogadores em quem ele estava interessado, perguntava a cinco técnicos de times que jogaram contra o time do jogador: "Quem foi o melhor jogador do time contra o qual você jogou este ano?" Em seguida, falava também com o técnico daquele jogador. Só depois de tudo isso é que ele pensava em avaliá-lo para uma oferta de bolsa de estudos.
- **Rapidez:** Os líderes sempre precisam considerar qual característica singular é mais importante (depois do caráter) para os membros do seu time. O basquete é um jogo de rapidez. Por isso, o técnico escolhia essa habilidade atlética acima de qualquer outra. Foi assim que ele venceu seu primeiro campeonato nacional com um time cujos titulares tinham dois metros de altura ou menos. O objetivo era ter os jogadores mais rápidos na quadra para que tivessem a vantagem da roubada de bola. Raciocinou que se o time pudesse causar cinco ou mais roubadas de bolas do que o time adversário durante o jogo, haveria cinco tentativas adicionais de fazer cesta, abrindo uma vantagem de cinco ou seis pontos. Isso muitas vezes significa a diferença entre ganhar e perder o jogo.

Como todo bom líder, o técnico Wooden tinha uma imagem clara de quem ele queria no time. Como resultado, recrutava os melhores jogadores, que eram indivíduos que tinham potencial para serem desenvolvidos e ganhar campeonatos.

Seu ensino era conducente ao desenvolvimento dos jogadores

Como já afirmei, você não pode ganhar sem bons jogadores. Mas se você tem bons jogadores, você ainda pode não ganhar. Para ter uma chance, você tem de desenvolvê-los. Nesse aspecto, John Wooden era do mais alto nível. E seu método era tão simples que qualquer pessoa pode segui-lo:

1. **Explicação:** *Diga-lhes* o que você quer que saibam e façam.
2. **Demonstração:** *Mostre-lhes* o que você quer que saibam e façam.
3. **Iniciação:** Faça com que *mostrem a você* o que eles sabem o que fazer.
4. **Correção:** Peça-lhes que *mudem* o que estão fazendo incorretamente.
5. **Repetição:** Peça-lhe para fazê-lo corretamente *vezes e vezes* sem conta.

Depois disso, o técnico Wooden deixava os resultados falarem por si. Costumava dizer: "Se você se prepara adequadamente, você pode ser vencido, mas nunca perderá. Você sempre vence quando faz todos os esforços de dar o melhor do que é capaz de fazer".

Desenvolveu valores e qualidades nos jogadores para ajudá-los a experimentar o verdadeiro sucesso

A primeira vez que tomei conhecimento da existência da pirâmide do sucesso do técnico Wooden foi na década de 1970, quando eu era um jovem líder aspirante. Ele começou a desenvolvê-la em meados de 1930 e a finalizou em 1948.[8] Foi quando começou a ensiná-la a seus jogadores. Ela lhe dava uma forma concreta de ensiná-los o que ele considerava importante. Ensinou-a aos outros até o dia em que morreu.

Quando descobri a pirâmide em uma revista, cortei e colei-a no meu fichário, para que eu a revisse todos os dias. Percebi que havia na pirâmide qualidades e valores que eu precisava adotar e possuir. Repasso-a para você. (Veja a pirâmide abaixo.)

Na opinião do técnico Wooden, os valores que ele ensinava eram muito mais importantes do que o basquete.

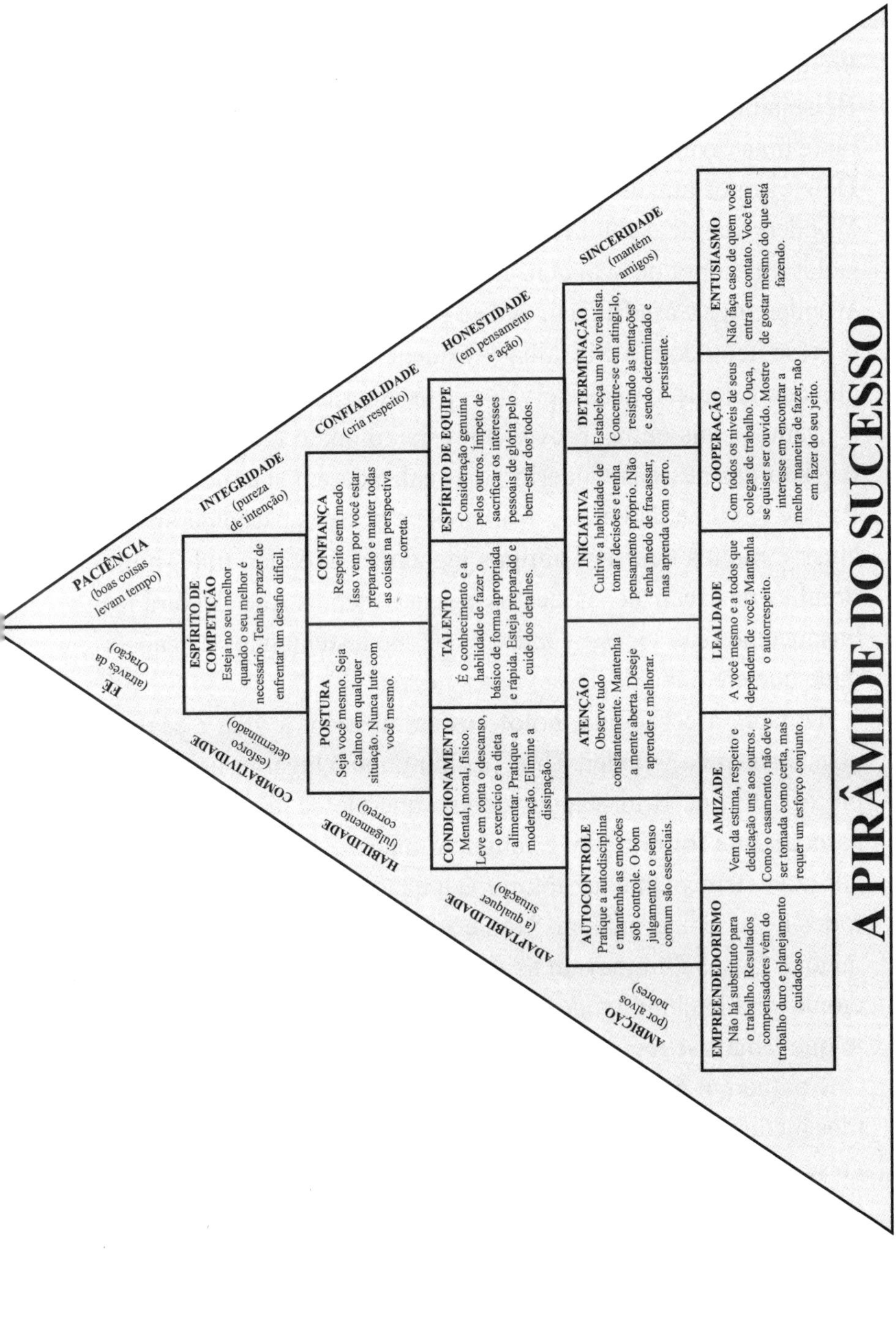

Nível 5: O Pináculo — As Pessoas Seguem Você por Causa de quem Você É e do que Você Representa

Não tenho dúvida de que o técnico Wooden atingiu o nível pinacular da liderança. Há evidência disso em toda parte. Desde 1977, o mais cobiçado prêmio jogador do ano no basquete é o Prêmio John R. Wooden. É o equivalente do basquete ao Troféu Heisman do futebol americano, sendo o vencedor anunciado durante uma cerimônia realizada no Clube Atlético de Los Angeles. Dois eventos anuais do basquete masculino chamam-se John R. Wooden Classic e John R. Wooden Tradition, os quais são realizados em honra de Wooden. E no dia 23 de julho de 2003, John Wooden foi à Casa Branca, onde o presidente dos Estados Unidos o presenteou com a Medalha Presidencial da Liberdade, a mais alta condecoração dada a civis no país americano.

Vemos mais outras provas do respeito que o técnico Wooden recebeu das pessoas na cerimônia realizada em sua memória no Pauley Pavilion da UCLA. Milhares de pessoas participaram, inclusive muitos dos seus antigos jogadores. Wooden tinha muito orgulho das realizações dessas pessoas depois que deixaram o basquete, e seus sucessos individuais são testemunhos da capacidade que ele tinha de desenvolver líderes.

Durante a cerimônia, holofotes enfatizaram a vida e realizações do técnico Wooden. Uma luz iluminou o lugar na arena onde ele assistira os Bruins jogar depois que ele se aposentou. Esse assento hoje foi retirado, e ninguém mais se sentará naquele lugar novamente. Uma luz iluminou a quadra de basquete para que todos notassem as palavras Nell e John Wooden, que dão nome à quadra. Luzes iluminavam as dez bandeiras do Campeonato Nacional para lembrar a todos de suas realizações como técnico, feito que jamais se repetirá no basquete universitário masculino.

Contudo, a despeito de todas as realizações e prêmios, podemos medir melhor a profundidade da liderança de Wooden através do seu caráter. O pastor Dudley Rutherford ecoou essa verdade na cerimônia em memória do técnico, quando disse:

> Na cerimônia fúnebre privada, falei à família que a grandeza do técnico não reside no que ele fez; sua grandeza não está no que ele ensinou. Sua grandeza reside em quem ele era; seu caráter, valores, convicções, fé. E embora tivesse lutado com alguns problemas de saúde durante os últimos anos de vida, nunca contraiu a malignidade do orgulho. Nenhum médico jamais o diagnosticou com a síndrome do egoísmo, nenhum eletrocardiograma revelou sequer um traço de ego e nenhuma ressonância magnética mostrou a menor mancha de preconceito. Moralmente, tinha um atestado de saúde impecável. Espiritualmente, era uma pessoa humilde que colocara a fé, a confiança e a crença em Deus e no unigênito Filho de Deus, o Senhor Jesus Cristo. E embora o técnico Wooden nunca fosse veemente em relação à fé, também nunca foi ofensivo em relação à fé. Nunca a forçou a ninguém; apenas vivia dia a dia confiando, andando, vivendo, crendo naquEle que era o seu Salvador e Senhor.

Durante a cerimônia, o locutor Dick Enberg descreveu sua última visita a John Wooden. Quando Enberg levantou-se para sair, o técnico sorriu e apontou para a testa. Enberg contou que aproximou-se e beijou a testa do técnico, dizendo: "Foi como beijar Deus". O técnico gostava de fazer uma citação atribuída a Sócrates: "Peço-te, ó Deus, que eu seja bonito por dentro". Esta foi a oração de John Wooden, e creio que Deus a respondeu.

No encerramento da cerimônia em sua memória, as pessoas que participaram não saíram rapidamente. Tinham passado duas horas homenageando um líder maravilhoso, e depois só queriam permanecer e absorver o ambiente. Creio que muitos estavam pensando: *Quero viver e morrer como ele*. Eu sei que eu estava.

As pessoas muitas vezes não se dão conta de quanto um líder é maravilhoso até que ele morre. Vão à cerimônia fúnebre ou à cerimônia em memória dele, e se surpreendem ao descobrir quantas vidas foram impactadas pela pessoa. No caso do técnico Wooden, não tivemos de esperar para fazer essa constatação. Jogadores de quatro décadas de times tinham recebido o privilégio de sua liderança, assim como receberam as pessoas que lideraram depois que ele deixou as quadras. E milhões mais o tinham visto de longe quando levava os times à vitória. Gostaria de ser mais como ele: doador, desenvolvedor, professor, técnico, líder e amigo. Ele era sábio, honesto, homem de princípios, disciplinado, humilde, bem-humorado, corajoso e fiel. Ele era líder de nível 5. O mundo precisa de mais pessoas como ele.

NOTAS

Você Pode Ter uma Estratégia de Liderança para sua Vida

[1] John C . Maxwell, *The 21 Irrefutable Laws of Leadership: Revised and Updated 10th Anniversary Edition* (Nashville: Thomas Nelson, 2007). [Edição brasileira: *As 21 Irrefutáveis Leis da Liderança* (Rio de Janeiro: Thomas Nelson Brasil, 2007.)]

Nível 1: Posição

[1] D. Michael Abrashoff, *It's Your Ship* (Nova York: Warner Books, 2002), p. 4. [Edição brasileira: *Este Barco Também é Seu* (São Paulo:Cultrix, 2006.)]

[2] "Trouble Finding The Perfect Gift For Your Boss — How About a Little Respect?", Ajilon Office, 14 de outubro de 2003, http://www.ajilonoffice.com/articles/af_bossday-101403.asp; acessado em 25 de setembro de 2006.

[3] Veja *Today Matters* (Nashville: Center Street, 2004) para inteirar-se das doze áreas que focalizo, bem como conhecer os hábitos que uso diariamente para administrar a vida. [Edição brasileira: *O Sucesso de Amanhã Começa Hoje* (São Paulo: Mundo Cristão, 2004.)]

[4] Cartoon copyright © 2010. Reimpresso por cortesia de Bunny Hoest.

[5] John C. Maxwell, *Leadership Gold* (Nashville: Thomas Nelson, 2008). [Edição brasileira: *O Livro de Ouro da Liderança* (Rio de Janeiro: Thomas Nelson Brasil, 2008.)]

[6] Cartoon copyright © 2001 de Randy Glasbergen.

[7] "Gallup Study: Engaged Employees Inspire Company Innovation", *Gallup Management Journal*, 12 de outubro de 2006, http://gmj.gallup.com/content/24880/Gallup-Study-Engaged-Employees-Inspire-Company-Innovation.aspx; acessado em 2 de julho de 2010.

[8] Marco Mink, "Employee Disengagement Plagues Germany", *GallupManagement Journal*,9 de abril de 2009, http://gmj.gallup.com/content/117376/Employee-Disengagement-Plagues-Germany.aspx; acessado em 2 de julho de 2010.

Nível 2: Permissão

[1] Janet Lowe, *Jack Welch Speaks: Wit and Wisdom from the World's Greatest Business Leader* (Nova York: Wiley, 2007), p. 89. [Edição brasileira: *Jack Welch: Lições do Maior de Todos os Executivos* (São Paulo: Elsevier, 2008.)]

[2] Ibid.

[3] "Active Listening", U.S. Department of State, http://www.state.gov/m/a/os/65759.htm; acessado em 28 de julho de 2010.

[4] Martin Kalungu-Banda, *Leading like Madiba: Leadership Lesson from Nelson Mandela* (Cape Town, South Africa: Double Story Books, 2008), p.13-15.

[5] Bill Hybels and Mark Mittelberg, *Becoming a Contagious Christian* (GrandRapids, MI: Zondervan, 1996), p. 57. [Edição brasileira: *Cristão Contagiante* (São Paulo: Vida, 2011.)]

[6] Warren Bennis and Burt Nanus, *Leaders: Strategies for Taking Charge* (Nova York: Harper Business, 1997), p. 52. [Edição brasileira: *Líderes: Estratégias para Assumir a Verdadeira Liderança* (São Paulo: Harbra, 1998.)]

[7] Mateus 7.12.

[8] Hadith de an-Nawnwi13.

[9] Talmude, Shabbat 31a, citado em "The Universality of the Golden Rule in World Religions", www.teachingvalues.com; acessado em 23 de setembro de 2002.

[10] Udana-Varga 5, 1, citado em ibid.

[11] Mahabharata 5, 1517, citado em ibid.

[12] Shast-na-shayast 13:29, citado em www.thegoldenrule.net; acessado em 23 de setembro de2002.

[13] Analects 15:23, citado em ibid.

[14] Epistle to the Son of the Wolf, 30, citado em www.fragrant.demon.co.uk/golden; acessado em 23 de setembro de 2002.

[15] Sutrakritanga 1.11.33, citado em ibid.

[16] Ibid.

[17] Provérbios 27.6.

[18] Pauline Graham, ed., *Mary Parker Follett: Prophet of Management* (Baltimore: Beard Books, 2003). [Edição brasileira: *Mary Parker Follett: Profeta do Gerenciamento* (Rio de Janeiro: Qualitymark, 1997.)]

Nível 3: Produção

[1] Joel Weldon, "Jobs Don't Have Futures, People Do", *The Unlimited Times* (e-newsletter), http://cmaanet.org/files/shared/controllables.pdf; acessado em 19 de agosto de 2010.

[2] Wall Mason, "The Welcome Man", in: *It Can Be Done: Poems of Inspiration*, ed. Joseph Morris and St. Clair Adams (1921; Project Gutenberg, 2004), http://www.gutenberg.org/files/10763/10763-8.txt; acessado em 19 de agosto de 2010.

[3] Fonte desconhecida.

[4] Jim Collins, *Good to Great: Why Some Companies Make the Leap... and Others Don't* (Nova York: Harper Collins, 2001), p. 139. [Edição brasileira: *Empresas Feitas para Vencer: Good To Great* (São Paulo: Campus, 2001.)]

[5] Henry Fordem entrevista a *The American Magazine* (julho de 1928), vol. 106.

Nível 4: Desenvolvimento de Pessoas

[1] Peter Drucker, *On the Profession of Management* (Cambridge, MA: Harvard Business Review, 2003). [Edição brasileira: *A Profissão de Administrador* (São Paulo: Pioneira Thompson Learning, 2002.)]

[2] George Barna with Bill Dallas, *Master Leaders: Revealing Conversations with 30 Leadership Greats* (Carol Stream, IL: Barna Books, 2009), p. 61.

[3] James A. Belasco and Ralph C. Stayer, *Flight of the Buffalo: Soaring to Excellence, Learning to Let Employees Lead* (Nova York: Warner Books,1994), p. 19. [Edição brasileira: *O Voo do Búfalo: Decolando para a Excelência, Aprendendo a Deixar os Empregados Assumirem a Direção* (São Paulo: Campus, 1994.)]

[4] Everett Shostrom, *Man, The Manipulator* (Nova York: Bantam, 1980).

[5] "The Little Boy and Sugar", Story time for Children, Gandhi Memorial Cen=ter, Washington D.C., http://www.gandhimemorialcenter.org/for_children; acessado em 8 de abril de 2011.

[6.] George Barna with Bill Dallas, *Master Leaders* (Wheaton, IL: Tyndale, 2009), p. 62.

[7.] David Sedaris, *Naked* (Nova York: Back Bay Books, 1997), p. 215. [Edição brasileira:*Pelado* (Rio de Janeiro: Lugano, 2005.)]

Nível 5: O Pináculo

[1] Collins, *Good to Great*, p. 29. [Edição brasileira: *Empresas Feitas para Vencer: Good To Great* (São Paulo: Campus, 2001.)]

[2] Robert J. Thomas, "Crucibles of Leadership Development", *MIT Sloan Management Review* 49, n. 3 (primavera de 2008), p. 15.

[3] Ibid, p. 16.

Retrato de um Líder de Nível 5

[1] "John Wooden: A Coaching Legend, October 10, 1910—June 4, 2010", Official Website of UCLA Athletics,http://www.uclabruins.com/sports/m-baskbl/spec-rel/ucla-wooden-page.html;acessado em 24 de setembro de 2010.

[2] "John Wooden: Life and Times", UCLA, http://www.spotlight.

ucla.edu/john-wooden/life-and-times; acessado em 23 de setembro de 2010.

[3] "NAIA Celebrates Black History Month — The Clarence Walker Story"(video), YouTube, http://www.youtube.com/watch?v=6TPw7UnCG3g; acessado em 23 de setembro de 2010.

[4] "John Wooden: A Coaching Legend."

[5] "Season-by-Season Records", *UCLA History*, http://grfx.cstv.com/photos/schools/ucla/sports/m-baskbl/auto_pdf/MBB_History_99-128.pdf, p. 116; acessado em 24 de setembro de 2010.

[6] "John Wooden: A Coaching Legend."

[7] "Sporting News' Top 50 Greatest Coaches Of All Time", *Sporting News*, 29 de julho de 2009, http://www.sportingnews.com/ncaa-basketball/story/2009-07-29/sporting-news-50-greatest-coaches-all-time; acessado em 24 de setembro de 2010.

[8] "Wooden's Pyramid of Success", The John R. Wooden Course, http://woodencourse.com/woodens_wisdom.html; acessado em 24 de setembro de 2010.